现代农业与乡村地理丛书

乡村转型发展与建设用地配置

高金龙　陈　诚　著

科 学 出 版 社

北　京

内 容 简 介

乡村地域系统作为人地关系地域系统的重要组成部分，是在人文、经济、资源与环境相互联系、相互作用下构成的具有一定结构、功能和区际联系的乡村空间体系。土地作为人类社会经济活动主要的空间载体，其对乡村转型发展过程的响应直接关系到新时期乡村振兴和城乡融合战略目标的实现。本书从土地利用功能结构与状态效率的视角出发，在对江苏省农村建设用地结构关系及利用状态分析的基础上，探索乡村转型发展视角下农村建设用地响应规律，为制定差别化的农村建设用地优化调控政策提供参考，同时也丰富了乡村地理学和人地系统科学的相关研究。

本书可供人文地理学、乡村地理学、区域与城市规划、公共管理学和相关交叉学科领域的研究人员及高等院校师生参考阅读。

审图号：苏 S（2024）4 号

图书在版编目（CIP）数据

乡村转型发展与建设用地配置/高金龙，陈诚著. —北京：科学出版社，2024.1

（现代农业与乡村地理丛书）

ISBN 978-7-03-076830-8

Ⅰ. ①乡…　Ⅱ. ①高…　②陈…　Ⅲ. ①农业用地-研究-中国　Ⅳ. ①F321.1

中国国家版本馆 CIP 数据核字（2023）第 211460 号

责任编辑：周　丹　沈　旭/责任校对：郝璐璐
责任印制：张　伟/封面设计：许　瑞

科学出版社 出版
北京东黄城根北街 16 号
邮政编码：100717
http://www.sciencep.com

中煤（北京）印务有限公司印刷
科学出版社发行　各地新华书店经销
*

2024 年 1 月第 一 版　开本：787×1092　1/16
2024 年 10 月第二次印刷　印张：11 1/4
字数：267 000

定价：99.00 元
（如有印装质量问题，我社负责调换）

丛 书 序 一

　　中国"三农"（农业、农村与农民）问题的产生与发展，具有特殊的基本国情和特定的历史背景。新中国成立以来，国家推行工业化、城市化优先发展战略，无论是从产业发展、投资政策，还是从资源分配、社会福利方面，都表现出明确的"城市倾向"，以致"三农"问题日益激化和城乡差距不断拉大，其主要根源是我国长期以来实行特殊的工农、城乡"双二元"结构的管理体制。新时期要落实科学发展观和全面建设小康社会，无疑其最艰巨、最繁重的任务在广大农村。因此，大力发展现代农业，建设新农村，实现统筹城乡发展，正成为推进中国现代化建设的重要切入点，也为中国地理学者面向国家战略需求，拓展专业领域的创新研究提出了新的机遇和挑战。

　　自新中国成立到 20 世纪 90 年代中期，本着"地理学为农业生产服务"的宗旨，地理学科的广大科研人员热衷于从事农业地理或与农业地理相关的一些专业。由地理学者联合攻关、集体完成的"中国农业资源综合调查"、"全国农业综合区划"与"中国土地利用"等一系列国家重点项目，充分展示了地理学界的团结向上、开拓进取的精神风貌，这些成果受到了国家相关部门的认可和省市政府的欢迎。此后，由于社会发展的变化，地理学科的分化，特别是城市化发展、资源环境保护，以及旅游业快速兴起等原因，不少地理研究单位和高等院校地理系纷纷改名换姓，成立了转向研究这些热门课题的新专业，使很多研究者分散到不同领域，关注不同产业和不同部门，因而放松了对农业地理和乡村发展的全面研究，国内农业与乡村地理研究开始进入低潮期。改革开放以来，农村实行家庭联产承包责任制，农业剩余劳动力转入乡镇企业工作或转向城市打工，从事农业生产的劳动力主体弱化、农村教育落后、农村环境恶化、农民增收与农业增效困难、农村经济滑坡问题日益凸显，使农业与乡村发展面临更为严峻的挑战。中国农业与乡村地理学研究和农业、乡村发展近乎"同命相连"，这一状况逐渐引起了政府管理部门与学术界有识之士的格外关注。

　　进入 21 世纪，党中央、国务院对"三农"工作予以高度重视。特别是党的十六大以来，坚持以邓小平理论和"三个代表"重要思想为指导，深入贯彻科学发展观，把解决好"三农"问题作为全党工作的"重中之重"，贯彻"多予、少取、放活"和"工业反哺农业、城市支持农村"的方针，实施统筹城乡协调发展方略。2004 年 1 月，《中共中央 国务院关于促进农民增加收入若干政策的意见》下发，是在阔别 18 年之后，"中央 1 号文件"再次回归"三农"，至今已连续制定了 5 个指导农业与农村工作的"中央 1 号文件"，不断巩固、完善、加强了中央支农、惠农和新农村建设政策。相信随着国家解决"三农"问题一系列配套政策的出台，以及国家综合实力的不断增强，我国农业与农村经济发展中面临的突出矛盾一定能够得以破解，我国农业与农村发展必将迈进全面、稳定、协调发展的良性轨道。

　　然而，中国农业与乡村地理的学科发展毕竟还是经历了 10 多年的低迷期，当前在机构设置、专业研究和人才队伍等方面还不能适应新时期的国家战略需求和学科发展需要。我认为，中国地理界过去重视农业研究，今后还应更认真地研究农业与乡村发展问题。地理学具有为农业服务的优良传统，新时期地理学更要为"三农"服务，这样既可以发挥学科优势，又能在生产实践中促进学科发展。可喜的是，中国科学院地理科学与资源研究所于 2005 年率先成立了"区域农业与乡村发展研究中心"，2006 年恢复成立了"农业地理与农村发展研究室"；中国地理学会于 2007 年成立了"农业地理与乡村发展专业委员会"。还有一些高校地理系也重视加强了有关农业地理与乡村发展方面的研究机构和专业课程建设。由于有了这些平台的引领和支持，近些年农业地理与乡村发展领域的全国性年度学术会议开始步入正常化。同时，一批农业地理与乡村发展专业的中青年学者相继申请到了有关领域的国家自然科学基金重点或面上项目、中国科学院重要方向性项目、国家科技支撑计划课题及省部级的科研项目。因此，总体上说，农业地理与乡村发展又有了一个良好的开端，但学科建设与人才培养仍任重而道远。

为了展示我国现代农业与乡村地理学领域新的研究成果，由中国地理学会农业地理与乡村发展专业委员会、中国科学院地理科学与资源研究所区域农业与乡村发展研究中心和科学出版社发起，联合国内农业与乡村地理学界专家共同策划了"现代农业与乡村地理丛书"，争取在近 5 年内陆续出版。这在学术上无疑是对中国农业与乡村地理研究的一个阶段性促进和总结，也可与 20 世纪 80 年代初由科学出版社出版的"中国农业地理丛书"等著作相响应，从而完善和推进对中国农业与乡村地理的系统研究。

我十分乐意把这套集学科发展、理论创新与实践总结为一体的"现代农业与乡村地理丛书"推荐给从事地理学、农学、经济学，以及城乡规划、区域发展等领域的专家学者、研究生和管理工作者，期望这套书的出版能够引起更多的专家学者特别是地理工作者对国内"三农"问题研究的密切关注，并欢迎大家投入这个前景广阔的研究领域中来，精诚合作，共同努力，把中国农业地理与乡村发展的学术研究提高到一个新的发展阶段。

中国科学院资深院士　　　　　吴传钧
中国地理学会名誉理事长

2008 年春节于中关村

丛 书 序 二

中国是世界著名的文明古国、农业大国。国以农为本，民以食为天。世界人口大国若不能首先解决好吃饭问题，就不能实现国泰民安。中国的"三农"（农业、农村、农民）问题本质上是一个立体的乡村地域系统可持续发展问题。新中国成立特别是改革开放以来，伴随着快速工业化、城镇化发展，中国传统体制下的"三分"（城乡分割、土地分治、人地分离）弊端日益暴露，"三差"（区域差异、城乡差距、阶层差别）问题不断加大，这些都成为困扰当代中国"三转"（发展方式转变、城乡发展转型、体制机制转换）战略和全面建设小康社会的重要难题，也是中国城乡二元结构背景下"重城轻乡""城进村衰"和农村空心化、主体老弱化、乡村贫困化不断加剧的根源所在。

伴随着全球城市化、经济一体化的持续推进，无论是经济发达国家，还是较发达的发展中国家都经历了"乡村振兴""乡村重构"过程。英、美等先行工业化国家是在基本实现工业化、城市化的阶段，为了解决城市发展中诸如市域人口高度集中的问题而推进乡村建设。如20世纪60年代美国的"示范城镇建设"、英国的"农村中心村建设"、法国的"农村振兴计划"等。这些国家通过在农村社区大规模推进基础设施建设，盘活利用农村土地资源与资产，改善农村生产和生活条件，并采取补贴政策，吸引人口回到农村，以解决农村人口过疏化问题。以日、韩为代表的工业化后发国家，在其工业化、城市化进程中乡村资源迅速流入非农产业和城市，导致农业和农村出现衰退，城乡发展差距日益扩大，同时在国家具备了扶持农村发展经济实力的情况下，适时推进了农村振兴与建设运动。如20世纪70年代韩国的"新农村运动"、日本的"村镇综合建设工程"等。可见，不同国家、不同地区的乡村重建道路有所差异。中国人口众多，农村底子薄、农业基础差、农民竞争弱。因此，新农村建设与农村发展不可能照搬发达国家完全依赖政府强大财政供给或者农村剩余劳动力全部转移的转型路子，同时也应尽量避免部分拉美国家城市贫困和农村衰败并存的"陷阱"局面。

中国现代地理学的奠基人、中国科学院原副院长竺可桢先生反复强调：地理学为国民经济建设服务，主要是为农业生产服务。著名地理学家吴传钧院士指出：农业是自然再生产与经济再生产的交叉过程，农业与地理环境的关系非常密切，地理学要为"三农"服务，地理学者应特别关注农业与农村发展的问题。过去的半个多世纪，在老一辈地理学家周立三、黄秉维、吴传钧院士的带领下，地理学者主持完成了"中国农业资源综合调查""全国农业综合区划""中国土地利用"等一系列国家重大项目，为国家和地区经济建设做出过具有基础性、战略性的重要贡献。吴传钧院士主编的"中国农业地理丛书""中国人文地理丛书"等系列著作，在国家相关规划与决策中产生了深远影响，既发挥了人文地理学的学科优势，也培养了一大批农业地理与乡村研究专业人才，在实践中彰显了乡村地理学者站在学科前沿和面向国家战略需求开展创新性研究的重要价值。

进入21世纪，为适应加入WTO后农业国际竞争的新形势，以及党的十六大以来"五个统筹"和"社会主义新农村建设"的新战略,中国现代农业与乡村发展研究开启了新阶段,面向国家战略需求的现代农业与乡村地理学迎来了新机遇,着眼于中国农业战略、农区发展、新型社区、新农村建设等一大批重点项目与成果成为人文地理学创新研究的新亮点。然而,由于中国"三农"问题之多、程度之深、解决难度之大史无前例,快速工业化、城镇化进程中暴露出来的一系列农村发展突出问题及其深层次矛盾还远未解决,有的甚至呈现加剧的趋势。着眼推进新型城镇化、城乡发展一体化、美丽乡村建设、农村"一二三产业"融合战略,中国现代农业与农村发展面临的新难题、新课题、新问题,亟须深入研究、系统探究、试验示范,创新和发展中国特色现代乡村地理学理论体系、学科体系、技术体系。

中国乡村地理学的传统研究侧重于乡村聚落地理(或称村落地理)、农业地理和土地利用问题。随着快速工业化、城镇化发展,中国农村地区以"五村"(无人村、老人村、空心村、癌症村、贫困村)为特征的"乡村病"问题日益凸显,成为推进新农村建设、培育农村新业态和统筹城乡发展面临的突出问题。与城市区域相对应,现代乡村地理学的研究领域应定位于乡村地域系统,深入探究复杂的乡村区域地理问题和城乡融合发展难题,特别要关注前沿领域"十个"研究主题,即乡村地域系统演化机理与过程、乡村系统功能多样性及其可持续性、乡村转型发展与空间形态重构、城乡土地配置与土地制度创新、城乡发展一体化与等值化、现代乡村新业态与经营新机制、乡村化(ruralization)与新型村镇建设、乡村地域文化与生态文明建设、现代乡村治理体系与减贫发展、农业地理工程与农村信息化。

振兴全球农村和发展现代农业,也是世界性难题和重大课题。中国当首先致力于实施"农村全面振兴计划",系统推进农村兴人、兴地、兴权和兴产业,有效激发农村活力、能力、动力和竞争力。现代乡村地理学者,务必抢抓机遇,担当时代重任,面向国家需求,深入基层实践,协力创新现代地理学理论、方法与技术,并加强与工学、管理学、社会学、经济学、环境科学等相关学科交叉融合,着眼于现代农业与乡村发展的科学问题提炼、现实问题梳理和战略问题探究,科学推进以根治"乡村病"、建设新村镇、培育新业态、创建新机制为导向的乡村转型重构与城乡一体化发展理论、模式、技术、制度与政策综合研究。

为了充分发挥乡村地理学科优势、加快现代乡村地理学发展,更好地适应新时期国家战略需求,中国地理学会农业地理与乡村发展专业委员会、中国科学院地理科学与资源研究所区域农业与农村发展研究中心率先倡导并组织专业队伍,研究并出版该领域的最新成果,瞄准现代农业与乡村发展的时代特色、区域特点、创新机制和科学途径,为推进新时期城乡协调发展和新农村建设奠定理论与方法论基础,为加强国内同行之间的学术交流,积极投身中国农业与乡村发展领域的创新研究提供重要基础和共享平台,更好地发挥地理学服务"三农"决策的国家思想库作用。

"现代农业与乡村地理丛书"拟分期撰写出版。将陆续出版《中国新农村建设地理论》《中国乡村社区空间论》《中国乡村地域经济论》《中国乡村转型发展与土地利用》《城乡转型地理学理论与方法》《空心村综合调查与规划图集》《农村空心化过程及其资源环境效应》《农村土地整治模式与机制研究》《空心村综合整治理论与技术》《新型村镇建设与农村发展》《城乡建设用地统筹置换机理与模式》等著作。

在项目研究、选题策划、专家论证、组织撰写与出版过程中得到了国家自然科学基金委员会、中国科学院、教育部、科技部、中国地理学会、国际地理联合会(IGU)、中国科学院地理科学与资源研究所、中国科学院大学、北京师范大学、河南大学等单位领导和专家的大力支持与指导,科学出版社朱海燕、赵峰、杨帅英、丁传标等同志为丛书的编辑与出版付出了辛勤劳动。借此我谨代表中国地理学会农业地理与乡村发展专业委员会和丛书编辑委员会,表示最衷心的感谢和诚挚的敬意!

借此良机,我真诚期望有越来越多的国内外高等院校、科研院所以及从事地理学及其相关专业研究的专家学者,能够更加重视和支持中国农业地理、乡村地理学专业领域的学科成长、人才培养、平台建设、国际合作!真诚欢迎各位领导、专家学者也为进一步完善和提高"现代农业与乡村地理丛书"的撰写与出版水平,多加批评、多予指导,献计献策!

国际地理联合会(IGU)农业地理与土地工程委员会 主席

中国地理学会农业地理与乡村发展专业委员会 主任

中国科学院地理科学与资源研究所区域农业与农村发展研究中心 主任

刘彦随

2017 年春节于北京

前　言

人地关系是人类社会及其活动与自然地理环境之间的交互作用，是与人类发展演化相伴而生的一对基本关系。人地关系及其变化是现代地理学研究的重要主题，也是社会经济发展长期面临的关键问题。进入 21 世纪以来，随着经济全球化的快速发展和现代科学技术的不断进步，人类活动作用于地球系统的方式及其影响程度在不断改变和强化，人地关系地域系统的时代内涵、类型结构与地域功能也在不断丰富和发展。作为人地系统耦合与可持续发展的前沿理论，人地系统科学以人地耦合系统（人地圈）为对象，致力于探究人类活动改造和影响地表环境系统的状态、人地系统交互作用与耦合规律，以及人地协同体形成机理与演变过程，成为现代人地关系创新研究的科学基础。

乡村地域系统作为人地关系地域系统的重要组成部分，是在人文、经济、资源与环境相互联系、相互作用下构成的，是具有一定结构、功能和区际联系的乡村空间体系。以乡村地域系统为对象，探究人地系统耦合格局与机理，探明人地关系地域系统类型、结构及其动力机制，服务与支撑国家乡村振兴战略，为新时期地理学创新研究提供新机遇和新挑战。土地作为人类社会经济活动主要的空间载体，其利用过程对乡村转型发展的响应直接关系新时期乡村振兴和城乡融合战略目标的实现。本书聚焦乡村转型发展背景下农村建设用地利用问题，分别从土地利用功能结构与状态效率的视角出发，在对江苏省农村建设用地结构关系及其利用状态分析的基础上，以苏南地区宅基地利用为例构建多尺度-多机制分析框架，揭示农村建设用地利用不足（空置和废弃）的主要影响机制；进一步以苏北地区典型城市（徐州）为例，耦合结构协同与功能协同两个维度，诊断乡村振兴战略实施过程中所面临的土地利用问题与短板，为差别化农村建设用地优化调控政策的制定提供参考，同时丰富乡村地理学和人地系统科学的相关研究。

从农村建设用地利用结构看，宅基地是江苏省农村建设用地的主要组成，占全部农村建设用地面积的比重超过四分之一；其次为经营性建设用地，占比接近五分之一。从利用状态和效率看，全省有近 6 万 hm^2 农村建设用地处于空置或废弃状态。其中，农村经营性建设用地的空置或废弃面积最大，为 2.85 万 hm^2，空置或废弃比例高达 13.62%；其次为宅基地，空置或废弃面积为 2.56 万 hm^2，空置或废弃比例为 7.80%；公共管理与公共服务用地的空置或废弃面积最小，但其空置或废弃的比例却高达 12.90%。进一步聚焦农村宅基地的利用状况发现，与城市类似的"房子不用来住"的问题在苏南农村地区同样存在。究其原因有二：一是，受中国特殊的城乡二元制度影响，农村"建新不拆旧"的现象普遍存在，且地上房屋建筑年代越久远的宅基地空置或废弃比例越高；二是，随着农村居民收入水平的持续提高，农村新建住房需求也在不断增长，但是随着宅基地功能由"居住保障"向"资产工具"的转型，有相当部分的新建住宅并非出于居民的刚性居住需求，而是由于乡村振兴战略实施背景下宅基地"潜在升值"的投机性预期，在农村地区出现类似城市"炒房"的大规模宅基地空置现象。

　　针对上述农村宅基地利用状态特征,采用多尺度的二元逻辑回归(multi-scale binary logistic regression,MBLR)模型对农村宅基地非正常使用的决定因素进行定量模拟,发现苏南农村地区宅基地的空置和废弃不仅受农户(家庭属性、宗地和住房特征)和村庄特征(村庄类型、地理区位)的影响,同时还与区域发展环境(县域经济发展水平、城乡差异、人口流出)紧密相关,而且不同尺度的因素对农村宅基地的利用状况具有嵌套影响。具体地,区域发展环境在一定程度上放大了地方村庄特征的影响,而村庄特征则以某种方式掩盖了农户家庭属性的影响。进一步,基于农户调查问卷数据分析农村居民的宅基地退出意愿发现,农村居民对个人及家庭的未来发展期望是决定宅基地退出与否的关键所在,而这种期望在不同地理空间尺度和家庭之间具有明显的异质性。一般而言,发达地区和拥有较好社会保障的富裕家庭往往对未来有更积极的期望,个人及家庭的生存和发展对宅基地的依赖程度相对较小,所以在面临宅基地的退出决策时更加"松脚";欠发达地区的农村居民虽然有意愿"逃离"不利的生存环境,但在面临未来发展的不确定性时,他们所处的不利局面更有可能将其"束缚"在土地上而不得不选择拒绝退出宅基地。还有相当部分的农村居民,出于对乡村振兴战略实施背景下农村宅基地政策性升值或集体经济组织成员身份的投机性预期,即便已经进城定居也不愿意退出宅基地。

　　基于对农村建设用地规模结构和利用状态的定量分析,进一步从结构协同和功能协同两个维度出发,探索农村宅基地和经营性建设用地的空间匹配格局,以揭示乡村居业协同的状况及乡村振兴面临的土地利用短板和瓶颈。结果表明,在县域和村域尺度下的乡村土地利用具有明显的结构偏向,居住和就业空间之间的协调性较差,用地优势此消彼长;而在乡镇尺度居住空间和就业空间关系较为稳定,基本维持在相对平衡的状态,是制定土地政策、发展乡村增长极和实施乡村振兴战略较适宜的空间尺度。通常,在建设用地供给上宅基地具有明显优势,但由于农村人口的不断外流,宅基地的空置和废弃现象也更加严重,致使居住和就业用地的功能协同程度优于结构协同。因此,未来可在土地利用政策中探索允许宅基地转为经营性用地的途径,增加乡村就业空间,同时在靠近城镇区域引导产业集聚和发展,盘活城镇周边就业空间,双管齐下提高农村建设用地的利用效率。

　　最后,基于农村建设用地利用状态和权利人处置意愿,同时考虑宗地面积和整治工程难度,构建农村建设用地整治潜力评估的"多层次漏斗"模型,对江苏省农村建设用地潜力的内外边界(上限和下限)进行定量测度,进而分析建设用地整治不同潜力类型及其主要类型构成。在此基础上,选择国家级新区——南京江北新区为典型案例,对具体的农村建设用地整治潜力进行分级,并对其构成进行定量分析,揭示不同层次的整治潜力在空间分布上的异质性特征。进一步,以苏北地区典型村域为例,基于乡村聚落精明收缩的内涵、实现路径和驱动机制构建分析框架,对建设用地配置过程进行调查研究,揭示政府"以指标换资金"、村民"腾土地换新房"、村集体"借新村兴市场"的多主体行为逻辑和价值传递机制。

　　本书从土地要素切入,通过农村建设用地响应的格局特征反演乡村转型发展规律,并试图揭示其背后的驱动与影响因素,尤其是从利用状态和效率的视角对宅基地隐性转型进行探索性研究,尝试在以下方面有所创新:在研究思路上,遵循通过土地利用反演经济社会发展的思路，建立农村建设用地转型数据库，进行不同功能用地转型格局及其耦合协同关系的分析，进而识别乡村振兴战略实施中的土地利用问题，将对乡村发展的研究建立在对土地利用转型进行深入剖析的基础上；在理论创新上，立足中国特殊的产权制度安排和乡村振兴背景，将西方话语中的"后生产主义"（post-productivism）和"多功能性"（multi-functionality）概念纳入具有中国特色的制度分析中，探讨农村宅基地非正常使用背后的推动力，为新兴的土地使用转型研究提供实证素材，有利于丰富和拓展土地利用转型分析的相关领域，同时对于深入理解人地系统耦合格局与机理、发展现代人地系统科学理论具有重要价值。

　　本书的主体部分是由笔者在中国科学院地理科学与资源研究所区域农业与农村发展研究中心从事博士后研究工作期间的研究成果整理而成。特别感谢博士后合作导师刘彦随研究员在研究选题、构思和写作过程中给予的悉心指导，本书最终得以出版离不开刘老师的鼓励和支持。在站工作期间，龙花楼研究员和陈玉福研究员在论文写作和科研项目上分别给予了极大的关心和支持，借此机会向龙老师和陈老师表示最衷心的感谢！还要感谢"兴旺村"大家庭的王介勇、李裕瑞、李玉恒、杨园园、王永生、刘正佳、李琳娜、曹智、龚建周、胡银根、胡守庚、杜国明、文琦、乔伟峰、高军波、员学锋、邹利林等各位老师和同门，大家的优秀和卓越激励着笔者在科研道路上不断进取，大家的关心和帮助更是支撑笔者勇往直前的重要力量。东北师范大学的王士君教授、中国科学院地理科学与资源研究所的邓祥征研究员和王黎明研究员也在笔者的博士后研究过程中提出了诸多建设性意见和建议，在此一并表示感谢！

　　还要感谢中国科学院南京地理与湖泊研究所的领导和同事，感谢研究室领导在笔者刚刚步入工作岗位之际即允许同步开展博士后研究。虽然，笔者一直努力在博士后研究和单位科研任务之间寻求平衡，但囿于自身能力有限，仍难免有所不足，是各位老师和同事们的支持让笔者可以顺利完成博士后研究！特别是，陈雯研究员和陈江龙研究员的引荐和鼓励让笔者有机会在而立之年继续从事博士后研究，在此一并表示感谢！还要特别感谢佘之祥研究员、董雅文研究员、沈道齐研究员对笔者工作上的指导和生活中的关心，三位先生年逾耄耋，仍对科研事业孜孜不倦的精神令后辈钦佩不已。此外，本书的部分章节内容已经在国内外学术期刊发表，美国威斯康星大学麦迪逊分校的 David W. Marcouiller 教授和吴致轩博士，荷兰乌得勒支大学的蔡媛媛博士，宁夏大学的文琦教授、中国科学院南京地理与湖泊研究所的陈江龙研究员和蒋伟萱、赵酉辰同学等作为合作者参与了相关文章的撰写和数据分析工作，相关期刊编辑部老师和匿名审稿专家们在文章评审和修改过程中提出了宝贵意见，在此一并表示感谢！

　　本书的研究和出版得到了国家自然科学基金面上项目"江苏典型乡村转型发展的动态过程与驱动机理研究：融合多尺度治理的新内生发展视角"（项目编号：42371205）、"江苏省农村建设用地转型格局、机理及其对乡村振兴的启示研究"（项目编号：41971215）和"乡村功能转型过程中的地方行动群体参与过程与机制研究——以江苏省为例"（项目编号：41771193），国家自然科学基金重点项目"中国乡村人地系统演化过程及其资源环境效应研究"（项目编号：41931293），国家自然科学基金重大项目"乡村地域系统转型机理与过程揭示"（项目编号：42293271），中国科学院青年创新促进会项目（项目编号：

2022317)，江苏省国土资源科技计划项目"江苏省农村建设用地情况分析评价"（项目编号：KJXM2017017)等的资助，在此致以诚挚谢意！在项目研究和本书成稿过程中，还得到了江苏省自然资源厅、江苏省土地勘测规划院、江苏省国土资源研究中心、南京江北新区管理委员会等单位的支持。本书最终得以出版还获得了科学出版社的大力支持，尤其是周丹编辑付出的辛勤工作，特此感谢！

　　在本书写作过程中，还参考了许多专家学者的论著和科研成果，并使用了大量的统计数据和地图数据，书中对引用部分做了标注，但仍恐有遗漏之处，敬请各位作者海涵！由于中国的乡村转型进程迅猛而复杂，学术研究难度相对较大，受时间和篇幅所限，尤其是作为初入乡村地理学研究领域的青年学者，笔者的理论水平和科研能力均尚不成熟，书中不足之处在所难免，敬请各位同行专家和读者提出宝贵意见和建议，不吝斧正！

高金龙

2023 年 9 月于南京

目　　录

扫一扫，看彩图

第1章 绪 论

改革开放以来，中国经济增长与社会发展取得了巨大的成就。特别是伴随工业化、城镇化的快速发展，城乡地域结构、产业结构、就业结构、社会结构等发生了显著的变化，城乡融合和乡村振兴成为国家现代化建设与可持续发展的重大战略，也是地理学研究面向国家战略需求的重要课题(刘彦随，2018)。

1.1 乡村转型发展的土地利用研究背景

在世界范围内城市化备受关注，多数国家都在不断推动城市化扩张，以促进经济社会的迅猛发展；与此同时，伴随城市化发展而产生的乡村衰退问题却没有受到足够的重视(Liu and Li，2017)。长期以来，中国城乡关系割裂及二元分治体制下对乡村价值认识不足，乡村被理解为城镇化发展的"边缘"和"外围"，造成了当今乡村人口老弱化、土地空废化、产业滞后化及"城进村衰"等困境(Liu et al.，2014a；刘守英和熊雪锋，2018a；龙花楼等，2018；刘彦随等，2021)。党的十九大审时度势，创新地提出中国特色社会主义进入新时代，我国社会的主要矛盾已经转化为人民日益增长的美好生活需要和不平衡不充分的发展之间的矛盾，强调"建立健全城乡融合发展体制机制和政策体系"，"实施乡村振兴战略"，以破解城乡发展不平衡和乡村发展不充分等矛盾(刘彦随，2018；刘彦随等，2019；高金龙等，2021；龙花楼和陈坤秋，2021)。党的二十大报告再次强调，全面建设社会主义现代化国家，最艰巨最繁重的任务仍然在农村，必须坚持农业农村优先发展，坚持城乡融合发展，畅通城乡要素流动，全面推进乡村振兴。作为由多种要素相互作用形成的具有综合多维性和动态演变性的开放系统，乡村地域系统的振兴首先需要构建人口、土地、产业等多种发展要素的系统耦合格局(Li et al.，2016；龙花楼和屠爽爽，2017；刘彦随，2018)。

其中，土地作为人类社会经济活动的主要空间载体，在乡村振兴中肩负着提供资源支撑的基础性作用，并以其多功能性发挥着保障乡村居民生产、生活及生态空间需求的多元价值(Long et al.，2016；Qu et al.，2017；龙花楼等，2018；乔伟峰等，2019)。除此之外，土地利用作为人类经济社会发展的一面镜子，其结构和利用状态还能较好地反映区域人口集聚与产业发展的状况(Tuan，1971；龙花楼等，2018；龙花楼和陈坤秋，2021)。一般而言，经营性建设用地比重越高的区域产业发展也相对较好，而居住用地利用率越高的区域人口集聚水平则越高(龙花楼，2012；李婷婷和龙花楼，2015；Lang et al.，2018；蒋伟萱等，2020)。因此，对农村土地利用结构与状态的深入分析，可在一定程度上刻画乡村地域"人-地-业"之间的耦合关系，是理解和破解新时期乡村振兴所面临问题的瓶颈、促进乡村转型发展的重要前提(刘彦随和杨忍，2015；杨忍等，2015a；龙花楼和屠爽爽，2018a)。然而，在长期"城市偏向"的发展路径下，政府和学界对乡村转型发展过程中的土地利用状态、效率和功能结构特征都缺乏细致的掌握,这成为当前农村土地管理滞后和利用粗放的重要原因,制约着乡村振兴战略的实施(龙花楼,2013;张京祥等,2014;龙花楼,2015;Beel et al.,2020;高金龙等,2021)。

当前,乡村地理学关于中国乡村转型发展及其土地利用响应的探讨处于不断深化的过程中(刘彦随等,2009;杨忍等,2015b;宋小青,2017;龙花楼等,2019;Long,2020;Liu,2021;Gao et al.,2022a)。现有理论和实证研究对这一主题的探讨主要沿着两条脉络发展:一是遵循地理学区位论的理论传统,侧重区域尺度农村居民点用地总量规模及其空间分布特征的描述性分析,强调经济发展与城乡关系等对农村建设用地规模和空间格局的影响(Long et al.,2007;Zhu et al.,2014;Li et al.,2015;陈诚和金志丰,2015;Jiang et al.,2016;曲衍波等,2017;杨忍等,2019;Gao et al.,2020a);二是借鉴制度经济学的分析框架,研究较小尺度典型村域土地利用转型与空间重构过程,强调国家力量和制度变迁等要素在农村土地利用转型中的重要作用(Sargeson,2002;Smith,2014;Chen et al.,2017;Newland,2018)。随着乡村振兴战略的全面实施,地理学者开始倡导创新发展中国乡村科学或乡村振兴地理学,坚持以人地关系地域系统理论和人地系统科学为指导,聚焦地表人地系统交互作用下乡村地域系统结构、转型过程、演变机理、分异格局、地域功能,以及乡村振兴途径与模式,推进理论导向的机理解析、目标导向的战略探究、问题导向的模式探索"三位一体"综合研究(刘彦随,2018;刘彦随等,2019;刘彦随,2020a)。

深入剖析乡村转型发展过程中土地利用的瓶颈问题,甄别不同地区乡村振兴面临的关键症结,是新时代乡村振兴地理学研究体系的重要组成,更是地理学研究面向国家战略需求的重要探索(刘彦随,2018;高金龙等,2021)。但是,与落实乡村振兴过程中的工程和项目相比,制度供给的滞后才是全面推进乡村振兴的最大制约(陶然和汪晖,2010;曲福田和田光明,2011;刘守英和熊雪锋,2018a;Gao et al.,2020b)。例如,中国的农村建设用地使用制度作为集体化的产物,是仅存的资源稀缺程度很高却仍然采取福利分配的制度安排之一,这已成为阻碍乡村土地利用效率提升和价值实现的重要约束,也是中国城乡融合发展的最大制度障碍(龙花楼,2013;刘守英,2015;Gao et al.,2020b;Liu,2021)。多尺度-多机制模型(multi-scalar and multi-mechanism model)作为解读中国经济转型特征的重要分析工具,逐渐被地理学者引入解释中国城乡空间治理与乡村转型发展的过程机理(Wei,2000;Li et al.,2014a;Smith,2014;Brandt et al.,2017;Gao et al.,2017;Gao et al.,2022a)。该模型强调不同尺度影响因素在农村土地利用转型过程中的作用逻辑,可以为解释新时期乡村转型发展过程中的土地利用响应机理提供理论支撑。

为此,本书以长三角地区经济发达的江苏省为案例地,以乡村转型发展过程中的建设用地响应过程格局为主要研究对象,将多尺度-多机制模型置于既有的土地利用转型分析框架中,着重解决以下几个方面的问题:

首先,乡村转型发展过程中农村建设用地是如何响应的?呈现怎样的空间分布格局特征?

其次,农村建设用地为什么会呈现这样的响应格局特征?主要受哪些因素的影响?

最后,如何顺应乡村转型发展的自然规律,开展农村建设用地整治?如何制定差别化的农村建设用地优化调整政策?

1.2 乡村转型与土地利用转型研究进展

在城乡转型发展进程中,乡村生产和生活特征发生了深刻的变化,而乡村土地利用形态作为社会经济发展状态在空间上的投影,业已踏上难以逆转的转型之路(龙花楼等,2019)。乡村转型发展研究的核心在于通过解析乡村地区人口、产业和社会等内在结构的演化,建构乡村在社会经济转型时期的状态变化(刘彦随等,2019;Liu et al.,2020a)。与此同时,以土地利用形态趋势性变化为核心的土地利用转型研究也逐渐成为乡村转型发展研究领域的重要分支(龙花楼等,2019;Long,2020)。尤其,对土地利用转型过程、格局与机理的分析,成为管窥新时代乡村转型发展规律性特征的重要途径。

"土地利用转型"的概念较早由美国西弗吉尼亚大学 Walker(1987)和英国利兹大学 Grainger(1995a,1995b)在研究发展中国家的林地流失问题时提出,他们基于林业国家的调查研究发现,林地转型通常要经过森林砍伐和耕地侵占两个过程,直至农业与林业部门之间达到新的平衡。20 世纪 80 年代中期以来,在"国际地圈-生物圈计划"(IGBP)和"全球环境变化的人文因素计划"(IHDP)的共同推动下,土地利用/覆被变化(LUCC)成为地理学综合研究的国际前沿(Turner et al.,1994;李秀彬,1996;Vitousek et al.,1997;陈百明等,2003)。土地利用转型研究被认为是从 LUCC 研究中汲取可以反映区域土地利用形态的趋势性变化并进行规律性总结,进而为揭示土地利用变化的未来方向,优化当前土地利用存在的问题,协调土地利用与社会经济发展之间的矛盾提供参考依据(龙花楼等,2019)。Foley 等(2005)揭示了随着人类社会经济的发展土地利用转型所呈现出的阶段性,完美阐释了某一时段的区域土地利用形态与当时所处的区域经济社会发展阶段相对应这一土地利用形态的核心要义。Meyfroidt 等(2018)关于土地系统变化的中层理论(middle-range theories),将土地利用转型作为解释土地利用形态平衡动态转移的非线性过程,并将土地利用转型理论作为近期土地系统科学研究的重要理论进展。

配合 LUCC 研究计划,国内学者也开展了大量典型地区土地利用变化与社会经济发展关系的研究(刘彦随,2001;李秀彬,2002;刘彦随和陈百明,2002;龙花楼,2003a)。在 LUCC 研究的基础上,龙花楼(2001)率先将土地利用转型的概念引入中国,并从土地利用显性形态和隐性形态的视角解析区域土地利用形态的内涵,系统建构了土地利用转型的理论分析框架和研究体系。土地利用转型最早被定义为某种土地利用在宏观上的趋势变化,其内涵被简单地理解为土地利用形态在时序上的变化(龙花楼,2003b;吕晓等,2015)。之后,随着研究的不断深入,土地利用转型的内涵也在不断丰富(Long,2014a;Long,2022)。比较有代表性的观点为"在社会经济变化和革新的驱动下,某一区域在一段时间内由某一种土地利用形态(包含显性形态和隐性形态)转变为另一种土地利用形态的过程,它通常与经济社会发展阶段的转型过程相对应"(龙花楼,2012,2022)。目前,学术界关于中国土地利用转型的实证研究主要从以下方面展开。

首先,关于土地利用转型过程与格局的研究。龙花楼和李秀彬(2002)较早采用样带分析的方法对长江沿线区域土地利用转型进行研究,发现耕地和城乡建设用地的变化能基本反映短时期内的土地利用变化情况,而农村建房用地转型是长江沿线样带土地利用转型的主要内容。之后的研究都证实了一个共同的假设,即土地利用转型过程具有明显的阶段特征。土地开发初期主要是耕地对林地、草地的占用(Grainger,1995a,1995b;Lambin et al.,2003;杨绪红等,2019);随着经济社会的发展,城乡建设用地规模持续增加,农用地规模不断萎缩(Lin and Ho,2003;Ho and Lin,2004;Liu et al.,2005)。在城乡建设用地内部,随着城镇化水平的提高,农村宅基地在新增建设用地中所占比重逐渐下降,直到这一比例趋向于一个固定值(龙花楼,2006;Long et al.,2007)。后续研究虽然关注的区域和分析的视角有所不同,但研究结论大同小异,现阶段中国城市用地的迅速扩张与农用地的持续减少已成为学者们研究的共识,而部分发达地区乡村则呈现出"人减地增"的逆向扩张趋势(Liu et al.,2008;Liu et al.,2010a;Seto et al.,2011;Liu et al.,2014a;刘永强和龙花楼,2016;田秀琴等,2018)。总之,目前关于土地利用转型的研究主要关注用地规模与空间形态的变化,而对于土地利用隐性转型的探讨仍局限于理论层面(Qu et al.,2017;曲艺和龙花楼,2017;Gao et al.,2020a)。尤其,关于农村宅基地、经营性建设用地等不同类型农村建设用地利用状态及功能转型的实证研究仍不多见。

其次,关于土地利用转型机理与影响因素的研究。区域土地利用转型的实质是代表不同部门利益的土地利用类型在空间上发生冲突,并在时间上通过形态的转变缓解这些冲突的过程(龙花楼,2015,2022)。早在20世纪80年代,Walker(1987)在研究发展中国家的林地转型时就提出基于"成本-收益"(cost-benefit)的土地利用转型机理分析框架。李秀彬(2002)也认为,土地利用转型是土地经营者追求效用最大化的结果,即通过土地的最优利用达到最大获利,其实质是不同用途对同一土地竞标活动的结果。Lambin 和 Meyfroidt(2010,2011)则将土地利用转型的驱动机制解释为两种不同性质的力量,一是关键资源枯竭所引起的社会生态负反馈,二是城市化、经济发展与全球化、土地使用制度等独立于生态系统之外的社会经济变化和革新。在古典经济学中,土地是人类活动的物质载体或容器,因此可以从经济发展、人口迁移、技术进步和政策驱动等外源性要素着手,对土地利用转型过程进行分析(曲福田和吴丽梅,2004;Chien,2007;Deng et al.,2008;Liu et al.,2008;Chen et al.,2014;刘永强和龙花楼,2016;Ma et al.,2018a;张佰林等,2018)。但是根据新马克思主义的空间生产理论,城乡用地空间不再是一种中性的背景或物质存在,而是产生于具有目的性的社会实践,是一种社会关系的产物(李红波等,2015)。土地利用转型从深层次角度看,就是不同的权力和资本主体通过土地利用功能置换来获取不同区位间(潜在)级差地租收益,以实现资本的增值与积累(王勇等,2012;范建红等,2018;邱杰华等,2018)。在中国城乡转型发展实践中,地方政府、投资客、村集体与村民等不同主体间的利益交换与博弈成为农村建设用地转型的关键(Zhang,2018;Chen et al.,2022a)。总之,关于土地利用转型机理的研究目前仍散落在各类文献中,而且囿于土地利用隐性转型实证研究的不足,现有关于土地利用转型机理的理论探讨也仅局限于对农村土地利用规模结构及其空间分布特征的解析,尚未形成完整的理论与实证研究体系。

最后,关于土地利用转型与乡村转型发展及乡村振兴关系的研究。关于土地利用转型与乡村振兴的关系,一直是学界和政界关注的焦点(龙花楼,2012;Liu et al.,2014b;Popp et al.,2014;Liu et al.,2015;Liu and Robinson,2016)。在城乡转型发展进程中,乡村地域系统结构和功能转型过程构成了土地利用转型和乡村转型发展交互作用的基础(龙花楼等,2019)。在不同社会经济发展阶段,乡村地域系统的人地关系地域格局特征差异明显,区域土地利用形态和乡村发展状态也呈现出明显的时空异质性(Long,2022)。龙花楼和屠爽爽(2018b)认为,乡村重构是实施乡村振兴战略的重要手段,也是关联土地利用转型和乡村振兴的纽带。一方面,在乡村社会经济重构过程中,土地利用主体可以运用地租、地价等经济手段调整土地利用结构,干预土地利用显性形态的变化(龙花楼,2015);并通过空废宅基地盘活和农用地流转等相关政策手段,促进土地利用的隐性形态转型(Li et al.,2014a;Zhang et al.,2017a)。另一方面,土地利用形态的转变反过来又直接或间接作用于乡村重构与乡村转型发展实践(Liu et al.,2014b;龙花楼,2018)。土地利用转型及其与乡村转型发展的耦合协调过程是实现乡村振兴的关键(龙花楼和屠爽爽,2018a)。在土地利用转型过程中可以通过空心村整治和低效用地再开发等,为乡村产业振兴提供空间场所,同时也为乡村基础设施和公共服务配置创造条件,促进人居环境的提升(Chen et al.,2014;Tu and Long,2017)。此外,学者们还探讨了土地利用转型与农村生态环境建设之间的互馈关系(Long et al.,2014;Liu et al.,2015;Wu et al.,2018)。总之,目前关于土地利用转型与乡村振兴关系的研究主要关注二者间的相互促进和影响,而土地利用转型与乡村转型发展的耦合研究仍处于探索阶段,通过土地利用转型特征反映乡村振兴所处状态水平的探讨并不多见。尤其,通过不同功能农村建设用地利用状态/效率甄别乡村振兴关键问题与短板、瓶颈的实证研究较少,基于"格局-过程"耦合的土地利用转型与乡村转型发展的互动机理研究亟须推进。

1.3 研究设计与内容结构

乡村转型发展过程中的土地利用响应作为一种普遍的乡村地理现象与过程,对其空间格局与驱动机理的把握,有助于更加清晰地认识和勾勒新时代农村土地整治的路径方向,进而对我国城乡融合和乡村振兴战略的实施产生深远影响。本书主要从土地利用功能结构与状态/效率的视角出发,在对不同功能农村建设用地结构关系及其利用状态分析的基础上,对影响农村建设用地利用效率的因素进行甄别;并结合城乡发展转型的多尺度-多机制分析框架,揭示农村建设用地(宅基地)空置和废弃的主要影响机制;进一步耦合结构与功能分析,诊断乡村振兴战略实施所面临的土地利用问题与短板,为制定差别化的农村建设用地优化调控政策提供参考,同时也丰富乡村地理学和人地系统科学的相关研究。本书按照"格局刻画—机理分析—问题诊断—引导调控"的研究思路进行阐述,具体研究思路、技术路线(图 1-1)与步骤如下。

本书选取江苏省作为典型实证案例区。江苏省作为中国经济发展和城镇化水平较高的省份之一,城镇化、工业化与乡村发展交互影响,先后孕育了"苏南模式""耿车模式""沙集模式"等多种先进乡村发展模式,是开展乡村地理相关理论研究的极佳试验地(Veeck and Pannell,1989;陈晓华,2008;李平星等,2014;Gao et al.,2022b)。同时,

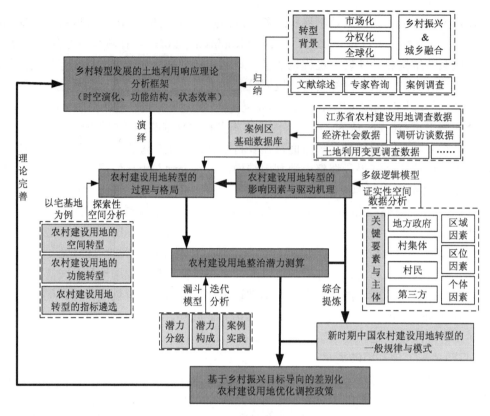

图 1-1　研究思路与技术路线

作为中国经济社会发展的缩影，江苏省南北经济整体水平、城乡发展、农村居民生活、农村基础设施建设等指标均差距显著，城乡土地利用特征也各不相同，因而亟须探索针对不同区域土地利用特征的乡村振兴路径(Gao et al., 2014; 乔伟峰等, 2019)。具体地，本书主要基于江苏省农村建设用地调查数据，对已有土地利用变更调查数据中的农村居民点用地大类进行功能细分(包括农村宅基地、商服用地、工矿仓储用地、公共管理与公共服务设施用地等)，并以不同功能农村建设用地的结构关系和利用状态为研究重点，在系统掌握不同地区农村建设用地结构关系与利用状态的基础上，通过耦合结构转型与功能转型的特征，探讨不同地区农村建设用地结构与功能的协同关系，甄别不同地区乡村振兴战略实施面临的土地利用问题与短板，进而提出针对性的土地利用优化调控政策建议。

按照以上研究思路，本书共分五大部分，具体内容安排如下：

第一部分为第1章绪论，主要包括研究背景、相关研究进展、研究思路设计与章节安排等内容。

第二部分为第2章理论构建，主要从乡村转型与城乡融合发展规律切入，梳理新时期中国乡村转型发展的一般特征，以及城乡关系与城乡融合发展演变规律；进一步，立足城-乡时空关联的逻辑起点，围绕城镇化"外生"驱动乡村转型与聚落演替、制度变迁诱导多元主体集体行动"实践"聚落演替的逻辑主线，解析乡村聚落时空分布、功能演进及空间重组的一般规律;并综合农村建设用地规模结构与利用状态两个维度,结合中国特殊的城乡关系演化背景,梳理和总结乡村转型发展过程中的建设用地空间与功能演化一般规律,以宅基地为研究重点,提出快速城镇化地区农村建设用地转型的理论假设。

第三部分主要是第 3～5 章,关于农村建设用地基本情况和宅基地转型的空间格局与影响因素的实证分析。第 3 章,系统介绍了江苏省农村建设用地的基本情况,主要包括规模结构和利用状态等特征;并以宅基地(超过 97%为集体所有)为研究重点,对农户类型、规模形态、利用效率、建筑年代等特征进行耦合分析,以揭示宅基地利用的具体特征。第 4 章,选择乡村发展转型最为激烈和最具代表性的苏南地区为研究区域,在系统梳理农村宅基地空间演替历程的基础上,刻画不同利用状态宅基地的空间格局特征,并进一步分析诱致性因子的空间分异特征。第 5 章,进一步采用多尺度-多机制模型,分别从农户、村集体和县域等不同层级,对影响农村宅基地利用状态的因素进行定量模拟。

第四部分主要是第 6～9 章,关于乡村转型发展的土地利用效应及土地整理优化策略。第 6 章,基于农户调查数据,对农村居民的宅基地退出意愿进行定量模拟,进而揭示不同地区和不同类型家庭在宅基地处置意愿上的分异规律。第 7 章,基于乡村居业协同的理论视角,从土地利用结构与功能协同入手,对典型地区乡村居住与就业耦合协同关系进行测度,并试图探索土地利用优化配置的最优尺度和差别化配置策略。第 8 章,综合建设用地利用状态与产权人处置意愿等,对农村建设用地整治潜力进行测算,并确定建设用地整治潜力分级和组成。第 9 章,基于乡村精明收缩的理念,对典型农村建设用地优化配置的过程、机理及效应进行分析,揭示乡村转型发展过程中的建设用地配置特征规律。

第五部分为第 10 章结论与讨论,主要对本书研究的主要结论进行总结,提出乡村转型与土地利用的耦合研究框架,并对乡村转型及城乡融合发展的未来研究方向进行展望,最后评估本书研究的可能创新与不足,以及未来需要进一步深入研究的问题和方向。

第2章 乡村转型发展的土地利用响应

改革开放以来,无论在农业生产还是农民生活等方面,中国的乡村都经历了一个史无前例的剧烈转型过程(刘彦随,2007;Long et al.,2011;Liu,2021)。土地利用作为人类经济社会发展的一面镜子,乡村转型发展过程中暴露出的形形色色的问题均可在土地利用上得到反映,并通过土地利用转型调整应对(龙花楼,2012;Liu et al.,2016)。而乡村聚落作为乡村地域系统的核心组成和乡村经济社会活动的主要"据点",深刻理解其时空分布与功能演替规律是开展乡村转型发展研究、推动乡村地域系统可持续发展和全面乡村振兴的重要认知基础(Ma et al.,2013;杨忍等,2015b;Qu et al.,2017;孔雪松,2022;Li et al.,2022)。

2.1 中国乡村转型与城乡融合发展

乡村转型与城乡融合是乡村地理学研究面向国家战略需求的重要主题和前沿课题。在人地关系地域系统理论的基础上,学者创新发展人地系统科学理论,提出城乡融合系统和乡村地域系统是全新认知和理解现代城乡关系、透视乡村发展问题的重要理论依据(刘彦随,2018,2019;龙花楼和陈坤秋,2021)。改革开放40多年来,在外部发展环境和内部发展要素发生变化和重组的驱动下,中国乡村地域系统的要素、结构、功能等发生相应转变,社会经济形态和地域空间格局都经历了剧烈重构,这一基本事实已经成为新时代乡村发展与城乡关系研究的基本出发点(龙花楼和邹健,2011;杨忍等,2015b;Li et al.,2015)。反过来,社会经济演变的时空不可分离性被转移到作为主要社会经济活动载体的土地上,造就了十分复杂的区域土地利用格局,而土地利用格局的变化又会影响区域自然、生态和社会发展的进程(龙花楼,2012)。因此,对乡村转型发展过程与城乡融合发展规律的探讨,是理解和把握土地利用转型响应传导机制的基本前提。

2.1.1 中国的乡村转型与乡村重构

乡村转型发展是指在快速工业化和城镇化进程中,因城乡人口流动和经济社会发展要素重组并交互作用,当地参与者对其过程及变化做响应而引致的乡村地域系统内部社会经济形态和地域空间格局的系统性重构,主要涉及村镇空间组织结构、农村产业发展模式、就业方式、消费结构、工农关系、城乡关系和城乡差别等多方面的转变(龙花楼,2012;Liu et al.,2016)。本质上,乡村转型发展与国际上流行的乡村重构具有相似的概念内涵,均涉及乡村地域系统内部经济、社会、空间等不同维度的组织变革与重构(Woods,2005;Long and Woods,2011;龙花楼和邹健,2011)。

作为一个具有悠久乡土文明的国家,中国数千年的农耕生产传统使乡村地域一直主导着社会文明的进程，构成了支撑整个国家经济和社会结构的基本面(Oi, 1999; 张京祥等, 2014)。费孝通(1998)曾基于"从基层上看去，中国社会是乡土性的"的观察，将传统中国概念化为"乡土中国"，并将这一社会形态一般化为"熟人"社会、差序格局、礼治秩序、无讼政治等主要概念。本质上，"乡土中国"就是乡村与土地高度结合发展形成的传统农业中国，农耕生产与土地之间的依存关系决定了村民对世界的直接认知通常在"一日往返"的范围内(韩茂莉, 2017)。特别是，土地的不可移动性和交通的限制固化了农民的日常生活空间，从而形成中国乡村特定的地缘、血缘、业缘关系，也就是费孝通先生所说的"熟人"社会。从三五户的村民小组到上千户的大村，尽管规模有所差异，但跨区域的村落联系在传统农业社会中并不多见，乡村的地方性特征尽显无遗(孔雪松, 2022)。刘守英和王一鸽(2018)进一步认为，可以从农民与土地、农民与村庄的关系这两个维度来理解"乡土中国"的基本特征，并指出中国传统乡村的经济活动基本围绕农民与土地的关系展开，人口和劳动力既依赖于土地也束缚于土地，而乡村的基本秩序则围绕农民与村庄的关系展开，传统小规模人力农作方式、不断细碎分割的土地配置、以家户为基础的关系联结等使得村庄不仅是一个地理空间，更是一系列维系乡土社会农民与家户之间秩序的制度装置。

改革开放以来，随着城镇化和工业化的加速推进，中国乡村经历了历史性的转变，由过去以农为本、以土为生、以村而治、根植于土的"乡土中国"，逐渐转变为乡土变故土、告别过密化农业、乡村变故乡、城乡互动的"城乡中国"(刘守英和王一鸽, 2018)。快速的工业化和城镇化裹挟着巨大的市场能量，成为左右中国乡村发展的强势力量(张京祥等, 2014)。乡村主动或被动地加入这个难以回避和抗拒的市场化大潮中，在中国出现了两类极端却又非常普遍的乡村蜕变路径：一是以"空心村"等为代表的衰败的乡村，在巨大的城市市场虹吸之下，乡村原本的自组织经济、社会治理体系被完全打乱，劳动力、资金、土地等生产要素加速流失(刘彦随等, 2009; 龙花楼等, 2009; 刘彦随和刘玉, 2010)；二是冠以"乡村之名"而行"城市之实"的异化的乡村，该类村庄大多脱胎于改革开放初期以村办企业起家的明星村庄，除了在行政和产权等方面保留着名义上的"乡村"头衔，其在产业发展、土地利用、建筑形式等方面实际上与城市无异，本质上是一种在工业化驱动下异化了的"超级村庄"(折晓叶和陈婴婴, 2000; 王勇和李广斌, 2011; 王勇等, 2012)。总之，在城镇化与工业化定义的现代化语境下，城乡关系处于不断的变动之中，中国乡村的发展总体呈现出一种不断追赶城市的线性转型逻辑(张京祥等, 2014; 申明锐和张京祥, 2015)。因为按照现代化的发展范式，社会演化具有平行线性特征，传统乡村被认为是"落后"的象征，其经济社会的现代化需要依靠城市持续的辐射蔓延，通常与城市化过程融合在一起(Woods, 2011; Long and Woods, 2011)。但是，近年来随着西方"后生产主义"和"多功能"理论的兴起，也有学者对中国乡村发展多元化进行了探讨，认为传统的农业农村现代化发展在很大程度上是以牺牲乡村环境和乡村社会机理脆弱化为代价的，也造成了乡村经济对外部支持的过度依赖，仅仅强调"现代化"发展范式显然是不够的，需要从功能角度制定中国农业农村发展的多元目标和差异化路径及对策(房艳刚和刘继生, 2015)。

具体而言，改革开放后的中国乡村转型发展可以划分为三个阶段。首先，是乡村工业化驱动的乡村转型。20 世纪 80 年代初实施的家庭联产承包责任制,大大提高了原本捆绑在人民公社"大锅灶"上的劳动生产效率,大量被解放了的农村剩余劳动力结合乡村原有的产业基础、低廉的成本和外来的技术,在城市之外走出了一条独特的乡村工业化道路,极大地提高了乡村地域的经济活力和居民收入。其次,是城镇化驱动的乡村转型。20 世纪 90 年代中期以后的现代工业和外向型经济大潮,给改革开放初期的乡村工业化发展造成巨大冲击,城市相对于乡村的优势被逐渐放大,中国城乡发展进入了一个事实上的以城市为中心的单向要素集聚发展阶段,大量农业剩余人口涌入城市,乡村产业衰退、社会凋敝、空间凋零,撤村并居和新农村建设在广大乡村地域"大行其道",乡村逐渐沦落为单向为城市提供廉价土地、劳动力的被动弱势角色。最后,是城乡融合理念下的乡村转型。2005 年以来,为解决快速工业化和城镇化带来的工农关系、城乡关系不平衡不协调的矛盾,国家反思长期以城市为中心的发展政策,开始重新认识乡村的多元价值,在城市消费需求外溢的巨大带动下,不少"先锋"村庄的人气逐步聚集、活力逐步恢复,乡村发展迎来复兴的历史机遇。尤其,党的十九大审时度势,提出要坚持农业农村优先发展,实施乡村振兴战略。之后,国家进一步明确产业兴旺、生态宜居、乡风文明、治理有效、生活富裕是实施乡村振兴战略的总体要求,也是推进乡村振兴的根本任务,为新时期全面推进乡村振兴指明了方向。党的二十大再次强调要全面推进乡村振兴,乡村发展进入系统化转型阶段。

在上述乡村转型发展过程中,还伴随着乡村就业结构、消费结构、土地利用结构、社会组织结构等全面而深刻的重构(龙花楼和屠爽爽,2018a)。理论上,乡村重构是实现乡村转型发展的过程,乡村转型发展是乡村重构的结果(龙花楼和屠爽爽,2017)。按照乡村地域系统的理论解释,乡村是在一定地域范围内,由若干相互联系、相互作用的要素构成的具有一定结构和功能的复合系统(龙花楼和屠爽爽,2017;刘彦随,2018)。乡村重构则是指为适应乡村内部要素和外部调控的变化,通过乡村地域系统内部社会经济结构的重塑和地域空间格局的优化配置,实现乡村地域系统整体的结构优化、功能提升及城乡地域系统之间结构协调、功能互补的过程(Long and Liu,2016;Long,2020)。如前所述,乡村地域系统的发展以社会经济变迁为主线,土地利用是人类社会经济发展的一面镜子,乡村地区社会经济的演化,必然会改变其空间载体的利用方式和配置格局,从而引起乡村空间的重构(龙花楼,2013)。从内容上看,乡村重构包括经济重构、社会重构、空间重构三个相辅相成又相互制约的维度。其中,经济重构是乡村重构中最为活跃的部分,自然演化状态下乡村重构通常始于经济重构,并通过拓宽农民就业渠道、促进剩余劳动力转移、提升土地利用效率、改善农村人居环境等引领社会重构和空间重构,从而构成乡村转型发展的关键驱动;社会重构以培育乡村发展社会行为主体、完善公共服务和社会保障体系、传承乡土文化、缩小城乡差距为内涵,而且深受经济发展和空间整合的牵引,是乡村转型发展的最终目标;空间重构通过重组乡村地域系统内的社会经济活动空间组织模式,为农业适度规模经营和非农产业发展提供空间场所,并为优化人居环境和完善公共服务设施创造条件(龙花楼和屠爽爽,2017)。

总之,乡村重构及其引致的乡村转型发展,都与城镇化进程中乡村地域系统的"要素-结构-功能"演变密切相关。从传统意义上来讲,乡村地域承载着一定数量的人口,并通过农产品的生产满足自身需求和支撑城市运转(Long et al.，2016)。随着全球化、城镇化、工业化和信息化的推进，乡村系统不断与城市系统发生人口、资本、技术、信息等生产要素交换，在内部要素整合和外部环境变化的共同驱动下，乡村地域的空间格局、经济形态和社会关系发生深刻改变，乡村地域系统的功能也在不断发生演化和变异(刘彦随等，2011；林若琪和蔡运龙，2012；Long et al.，2016)。尤其，近年来在可持续发展观和环境保护理念的指引下，乡村地域特色的聚落风貌、淳朴的民风习俗、优美的自然景观越来越受到人们的重视，乡村不再是单纯的农业生产和居住空间，其在生态、文化等方面的多元价值功能日益凸显，乡村地域系统自身也逐渐由相对封闭走向开放，其土地利用形态也更加多元(申明锐和张京祥，2015；屠爽爽等，2015；杨忍等，2015a)。

2.1.2　新时代乡城关系与城乡融合

转型研究离不开对经济社会时代背景的整体判识，乡村转型也莫不如此。中国的乡村转型发展，除了受到"三农"问题自身的影响外，乡城关系也是一个重要的探讨维度，尤其是在当前这样一个"城乡中国"的背景下(张京祥等，2014)。刘彦随等(2021)曾指出，乡城关系是反映城市和乡村二元社会经济结构的最基本关系，是任何一个国家或地区在其现代化进程中必须面对和解决的重大问题。相比于城市地理学的研究，乡村地理学视域下的乡城关系研究超越了"乡村"特殊化的研究范式，强调乡村地域的基础性、城乡关系的交互性及乡村重构的系统性，更加注重城乡社会发展过程的物质现实与理论理解，从全球化、城乡一体化、城乡融合体等角度重新审视乡村与城市之间的母子关系(Roberts，1996；Liu et al.，2016)。

从理论上讲，城市和乡村是一个统一的有机体、命运共同体，只有两者都可持续发展，才能相互支撑(Whatmore，1993；Woods，2012；徐冠华等，2013)。按照马克思主义的城镇化理论，现代城镇化、工业化从其初期兴起就离不开乡村地域系统的孕育和支撑。亚当·斯密在《国富论》中提出"自然顺序"的概念，认为"按照事物的本性，生活资料必先于便利品和奢侈品，所以，生产前者的产业，亦必先于生产后者的产业"。这既是产业发展顺序，也是城乡发展的顺序(叶超和曹志冬，2008)。所以说，乡村不只是现代城市形成与发展的腹地，更是城市发育的母体、城乡发展转型的基石(Liu，2021)。从学理上，基于乡村地域系统的基础性、包容性，强调"乡城关系"要比"城乡关系"更具严密的因果链及逻辑性(刘彦随等，2021)。对新时代乡城关系的理解，应该建立在把握城市和乡村两个客观实体之间联系的基础之上，这种联系是由它们各自的性质、特征和功能决定的(叶超，2008)。

从资本主义社会关系的角度来看，乡城关系的发展是与人类历史上两类城市现象相伴的(武廷海，2013)。一类是自然形成的城市。早期的人类社会在很大程度上是"自然成长起来的"，农业劳动是当时最主要的社会生产活动，城市和乡村都是劳动、土地、财富的统一体。相较于乡村，城市是特定区域管理、服务和贸易的集中地，数量极少，规模也较小，发展十分缓慢。整个社会都处于乡村主导之下，城市浸润于乡村之中，是农村剩余产物的市场。另一类是现代大工业城市。工业化机器大生产的形成，促进了市场和社会分工，生产和交换的地域封闭被逐步消除，城市由于对自然环境的依赖性降低而获得越来越大的独立性。与"自然形成的城市"不同,"现代大工业城市"是以农业和工业分离、劳动力和土地分离,以及由此带来的城市和乡村分离为条件的,它是工业资本主义的控制中心,是资产阶级统治及资本主义生产关系的集中地。正如马克思和恩格斯在《共产党宣言》中所阐释的,"资产阶级日甚一日地消灭生产资料、财产和人口的分散状态。它使人口密集起来,使生产资料集中起来,使财产聚集在少数人的手里。"以资本主义的形成为界,之前的历史是乡村关系渗入城市,而之后的历史则是城市关系渗入乡村(图2-1)。

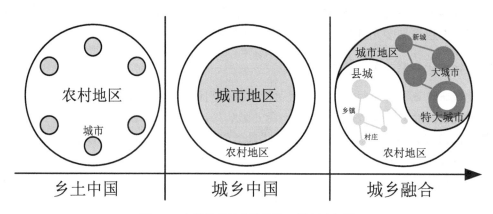

图 2-1 乡城关系演变发展的一般历史规律

图片来源:根据武廷海(2013)图 7 改绘

纵观近现代的城乡发展历程,全球城乡关系的变化都大致经历了从"分割对立"到"协调一体"的转型过程(Tacoli,1998;李玉恒等,2018)。但由于地域、历史和文化的巨大差异性,不同国家或地区的乡村地域特色及乡城关系也存在明显区别(刘彦随等,2021)。1949 年以来,中国的乡村发展在工业化和城镇化所定义的现代语境下经历了由"生产主义"到"后生产主义"和"多功能乡村"的剧烈转型,与之对应的乡城关系也发生从城乡分割、城乡二元到城乡统筹、城乡融合的有序演进(房艳刚和刘继生,2015;张英男等,2019)。中华人民共和国成立之初,国家施行重工业优先发展战略,配套实施了统购统销、农业集体经营、严格户籍管理等政策,以确保农业剩余积累支持重工业和城市发展,客观上造成了城乡资源配置失调、城乡发展功能失衡的格局。改革开放以来,我国实行家庭联产承包责任制,农业剩余劳动力开始流向城市,为经济发展、城乡转型注入了活力和强大动力;与此同时,土地市场化改革进程加快,城市用地持续扩张造成大量农地非农化,而土地增值收益却偏向城市供给,二元体制下的城乡发展差距持续扩大。2003 年,党的十六届三中全会确定"统筹城乡发展"基本方略,之后又相继提出"社会主义新农村建设"方略、全面取消"农业税",增大了对农业农村建设的投入力度,我国进入以"工业反哺农业、城市支撑乡村"为特征的城乡关系调整阶段。2014 年,国家提出实施"新型城镇化"战略,加快农业转移人口市民化进程,乡村地域基础设施建设大规模推进,乡村发展及城乡融合出现全局性转变。2017 年,党的十九大提出建立健全城乡融合发展的体制机制和政策体系,实施乡村振兴战略,由此开启了城乡融合、一体化和等值化发展的新阶段。2022 年，党的二十大再次重申，全面建设社会主义现代化国家，最艰巨最繁重的任务仍然在农村，必须坚持农业农村优先发展，坚持城乡融合发展，畅通城乡要素流动。城乡融合体成为由"乡村中国"转向"城乡中国"建设的基本形态（刘彦随等，2021）。

　　总之，乡城关系是乡村地域系统人地关系的一种综合表征，体现在不同发展阶段下乡城之间的要素作用形式、资源配置方式、产业发展模式等方面（刘彦随等，2021）。长期以来，城市中心主义与城市偏向的发展观，成为制约城乡融合和乡村可持续发展的主要症结（Lipton，1977；Beel et al.，2020；Huang，2022）。城乡对立与割裂严重削弱了乡村发展动能，剥夺了乡村发展权益，尤其是乡村空心化、水土污损化、人口老弱化等现实问题加剧了乡村转型发展的风险和危机（刘彦随等，2016；刘彦随，2018）。城市对乡村的这种长期"虹吸式"作用最终使传统二元秩序萌生出融合发展的内生性诉求（张英男等，2019）。其实，在刘易斯提出"二元结构"理论之前，早期的理论家就已经开始强调城乡关联发展。尤其对于经济学家而言，城市和乡村是相互依存、互利的关系，而且只有遵循"自然顺序"并保持一定比例的城乡关系才是良性和合理的（叶超和陈明星，2008）。城市地理和城市规划的研究也强调城乡之间的紧密关联，认为城市和乡村必须结合。比如，霍华德在其著名的"田园城市"理论中，通过构建城市-乡村磁铁模型来表达城乡综合体的理念；芒福德在其巨著《城市发展史》中也指出，"城与乡不能截然分开，城与乡同等重要，城与乡应当有机结合在一起。如果要问城市与乡村哪一个更重要，只能说自然环境比人工环境更重要"，这已成为强调城乡关系的经典名言。

　　新时代城乡融合发展的核心目标在于破解城乡发展不平衡、乡村发展不充分的问题，首先必须改变传统的城乡关系认知，不再简单地将乡村视为城市发展的腹地和农产品供应地，而是更加重视乡村地域系统的多功能性和城乡地域系统的交互性，突显城乡融合系统这一重要地理综合体及其功能价值（刘彦随，2020a）。乡村是经济社会发展的重要基础，在快速城镇化进程中，乡村发展的本质就是不断缩小城乡差距，逐步实现城乡一体化和等值化的过程（Liu et al.，2013）。城乡融合发展则是未来城乡关系演化的高级形态及对传统城乡关系认知的历史超越，既不能理解为城市与乡村资源要素的简单重合相加，也不能单纯地理解为以城市化为主导的乡村转型过程，而是基于城乡要素平等交换、均衡配置、充分发展的城镇化与乡村化"双轮驱动"的融合新局面（刘彦随等，2021）。作为乡村地域系统、城乡融合系统的核心要素，土地为城乡发展提供了支撑，土地系统则依托土地的资源与空间属性，通过发挥多功能价值连接城乡地域系统，对城乡发展施加多重影响（陈坤秋和龙花楼，2022）。城乡关系演变驱动土地系统优化与土地利用转型，这一过程必然伴随土地功能和价值的转变；反过来，土地利用转型通过效率提升、价值显化、要素流通与结构优化四大渠道助推城乡融合发展。在新型城乡关系建立的关键阶段，土地利用转型的过程也即城乡融合发展的过程，管控土地利用转型将成为城乡融合发展优化调控的关键手段（龙花楼和陈坤秋，2021）。

2.2　乡村聚落与农村建设用地演替

乡村聚落，又称"村庄"，是乡村地域系统集聚各类发展要素、承载经济社会活动的核心场所(金其铭，1988a)。乡村聚落的空间形态、分布与功能一直是乡村地理学研究的重要内容，其形成和发展既受自然生态条件的约束，又与乡村人口和经济社会发展变化紧密关联，还深受土地利用与乡村发展制度改革的影响(李红波等，2015；Chen et al.，2017)。中华人民共和国成立以来，我国的乡村发展经历了从农业经济主导到乡村工业化推动和城镇化拉动的历史转变(李小建等，2021)。农业生产条件逐步改善，生产力和居民收入水平不断提高，但农业生态环境退化明显，农村人居环境质量提升缓慢(刘彦随等，2019)。改革开放以来，虽然部分地区村镇工业一度兴起，但乡村地区的整体就业供给趋于减少，乡村人口先增后降，仅2010～2020年乡村人口就减少16436万(田秀琴等，2018；曾国军等，2021)。在城镇化导向的农业经营、人口流动和农村土地制度持续改革的牵引下，乡村经济社会发展加速转型，乡村聚落形态嬗变剧烈。地理学者们围绕乡村聚落形态与时空分布、聚落演变影响与驱动机制、聚落用地状态与功能演替、聚落空间重组与经济社会转型等开展了系统的概念辨析、多尺度的实证分析与理论反思，以及可持续发展导向的乡村聚落优化调控方法与政策建议的研究(海贝贝和李小建，2013；曲衍波，2020；冯应斌和龙花楼，2020)。随着城乡要素双向流动制度通道的逐步建立，人口、土地、资金、信息等要素的城乡流动加强，城乡发展互动融合，城乡分工加速演替，新动力和新机制涌现并可能推动乡村聚落进入新的发展阶段，呈现新的演进特征与趋势(张英男等，2019；宁志中和张琦，2020；杜国明和刘美，2021；Chen et al.，2022a)。因此，有必要系统回顾乡村聚落时空分布与功能变迁的研究进展，梳理研究脉络与演替逻辑，关联城乡融合发展的新背景，展望未来的发展趋势和可能的研究重点，为乡村聚落的可持续发展实践提供认知基础。

2.2.1　乡村聚落的分布与演替

空间形态与分布是地理学对于乡村聚落研究的核心领域之一，大量的实证研究对此展开了深入讨论，既有对聚落单体形态的定性描述和概括总结，也有对空间分布体系和景观形态的定量测度，还有对时间序列的动态比较，以期揭示乡村聚落分布的演进特征。乡村聚落形态和分布的实地观察与定量测度研究发现，我国乡村聚落整体呈"大分散、小集中"的态势，而且在不同地形地貌类型区之间聚落形态差异明显(海贝贝和李小建，2013；冯应斌和龙花楼，2020)。其中，平原与岗地地区(特别是黄淮海平原农区)乡村聚落呈现规则的团块状或据点式散布，垦区聚落多沿道路或者沟渠水系呈带状延展，水网湖荡区主要在河渠、湖泊周边的高地呈串珠状或弧线状散布，丘陵山区则多呈带状或线状散布在地势较低的沟谷、河流沿线(汤国安和赵牡丹，2000；冯文兰等，2008；马晓冬等，2012；单勇兵等，2012；贺艳华等，2013；黄亚平等，2021)。

不同于聚落形态与分布的描述性研究，乡村聚落空间分布体系的定量测度发现，我国的乡村聚落整体呈现集聚分布，平原、水网地区的空间分布较为密集，丘陵山地和岗地地区的分布相对稀疏，南部和东部地区乡村聚落密于西部和北部地区，北方平原区相较于南方丘陵区的聚落单体规模更大(金其铭，1988b；马晓冬等，2012；贺艳华等，2013；周扬等，2020)。乡村聚落的规模等级体系研究强调，空间较为均质的平原农区聚落等级结构基本符合中心地理论假设，但在快速城镇化背景下乡村聚落分布体系也产生了明显变化，整体仍然呈现"小规模聚落比重高–大体量聚落比例低"的特征，等级–规模分布更符合幂律和负指数分布法则(Sonis and Grossman，1984；李小建等，2019，2021)。近期，又有学者研究发现，位序累积规模分布法则在测度乡村聚落规模等级体系方面呈现更好的拟合优度(黄万状和石培基，2021)。

乡村聚落分布的时空动态研究认为，改革开放以来我国广大农区不但原有村庄大幅"外扩"，而且有大量新生聚落涌现(程连生等，2001；王成新等，2005；刘彦随等，2009)。有研究统计发现，虽然全国乡村常住人口年均减少超过 1%，但农村宅基地年均增加近1%(李红波等，2020；Gao et al.，2020b)。乡村聚落转型的实证研究表明，新时期东部经济发达地区和都市圈周边地区的部分乡村聚落由全面扩张转为空间收缩和蔓延共存的格局，聚落空间密度开始降低，聚落用地的平均规模趋于扩大，其中道路沿线和工业园区及城镇周边地区乡村聚落的空间收缩尤为剧烈(田秀琴等，2018；李红波等，2020)。在黄淮海平原农区，零散村庄合并与中心村建设等共同推动了乡村聚落的全面收缩，聚落分布密度明显下降，聚落规模持续向上"跃迁"，聚落用地集约利用水平显著提升(Long et al.，2012)。

乡村聚落空间演替的影响因素与作用机制是地理学关于乡村聚落研究的另一关键领域。众多的研究认为，地形地貌、地质、气候、水文、土壤、植被等自然因素与人口、经济、基础设施、地域文化、制度环境等经济社会因素综合作用，共同塑造了乡村聚落的空间演进图谱，但不同因素作用的时空尺度与方向路径差别明显(周国华等，2011；贺艳华等，2013)。一般而言，地形地貌、水文、气候、土壤等自然因素和地域传统文化因素，是人类聚居区位选择和聚落空间分布特征形成的基础因素和结构因子，也是相对稳定的"慢变量"(周国华等，2011)。由于趋利避害、适应自然环境及农牧和农耕需要，早期的人类往往选择地势平坦、气候温润、灾害较少、土壤肥沃、取水便利和出行便捷的区域聚居繁衍，从而形成了"丘陵山区稀疏、平原和沿河地区相对密集"的乡村聚落空间分布特征(贺艳华等，2013；马晓冬等，2012；霍仁龙等，2016；李阳兵等，2018)。除此之外，道路交通、农田水利、通信信息等基础设施布局对乡村聚落的空间生长与布局调整也具有很强的塑造作用，大量新生聚落沿路带状或者串珠状的布局可以作为佐证，尽管基础设施因素也属于相对缓慢的影响因素(周国华等，2011；段小微和李小建，2018；林金萍等，2020)。

相比之下，乡村人口增长与流动、农户生计的多样化变迁、乡村工商业发展、农业经营方式转型、农村土地制度改革、区域重大工程和突发性重大事件等因素属于"快变量"，可以迅速改变乡村地区的人地关系，推动乡村聚落空间剧烈演变(周国华等，2011)。有研究认为，随着工业化和城镇化的快速推进，我国农业生产力逐步提升、农民温饱问题得到迅速解决，农村居民非农就业与家庭收入持续增长，叠加农村家庭分户和住房环境改善的需求，刺激了大量新建农房迅速向视野开阔的旧村外围或沿交通便捷的出村道路布局(刘彦随等，2009；龙花楼等，2009；Liu et al.，2010a)。东部经济发达地区的实证分析还强调，除乡村人口增长、收入增加、家庭原子化和住房改善需求旺盛等因素外，20世纪80年代以来"村村点火、户户冒烟"的分散式乡村工业化、村镇工业园区建设、新兴业态萌生和外来人口的大量流入，也推动了乡村聚落空间急速而持续的外扩(陈诚和金志丰，2015；余斌等，2017)。空间收缩视角的研究则认为，缘起于满足城镇建设用地增长需求、耕地与基本农田保护和提高农村建设用地利用效率的城乡建设用地增减挂钩、"三集中"和"三优三保"土地整治、"撤村并点"及部分灾后重建行动等，促进了部分优势区域(现状规模、基础设施、自然条件较好)的聚落集中集聚扩张，推动了场地条件恶劣、偏远、零散或邻近城镇乡村聚落的大量撤并，在一定程度上压缩了聚落空间分布范围，改变了农村聚落的总体空间分布特征(王勇和李广斌，2011；席建超等，2016；余斌等，2017；杨兴柱等，2020；高丽等，2020)。

2.2.2 农村建设用地时空演替

农村建设用地作为乡村聚落的物质载体,其空间演化过程与乡村聚落发展一脉相承。一般认为，聚落的出现与形成需要经过漫长的历史发展过程，是生产力不断发展引起人类维生方式发展变化并投射到地表的结果。农村建设用地会随着生产力的不断发展及乡村人口规模的不断增长而扩张，具体表现为用地规模的扩大和村庄数量的增长。在地形相对开阔、发展空间相对充裕的区位，农村建设用地随人口的增长呈现出外延式扩张特征，表现为规模不断扩大；在地形起伏、发展空间相对狭小的区位，农村建设用地随人口的增长而呈现出跳跃式扩张特征，表现为数量不断增长，但在较大的冲积盆地则形成很大的聚落。无论是外延式扩张还是跳跃式扩张，农村建设用地扩张的根本原因是乡村人口的增长，其空间结构反映人类经济活动在一定地域上的空间组织形式和相互关系，影响着区域经济发展规模、方向及发展的可能性(郭晓东，2007；关小克等，2013)。

按照聚落地理学的研究，农村建设用地的演变不仅体现为规模和形态的变化，还表现为内部结构和功能的变化。尤其在经济发达地区，受快速城镇化和乡村工业化的双重影响，农村建设用地无论是空间形态还是承载功能都已经发生了显著改变(陈诚和金志丰，2015；李小建和杨慧敏，2017)。根据我国城镇化与工业化发展的阶段特征，结合乡村聚落发展的历史过程，对农村建设用地空间演化的一般规律进行梳理总结，如表2-1所示。

表2-1 中国农村建设用地空间演化的一般规律

阶段	数量/规模	区位与空间形态	结构/功能
工业化之前	乡村聚落数量相对较多，但用地规模普遍较小	逐水而居，空间布局相对分散，聚落间没有明显的等级分异	用地结构上以居住用地为主，同时少量公共空间用于社会交流与货物交易
工业化/城镇化初期	农村建设用地规模随着人口增长而缓慢增大，人均用地趋于集约	聚落出现等级分异，农村建设用地形态趋于紧凑，空间布局上由近水向沿路转变	宅基地在农村建设用地中占绝对优势，其次为工业、采矿等用地类型；功能仍以居住为主，同时有少量手工制造及农业生产活动

续表

阶段	数量/规模	区位与空间形态	结构/功能
工业化/城镇化加速期	农村建设用地规模迅速膨胀，开发强度提高，部分乡村出现"空心化"及土地闲置	用地形态趋于紧凑，聚落等级分异明显，空间上表现为到城镇的距离衰减，以及对主要交通轴线的依附	结构上以宅基地为主，工业用地、商服及公共管理用地有所增加；农村建设用地功能混合开始出现
工业化/城镇化后期	农村建设用地规模增长放缓，乡村出现"空心化"及土地闲置扩大	空间形态无明显变化，人均用地规模增加，偏远乡村日益萧条，甚至衰亡；近郊乡村形态景观趋于城镇化	宅基地率先出现功能异化，除居住功能之外，还兼具资产功能
后工业化/城乡融合时期	农村建设用地新增量较少，乡村聚落数量减少，最终趋于稳定	农村建设用地相对于城镇的距离衰减特征减弱，但与城镇之间的交通联系更加紧密	混合用地成为主导，宅基地和商服用地占比较大；以居住和游憩功能为主，同时兼具文化传承与生态保育功能

具体地，基于中国经济社会转型的历史背景，可以将中华人民共和国成立以来农村建设用地的空间演化过程分为以下几个阶段：

(1)计划经济时期。中华人民共和国成立之初，工业生产是国家经济发展和建设的首要任务，而出于对生产工人技术培训与生活配套的考虑，国家将主要工业项目都布局在城市地区，即使在小城镇也很少有工业布局。这一时期的乡村功能主要是居住和服务农业生产，因此农村建设用地在结构上以宅基地为主，其次为公共管理与公共服务用地。受农业生产规模及农民居住方式影响，农村建设用地规模普遍较小，布局也相对分散，而且为满足农业生产对灌溉的依赖和方便农民耕作，农村建设用地布局往往靠近水系，尤其在水网密集的江苏地区，农村建设用地分布沿河流水系呈条带状格局的特征非常明显[图 2-2(a)]。

(2)改革开放初期。1978 年以来，我国工业化与城镇化进入新的历史阶段，部分城市依托国有工业的配套需求和抓住消费品短缺的契机，在交通条件较好、接近国有企业的城郊地区形成了以纺织服装、机械等劳动密集型产业为主的工业镇，吸纳乡村人口转移就业。但是在我国特殊的城乡二元管理制度下，农业转移人口无法实现进城定居，为满足这部分转移人口的居住需求，在城镇边缘地区兴起了以住宅为主体的乡村建设，从而使这一时期的农村建设用地与城镇用地形成非常典型的"核心-边缘"结构，围绕城镇就业中心的外围集中分布着一批以居住功能为主的乡村。而在原有发展基础较好或靠近城区和主要交通干线的乡村，乡村居民自然发展出现互通有无的交易市场，成为商贸节点[图 2-2(b)]。

(3)乡村工业化时期。随着改革的进一步深化，在"三来一补"和外向型经济的驱动下，东部沿海地区经历了普遍的乡村工业化，"村村点火、户户冒烟"的景象在长三角、珠三角等地随处可见(李平星等，2014；杨忍等，2019)。在这一时期，"离土不离乡，进厂不进城，亦工又亦农，集体共富裕"的农村工业化之路成为乡村功能转型的关键，工业生产用地占农村建设用地的比重迅速提高，"前店后厂"的功能混合成为农村土地利用的典型方式。在空间上，乡村聚落的数量较前一阶段明显增加，其中建设用地的规模也大幅上升。尤其是农村工业用地沿主要交通轴线呈团簇状铺开，此时水系影响逐步减弱，靠近城镇和人口规模较大的乡村仍以居住和商业服务等用地类型为主导，而相对远离城镇且有剩余农业劳动力的乡村则开始出现工业与居住混杂的用地格局[图 2-2(c)]。

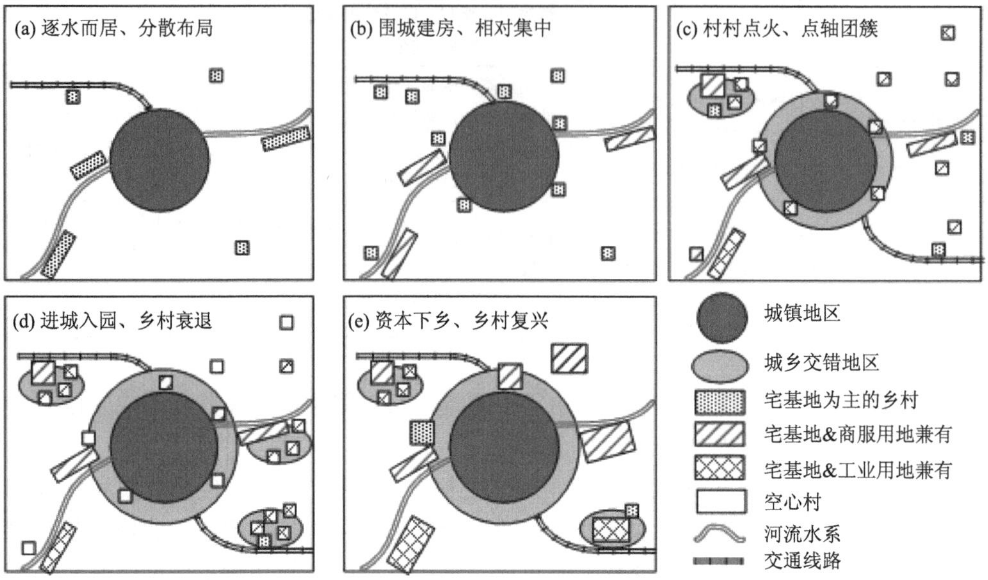

图 2-2　中国农村建设用地空间演化过程

(4) 城镇化加速时期。20 世纪 90 年代中期以后，乡镇企业生产要素短缺、技术水平落后、环境污染严重等问题逐渐暴露；同时，随着社会主义市场经济的逐步确立，外商直接投资迅速增加，城市经济特别是中心城市的竞争力和吸引力迅速提高(房艳刚和刘继生，2015)。乡镇企业风光不再，大量农民进城打工(“进厂又进城，离土又离乡”)，随着企业进城入园，农村“空心化”和人口老弱化问题开始出现(程连生等，2001；陈玉福等，2010a)。在空间上，越是靠近城镇的乡村受到来自城镇地区的虹吸作用越大，因此建设用地空置或废弃现象也相对突出，整体上农村建设用地在少数交通条件好、人口流失少的地区继续集聚，而其他大部分地区均出现了一定程度的萎缩[图 2-2(d)]。

(5) 乡村振兴时期。近年来，随着生态环境压力的加大，城镇地区工业企业因不能适应环境保护要求逐渐退出，许多传统制造业企业被迫从城市“撤离”，但由于企业自身的地方依赖与关系锁定，在考虑搬迁成本的情况下不可能转移到中西部地区，而是倾向于在原址附近交通区位良好，但环境规制与劳工成本均相对较低的乡村地区重新布局(田秀琴等，2018)。新一轮的工业下乡导致乡村地区传统农业生产功能逐渐衰退，乡村产业与用地结构均出现非农化与多样化趋势。与此同时，为破解上一阶段人口流失造成的农村空心化问题，国家自 2013 年开始鼓励和引导“城市工商资本下乡”(陈振等，2018)。一方面，通过资本运作为农村带来新的业态与发展机遇，促进乡村复兴与建设用地混合利用；另一方面，通过农村土地综合整治，将农村闲置土地资源置换盘活，建设小而美的乡村，提高利用效率，使建设用地在空间上更加集聚[图 2-2(e)]。

2.2.3 聚落功能与土地利用转型

由于生产生活形态不同，乡村聚落功能呈现多元化特征，尤其是随着"生产主义"向"后生产主义"的转型，乡村地域空间功能不再局限于既有的生活居住与农业生产，也有工农生产、旅游服务、商贸休闲功能，还有生态文化功能，而且处于不同发展阶段或不同类型地区的乡村聚落呈现出不一样的功能组合特征(周国华等，2011；贺艳华等，2013；Jiang et al.，2016；Long et al.，2022)。土地利用作为经济社会发展的一面镜子，也是认知乡村聚落空间分布和内部功能空间分异的重要研究视角。如图 2-3 所示，现有研究主要通过细分和测度乡村聚落内部的工业生产、生活居住、旅游和餐饮、商贸休闲、物流仓储等用地类型或者房屋内部空间类型及利用状态，开展乡村聚落功能分析与比较研究，进而揭示不同主导功能类型的乡村聚落对应的土地利用结构特征(周国华等，2011；吴孔森等，2020)。例如，"空心村"相关研究通过分析聚落中宅基地的闲置或废弃的数量和比例，评估乡村聚落的基本功能运行状态(龙花楼等，2009；Liu et al.，2010a)；针对旅游地和城郊地区乡村聚落的研究，通过调查和测度商业性住宅、复合型住宅、餐饮

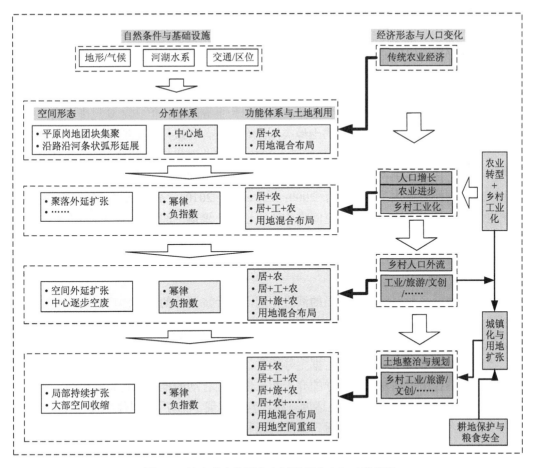

图 2-3　城乡融合发展中乡村聚落分布与功能演进

娱乐、商贸服务等特殊类型用地的数量与比例结构，展示其功能复合化和服务化的多功能发展特征(陆林等，2019；吴孔森等，2020)；经济发达地区乡村聚落用地的研究发现，工业制造、仓储物流用地的规模占比远超居住用地，揭示了工业化地区乡村聚落工业生产主导的多功能特点(陈诚和金志丰，2015；余斌等，2017)。

　　为适应乡村经济转型，乡村聚落功能体系随之转变。在农业经济主导的发展阶段，乡村聚落既是农民生活居住的载体，也是发展庭院经济的空间，以"居住+农业生产"为主导功能(陈诚和金志丰，2015；余斌等，2017；高丽等，2020)。随着乡村工业化和城镇化的推进，乡村地区工业制造、旅游服务等非农经济活动开始涌现，乡村聚落的主导功能由传统的"居住+农业"组合逐步向"居住+工业制造+商贸服务""居住+旅游+商贸服务""居住+农业+旅游""居住+农业+商贸"等多元组合转变(周国华等，2011；王勇和李广斌，2011)。空间上，乡村聚落的主导功能类型组合呈现较为明显的异质性特征。经济发达的快速城镇化地区，乡村主导功能以"居住+工业制造+商贸服务"和"居住+农业+旅游"组合为主，前者主要分布在村镇经济较为发达的交通沿线地区，后者主要分布在自然山水资源、历史文化遗产遗迹、特色生态农业资源丰富的地区(陈诚和金志丰，2015；席建超等，2016；余斌等，2017；杨兴柱等，2020；吴孔森等，2020)。已有研究还证实，在城市生态休闲消费需求外溢及城市创业创新人群和资本反向入乡的叠加推动下，大城市周边地区以"居住+农业+旅游文创"功能类型组合的乡村聚落迅速发展(陆林等，2019；钱家乘等，2020；胡小芳等，2020)。

　　与乡村聚落功能体系演进对应，聚落内部土地利用状态与空间格局发生相应改变。虽然传统的乡村聚落以农民居住生活和农业生产为主导功能，但在宅院尺度上仍然呈现明显的"居住+庭院生产+仓储"的土地类型组合特征，村级尺度上通常还有一定的公共服务与仓储土地利用功能类型(杨兴柱等，2020)。农业现代化和城镇化诱致的乡村人口外流，推动了部分传统农村宅院和村级公共用地的闲置和废弃，导致了农区乡村聚落传统生产生活功能的退化(龙花楼等，2009；Liu et al.，2010a；高金龙等，2021)。发端于传统农区聚落"空心化"的聚落空间重构研究证实，聚落空间重构推动宅院农业生产空间与居住空间的分离，促进了聚落尺度农业生产、仓储、娱乐休闲等专门功能空间的形成(龙花楼，2013；Long，2014b；乔陆印等，2015；屠爽爽等，2019；Gao et al.，2020a；Chen et al.，2022a)。

　　与传统农区乡村聚落用地格局的演进不同，对经济发达的东部地区的研究发现，在乡村工业大发展的阶段，人口与工业资本加快流入和集聚，宅院尺度上以"居住+农业+仓储"为主的用地组合转为以"居住+农业+工业+仓储"为主的用地结构，其中工业、仓储物流和商贸展示用地的扩张占据主导地位，但"产居一体"的用地混合组织模式持续存在；随着村镇规划与建设引导的介入和土地整治行动的推进，特别是村镇工业园区和集中居住小区的建设，以及农地适度规模经营的发展，推动了"居住上楼、工业入园"，促进了传统乡村聚落内部居住生活、工业制造和物流仓储用地的空间分离，"产居一体"的用地组织逐步向"产居分离"转变(陈诚和金志丰，2015；杨忍等，2021；Gao et al.，2020c；邬轶群等，2022)。旅游地乡村聚落用地转型的实证分析发现，与工业化聚落的用地功能组织演变相似，乡村聚落用地从原来的"居住+农业生产"用地主导逐步向"居住+旅游服务(集散、餐饮、住宿、购物等)+农业生产"主导的类型组合转变;但乡村旅游发展的初始阶段,在村民居住条件改善和游客农家乐接待自主发展的推动下,聚落用地以"居住+旅游服务+农业生产"功能用地混合一体化布局为主;随着旅游地村庄发展规划与统一建设的推进和外来创业资本与人员的集聚,旅居混合布局的聚落用地和宅屋开始分化与重组,旅游服务与旅游住宿等专门用地空间形成,本地居民集中居住区与旅游服务空间逐步分离,农业生产空间与景观空间也逐步剥离(刘鲁和吴必虎,2021;刘亚香和李阳兵,2020;张涵和李阳兵,2020)。

2.3　乡村转型发展的建设用地响应

　　土地利用是经济社会发展的一面镜子,在乡村转型发展进程中暴露出来的形形色色的社会经济问题均可在土地利用上得到反映(龙花楼,2012)。研究乡村转型发展进程中土地利用形态的变化、问题及相应解决方案,是乡村转型发展问题研究的一种新途径。尤其是在构建新型城乡关系的关键阶段,土地利用转型的过程也是城乡融合发展的过程,乡村土地利用(尤其是建设用地)转型及其与乡村转型发展的耦合协调过程成为实现乡村振兴的关键(龙花楼等,2019)。本节通过梳理不同城乡转型发展阶段下,农村建设用地规模结构与利用状态的空间分异特征,反演乡村转型发展的一般规律,为土地利用转型与乡村转型发展耦合研究提供新的视角。

2.3.1　乡村转型的建设用地规模结构响应

　　根据资源经济学的观点,自然资源消耗的根本驱动因素是人口增加与经济发展(曲福田等,2005)。2012 年,联合国环境规划署(UNEP)发布的旗舰科学评估报告《全球环境展望 5》也指出,人口增长和经济发展被视为环境变化的两个主要驱动力。作为最重要的自然资源和最主要的生存环境,建设用地的扩张同样由经济发展和人口增长所决定(高金龙等,2013)。但是,不同于城镇建设用地受工业经济的规模集聚影响,农村建设用地在规模和结构上存在特殊性。一方面,由于人口等要素在城乡之间流动,农村建设用地空间布局与城镇及交通条件密切相关;另一方面,乡村居民具有与城镇居民完全不同的生产生活特征,受传统农业生产活动及现代农村工业化过程的影响,农村建设用地又具有"大分散、小集中"的格局特征。本小节即根据乡村聚落到城镇距离的远近,并适当考虑交通轴线和河流水系的影响,对不同空间区位上农村建设用地规模结构特征进行理论假设。

　　一般而言,在工业化/城镇化水平较低或城乡差异较大的地区,劳动力和生产资料均会呈现明显的"向城集聚"的趋势,相应的建设用地规模也呈现出随着到城镇距离的增加而衰减,而且不同类型农村建设用地还存在一定的异质性特征。首先,农村建设用地总规模均会随着到城镇、道路距离的增加而缩小,当距离达到一定范围之外时,距离衰减会有所减弱,甚至在远离城镇地区呈现出随机和相对均衡的分布格局;其次,不同功能用地之间存在一定差异,工业用地规模到城镇距离衰减特征最为明显,商服用地次之,而宅基地的距离衰减幅度相对最小。总之,越靠近城镇的地区,商服、工业等生产用地比重越大,不同用地之间呈现出类似于城市用地"竞租曲线"的梯度规律[图2-4(a)]。在城镇化水平较低时期,农业经济作为农村主要的经济活动,其对外联系较少,平原地区的村落布局尤其是宅基地主要以耕作方便和生产经营便捷为导向,对交通的敏感并不十分强烈[图2-4(c)],反而对作为水源的河流水系依赖度较高[图2-4(e)]。此时工业用地和商服用地的规模虽然较小,但生产资料和商品的流动主要依靠水陆交通网络,所以易在靠近道路和河流处集聚。

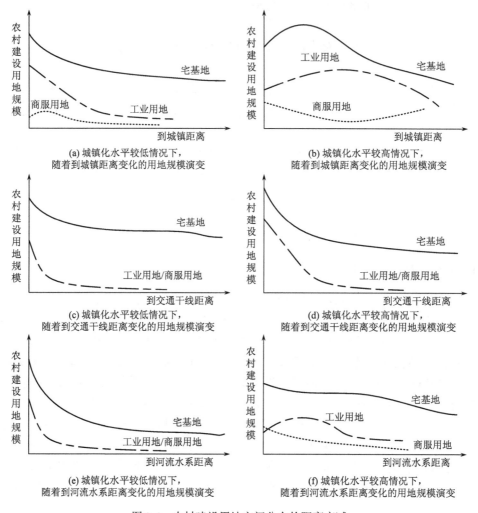

图 2-4　农村建设用地空间分布的距离衰减

对于城镇化水平相对较高且城乡差异相对较小的地区,农村地区的人口和产业结构相对稳定,城镇地区对人口及生产资料的虹吸作用也相对较小,在靠近城镇地区反而会出现用地规模先增加后减少的倒"U"形格局[图2-4(b)]。究其原因,一是越靠近城镇地区的乡村越容易被城镇化,宅基地被征收拆迁的概率也相应增加,而距城镇一定距离之外的土地利用效率最高,用地规模也会增加,继续向外则呈现一般意义上的距离衰减;二是靠近城镇的地区生态环境要求也相对高于偏远农村,工业生产的门槛限制也较高,所以工业用地布局规模受到严格约束,呈现出与宅基地相类似的倒"U"形分布特征。对于商服用地而言,城镇和乡村类服务形成不同的需求群体,因此会在靠近城镇和外围乡村分别形成用地集聚中心,以提供差别化的服务供给,反而在乡村人口最集中、乡村工业化程度最高的地区会形成商服用地的低谷。在城镇化水平稳定时期,农村地区已经纳入整个区域的生产、流通和消费网络,人口、商品和信息的交换流通成为区域系统的核心过程,此时农村建设用地的规模分布受交通道路的影响巨大,在沿交通线的一定范围内显著集聚[图 2-4(d)],其后迅速衰减。河流水系的生态保育功能价值日渐突出和显化,工业用地的选址布局受到严格管控,除去固有村落布局,新增宅基地和商服用地的布局也逐渐脱离水源等自然环境的束缚,而追求更现代化和便捷的选址[图 2-4(f)]。

2.3.2　乡村转型的建设用地状态效率响应

土地利用问题总的来说就是经济社会快速发展对土地利用的增长需求与限制土地利用有效供给的生态、经济、社会诸要素间存在的矛盾关系(刘彦随和陈百明,2002)。尤其在乡村地区,随着农村人口的非农转移、农民收入的持续增加、农村住房需求的不断升级,同时在农村建设规划缺失、土地严格管控缺位的情况下,形成了新房建设村外扩张、村内闲置的农村"空心化"现象,造成土地资源的浪费和土地价值的严重破坏(刘彦随等,2009;龙花楼等,2009)。土地作为区域发展的最关键要素之一,其利用效率与状态的空间分异情况是乡村地域可持续发展的关键。因此,对其空间分异情况的分析是关系城乡融合与乡村振兴战略实施的重要课题。本小节即从农村建设用地利用状态视角,基于已有研究和经验总结,提出农村建设用地空置和废弃空间分异的理论假设。

要准确把握农村空置或废弃建设用地的空间分布特征,首先需要理解造成农村建设用地空置或废弃的根本原因。在传统以工业化带动的发展模式下,空置和废弃建设用地所表征的是乡村发展的乏力,其与农村建设用地规模和结构的空间分异规律不同,往往表现出远离城镇、交通不便、资源匮乏等区位特征。具体地,宅基地和商服用地与人口及消费规模密切相关,会随着到城镇距离的增加而呈现空废率上升的趋势,当达到一定距离之后,人口规模会相对稳定在一个较低的水平,用地空废的比例也波动稳定在高位状态;对农村工业用地而言,靠近城市的地区劳动力和原材料均被城市袭夺,因此其空废情况会随着到城市距离的增加而减弱,越靠近城市的农村工业用地空废率越高,同样城市阴影区以外的空废情况则呈现与宅基地/商服用地相类似的波动状态[图 2-5(a)]。在道路交通运输效率的影响下,经营性建设用地的空废率随着远离交通轴线而迅速攀升,宅基地的空废率变化相对稳定[图 2-5(c)]。为保证生活生产的水源,正常使用的农村建设用地大体上沿河流分布,远离河流处农村建设用地空置和废弃的可能性较大[图 2-5(e)]。

在快速城镇化地区,农村建设用地的空置或废弃并不完全由发展乏力所致,还有一部分乡村因靠近城镇,被城镇空间扩张侵占的概率较高,导致农村居民或企业主对其所占用的宅基地和工业用地短期内的退出补偿存在较大收益期望,对土地的实际利用和投资强度也相应下降,造成土地的低效利用甚至空置或废弃。根据城镇发展重点方向，距离城镇一定范围的宅基地和工业用地的空置和废弃情况也存在距离衰减，但是当距离超过一定范围后，这种距离衰减规律不再显著。商服用地的空废情况与传统工业化地区相似，随着到城镇距离的增加空废率上升，直到超出城镇影响区后呈稳定状态[图 2-5(b)]。新增宅基地及经营性用地更趋向于沿交通干线布局，以获得更好的对外交流条件，故而其利用状态对交通轴线的敏感度更高，距离衰减特征更加明显[图 2-5(d)]。此时，在快速城镇化地区，随着水源供给的标准化和现代化，聚落用地对自然水体的依赖程度降低，靠近河流的老旧宅基地逐渐废弃；同时，水体污染问题促使区域环境规制趋紧，加快了周边经营性建设用地之上企业的关停并转[图 2-5(f)]。

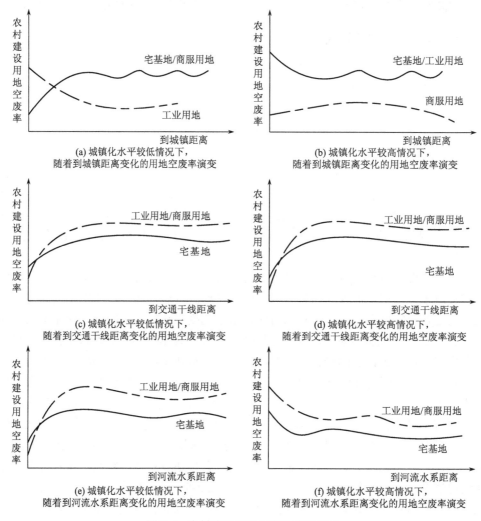

图 2-5　农村建设用地空废的空间模式

2.4　本章小结

乡村转型发展，即快速工业化和城镇化进程中因城乡人口流动和经济社会发展要素重组与交互作用，并由当地参与者对这些作用与变化做出响应与调整而导致的农村地区社会经济形态和地域空间格局的重构，主要涉及村镇空间组织结构、农村产业发展模式、就业方式、消费结构、工农关系、城乡关系和城乡差别等方面的转变(龙花楼，2012)。乡村聚落的形态和分布既是乡村地域系统中人类经济社会活动对自然条件适应的外在表现，又是人类利用各种技术手段和制度工具主动调控的产物，其功能演进的时空轨迹复杂多样。其中，土地利用作为乡村地域系统中最关键的支撑要素，在规模结构和功能状态等不同维度的转型特征都直接地反映了乡村转型发展的规律。已有关于土地利用变化与乡村发展的交互作用研究，由关注土地利用变化对乡村发展的影响，扩展到探讨土地利用变化与乡村发展的交互作用，再到土地利用转型与乡村转型发展的耦合研究，经历了一个不断深化的过程。但是，当前土地利用转型与乡村转型发展耦合研究仍处于探索阶段，理论体系和实证研究均有待完善(龙花楼等，2019)。

在总结梳理农村建设用地空间演化规律的基础上，将中国城镇化/工业化发展的特殊背景与农村发展的历史过程相结合，构筑了涉及集聚农村建设用地规模结构与状态效率的理论规律与假设推导，以期能够为乡村转型发展背景下的农村建设用地响应研究提供分析视角和理论支撑：首先，农村建设用地规模随着到城镇、路网与河流距离的增加存在一定递变规律，而且不同距离上的用地功能结构存在差异；其次，农村建设用地的利用状态和效率与到城镇、路网、河流的距离密切相关，但这种相关性随着乡村发展而变化；最后，农村建设用地的规模和利用状态受到城镇、道路和水系距离的影响，但是在不同发展阶段这种影响存在异质性。

具体地，以农村宅基地为例，在工业化/城镇化水平较低的地区或发展阶段，城乡之间的发展水平差距较大，劳动力和生产资料均会呈现明显的"向城集聚"趋势，农村宅基地的规模和利用状态也呈现到城镇的距离衰减特征(Xu，2004)。如图 2-6(a)所示，农村宅基地的规模随着到城镇距离的增加而减小，当距离达到一定范围之外时衰减趋势减弱，在远离城镇地区呈现出随机和相对均衡的分布格局；同时，宅基地的利用状态也随着到城镇距离的增加呈现梯度变化，越靠近城镇的宅基地区位特征越明显，空废率也越小，而在偏远乡村地区的农村宅基地区位价值较低，空废率也相对较高。

如图 2-6(b)所示，对于城镇化水平较高的地区或发展阶段，城乡发展差异相对较小，城镇地区对人口及生产资料的虹吸作用也相对较小，在靠近城镇的地区反而会出现用地规模先增大后减小的倒"U"形格局，即越靠近城镇的乡村空间越容易被城镇化，宅基地被征收拆迁的概率也相应增加，反而到城镇一定距离之外的土地利用效率最高，宅基地规模也会随之增加，继续向外则又重新呈现出一般意义上的距离衰减。更为现实的情况是，在靠近城镇的地区农村居民进城发展机会较多，因此农村宅基地转型的机会成本相对较低，加之随时可能发生的城镇化占用，导致越靠近城镇地区的农村宅基地空置/废弃率越高(Zhou et al.，2018)；无独有偶，在远离城镇的偏远农区，受交通区位等条件限制，农村发展基础薄弱、农民收入水平较低，因此农村宅基地转型(农民进城)可获得的潜在收益(级差收益)相对较高(Zhang et al., 2017a)。总之，在"低成本"和"高收益"的驱动下，农村宅基地的空置通常始于距离城镇较远和较近的"两端"，而位于城乡中间地带的农村宅基地转型进程反而较慢。

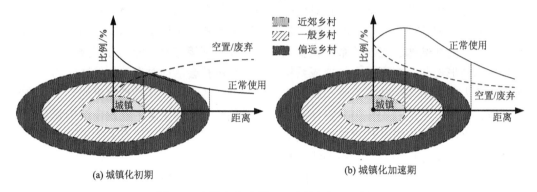

图 2-6　农村宅基地利用方式转变的空间模型

第3章 江苏省农村建设用地利用状况

对农村建设用地结构与效率的分析是乡村转型发展研究的重要内容，也是进一步开展土地利用响应研究的基础。作为中国最基本、最稳定的行政单元，县域单元是连接城市与乡村区域的重要纽带，发挥着区域协调、城乡融合的重要作用(刘彦随，2020a)。本章即以县级行政单位为基本分析单元，对江苏省农村建设用地的规模结构和利用状态进行统计性数理分析，以从面上掌握全省农村建设用地的基本状况；并进一步以农村宅基地为重点，对其集约利用程度进行量化表征，以揭示乡村转型发展过程中的土地利用响应特征。

3.1 研究区域与数据处理

3.1.1 研究区域

江苏省地处中国大陆东部沿海地区的中间地带，北接山东省，东濒黄海，东南与浙江省和上海市毗邻，西接安徽省，是长三角城市群的重要组成部分。全省陆域面积 10.72 万 km^2，占全国国土总面积的 1.12%；海域面积约 3.75 万 km^2，共 26 个海岛。江苏是中国地势最低的省区之一，大部分地区海拔在 50 m 以下，平原面积 8.97 万 km^2，占陆域总面积的 83.7%，居全国各省首位；丘陵和山地面积分别为 11916.16 km^2 和 1606.98 km^2，主要集中在西南和北部地区。关于研究中使用的分区数据，按照传统三大区域、"1+3"重点功能区、主体功能区和城乡分区划分。其中，传统三大区域中长江以南的南京、镇江、常州、无锡、苏州五市全域为苏南，长江以北的扬州、泰州、南通三市全域为苏中，其他五市为苏北；"1+3"重点功能区按照 2017 年 5 月江苏省委书记李强在苏北发展座谈会上提出的功能区战略构想划分，"1"是沿江八市组成的扬子江城市群，"3"分别指连云港、盐城、南通一线的沿海经济带，宿迁、淮安和苏中部分地区(泰州兴化、扬州高邮和宝应)组成的江淮生态经济区，以及将徐州建成淮海经济区的中心城市[①]；主体功能区按照江苏省政府 2014 年发布的《江苏省主体功能区规划》确定(图 3-1)；城乡分区则将县级行政单元按照市、市辖区(含开发区)、县划分为三类。

截至 2017 年底，江苏省下辖 13 个地级市、21 个县级市、20 个县和 55 个市辖区；常住人口 8029.30 万人，其中城镇人口 5520.95 万人，乡村人口 2508.35 万人，人口城镇化率达到 68.76%;地区生产总值达 85900.94 亿元，稳居全国第二，三次产业分别占 4.75%、45.00%和 50.25%；人均 GDP 达到 107189 元，居民人均可支配收入、城镇常住居民人均可支配收入和农村常住居民人均可支配收入分别比全国平均水平高出 9050 元、7226 元

---

① 江苏省"1+3"重点功能区的划分覆盖全域，但部分县区存在重叠，如苏中地区的兴化(泰州市)、高邮和宝应(扬州市)既属于扬子江城市群，又属于江淮生态经济区。

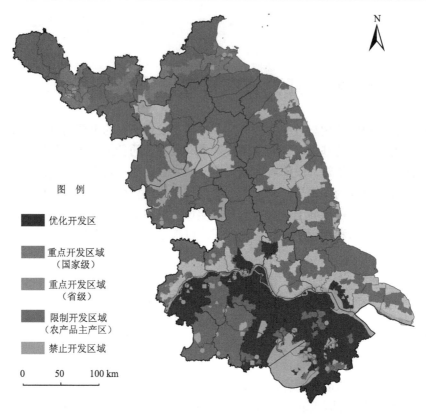

图 3-1 江苏省主体功能区
图片来源:《江苏省主体功能区规划》

和 5726 元。虽然江苏省经济发展趋势良好,但在繁荣背后隐藏着区域经济发展不均衡问题,各项社会经济指标均存在明显区域差异,主要包括区域经济总量和增速差异、区域人均水平差异、区域经济结构差异,在一定程度上影响着土地利用的转型与变化趋势。

3.1.2 数据处理

本章所采用的数据主要来自江苏省农村建设用地调查数据库,调查截止时间为 2016 年 12 月 31 日,即以 2016 年度土地变更调查数据库中的村庄用地(203)、采矿用地(204)和风景名胜及特殊用地(205)为基本调查范围。城镇地籍调查与基本调查范围的空隙区域,作为补充调查范围,根据实际情况分别纳入城镇或农村调查成果。调查地类包括《土地利用现状分类》中的耕地、园地、林地、草地、商服用地、工矿仓储用地、住宅用地、公共管理与公共服务用地、特殊用地、交通运输用地、水域及水利设施用地及其他土地共十二大类。为便于应用与管理,农村建设用地利用状况按农村宅基地、经营性建设用地、公共管理与公共服务设施建设用地、其他建设用地和非建设用地五大类进行归并标示。

具体地,农村宅基地调查内容包括宅基地基本情况、宅基地利用状态、使用权人基本情况和处置意愿等信息。其中,宅基地基本情况包括宗地面积、建(构)筑物面积、建造时间、建(构)筑物类型和层数等,宅基地利用状态分为正常使用、空置和废弃,使用权人基本情况包括户籍人数、常住人口和农户类型等,处置意愿包括权利人退出意愿、处置原因等。农村经营性建设用地调查内容包括宗地面积、建(构)筑物占地面积、建(构)筑物面积、建造时间、土地用途、利用状态、权利人流转意愿、营业收入和就业人口等。农村公共管理与公共服务设施建设用地调查内容包括宗地面积、建(构)筑物占地面积、建(构)筑物面积、建造时间、土地用途、利用状态、权利人处置意愿和服务人数等。

出于对相关部门的保密要求及国土安全的考虑,在研究过程中已对空间数据进行脱敏处理,首先根据研究需要提取相关宗地图斑,然后借助 ArcMap 10.2 软件中的"polygon to point"工具进行"面转点(几何中心)"处理,在剔除相关地理坐标信息之后,进行必要的统计和空间分析,最后进行非直接空间表征。

3.2 农村建设用地基本情况

3.2.1 规模结构

江苏省农村建设用地调查总规模 127.58 万 hm²,套合年度土地利用变更调查成果图,其中包含村庄用地(用地类型代码为 203)105.78 万 hm²、采矿用地(用地类型代码为 204)11.73 万 hm²、风景名胜及特殊用地(用地类型代码为 205)3.46 万 hm²,另外补充调查 6.61万 hm²,占比分别为 82.92%、9.19%、2.71%和 5.18%。如图 3-2 所示,在全部农村建设用地调查范围内,非建设用地规模 19.86 万 hm²,占比达 15.57%;建设用地又细分为经营性建设用地、公共管理与公共服务设施建设用地、农村宅基地和其他建设用地(含空闲地、街巷用地、其他),调查面积依次为 24.86 万 hm²、3.83 万 hm²、32.92 万 hm² 和 46.10万 hm²,占实际调查面积的比例分别为 19.49%、3.00%、25.81%和 36.13%。具体地,经营性建设用地主要为工矿仓储用地(工业、采矿和仓储用地),占比高达 93.97%;商服用

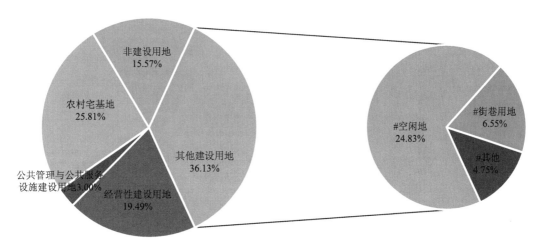

图 3-2 江苏省农村建设用地调查功能结构特征

地(批发零售、住宿餐饮、商务金融和其他商服用地)占比仅为 6.03%。公共管理与公共服务设施用地以公园与绿地、科教用地、机关团体、公共设施等为主,占比分别为 30.85%、26.43%、15.23%、14.00%;而其他新闻出版、医卫慈善、文化娱乐和风景名胜等用地规模相对较小,合计占公共管理与公共服务设施用地的比重仅为 13.49%。

从空间布局上,农村建设用地主要集中在沿太湖、沿东陇海线及沿江主要城市的市辖区,而在江淮生态经济区及沿海中部地区农村建设用地规模相对较小(图 3-3)。从不同功能用地比较看,商服用地空间分布"南多北少"和"城区多郊县少"的态势明显,尤其是扬子江城市群及徐州等中心城市市辖区的农村商服用地规模较大,商服用地规模较大的县(区)主要是扬子江城市群的南京、无锡、苏州、南通等地级市的市辖区,以及昆山、宜兴、如皋、海门(现为南通市海门区)等县级市;农村宅基地规模沿"徐州—南

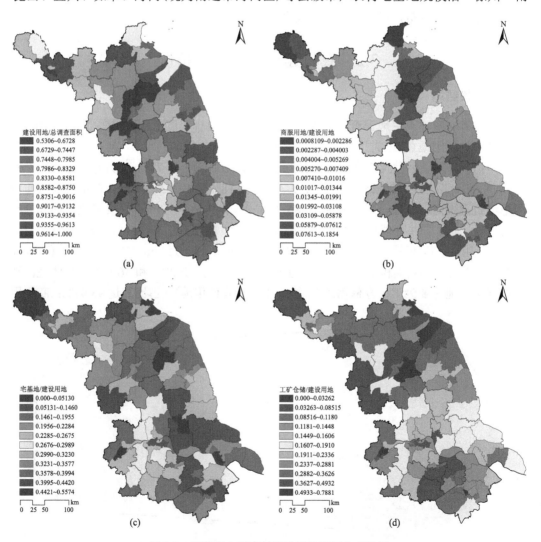

图 3-3 江苏省主要农村建设用地空间分布特征

通"一线向东北和西南两侧递减，尤其在苏北地区规模优势明显，占全省宅基地比重最高的是丰县、沛县、东海县、阜宁县、灌南县、海安县（现为海安市）、泰兴市、泰州姜堰区等；工矿仓储用地则主要集中在沿海、环太湖及徐州和沿江主要城市中心城区周边工业发达的县(区)，尤其是无锡新吴区、常州武进区、南京雨花台区、镇江新区、扬州经济技术开发区等地。

3.2.2　产权特征

从调查的土地产权归属看，属于国家所有的建设用地规模为 21.96 万 hm²，占全部调查建设用地(在调查的农村建设用地中有部分实际是非建设用地，从分母中扣除)为 20.29%，其余均为村民小组、村集体经济组织、乡集体经济组织、其他农民集体经济组织等集体所有。比较不同用地功能发现，工矿仓储用地的国有产权比例最高(54.65%)，尤其是超过 80%的采矿用地和 90%的机场用地产权归国家所有；而农村宅基地和街巷用地中归属于国家所有的占比分别不足 3%和 6%，如图 3-4 所示。在细分农村建设用地中除上述用地类型外，新闻出版用地和港口码头用地的国有产权优势明显，国家所有占比分别为 68.70%和 68.30%；而公园绿地、机关团体、医卫慈善用地及铁路和公路用地则以集体所有为主，集体产权占比依次为 70.69%、64.64%、61.06%、60.19%和 58.08%；其他各类用地中的国有与集体产权比例相当，两种产权归属比重均在 50%上下。

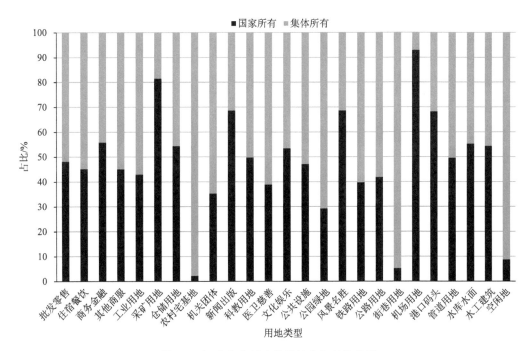

图 3-4　江苏省农村建设用地产权结构比较

从空间布局上，农村建设用地中的国有土地主要集中在宁镇扬及徐州都市圈的中心城区，苏州、无锡等下辖的经济发达县市，以及沿海响水、滨海、射阳、灌云等国有农场和盐场集中的县区；而徐州、宿迁、淮安、泰州等中轴城市，以及南京、镇江、常州等市郊县集体土地占比较高。如图 3-5 所示，苏北地区的商服用地主要为国家所有，苏南地区则主要为集体所有；而工矿仓储用地沿海地区的国有产权比重较大，其他各地则均以集体产权为主。将江苏省 13 个地级市进行比较，苏南地区经营性建设用地以集体产权为主，五市集体所有经营性建设用地比重均超过 60%，尤其在苏州、无锡、常州三市集体所有经营性建设用地比重分别为 66.57%、67.70%和 87.13%；苏中三市整体的经营性建设用地中集体所有占比不足 50%，集体产权占比最高的泰州市也仅占 57.92%；苏北五市的集体所有经营性建设用地占比更低，在五市经营性建设用地总面积中，集体所有比重不足三分之一（主要原因是连云港和盐城两市有大量国有盐场和农场）。对于公共管理与公共服务设施用地而言，江苏省平均的国有与集体所有之比为 42∶58；其中苏北地区集体所有占比略高，约为 60.08%，苏南地区的比例为 58.15%，苏中地区的比例为51.90%。对于农村宅基地，各市集体所有占比均超过 95%。对于其他建设用地，除南京、无锡外其他地市集体产权比重均超过 80%，且各地区集体产权优势呈现"苏南＜苏中＜苏北"的趋势。

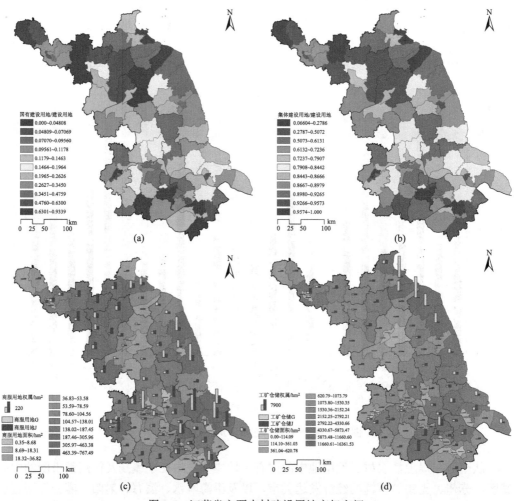

图 3-5　江苏省主要农村建设用地产权空间

3.2.3　利用状态

1. 农村宅基地

江苏省共有设宗宅基地 13563149 宗，总面积 32.85 万 hm^2，对应的地上建(构)筑物占地面积和建(构)筑物面积分别为 20.57 万 hm^2 和 29.75 万 hm^2，建(构)筑物占地率为 62.62%。其中，正常使用的宅基地面积为 30.29 万 hm^2，占比为 92.20%；房屋保存完好但长期无人居住的空置宅基地面积为 2.26 万 hm^2，占比为 6.88%；房屋已无法居住的废弃宅基地面积为 0.30 万 hm^2，占比为 0.92%(表 3-1)。从建(构)筑物占地率分析，废弃宅基地的建(构)筑物占地比例最大，其次为空置宅基地；而正常使用的宅基地建(构)筑物占地比例最小，也即其庭院及空闲地等附属用地面积最大。

表 3-1　江苏省农村设宗宅基地利用情况

利用状态	宗地		建(构)筑物占地		建(构)筑物		建筑物占地率/%
	面积/hm^2	比重/%	面积/hm^2	比重/%	面积/hm^2	比重/%	
正常	302917.85	92.20	188952.43	91.85	274647.29	92.32	62.38
空置	22588.59	6.88	14607.90	7.10	20216.94	6.80	64.67
废弃	3041.49	0.92	2161.48	1.05	2620.59	0.88	71.07
合计	328547.93	100.00	205721.81	100.00	297484.82	100.00	62.62

如图 3-6 所示，宅基地空置和废弃比率(空废率)较高的地区主要为苏南县域经济发达的区县，以及苏北城乡发展及城镇化水平差异较大的区县，这些地区往往通过对农村居民的"虹吸"，加剧农村地区宅基地空废。具体而言，空置主要发生在大城市近郊或周边，可能是出于"追求更多发展机会"的考虑；而废弃则主要发生在城乡差异较大的远郊或县城区，更多是由于为"改变现有居住环境"。同样地，苏南地区以空置为主，而在苏南、苏北均有废弃发生，间接反映出产权人对于宅基地处置意愿的差异。

2. 经营性建设用地

江苏省共有设宗农村经营性建设用地 214746 宗，总面积 20.74 万 hm^2，对应的地上建(构)筑物占地面积和建(构)筑物面积分别为 11.28 万 hm^2 和 14.08 万 hm^2，建(构)筑物占地率为 54.41%，如表 3-2 所示。正常使用的经营性建设用地面积为 17.91 万 hm^2，占比为 86.39%，明显低于农村宅基地的正常使用率；房屋保存完好但长期无人居住的空置经营性建设用地面积为 2.46 万 hm^2，占比为 11.86%，比农村宅基地空置率高出近 5 个百分点；房屋已无法居住的废弃经营性建设用地面积为 0.36 万 hm^2，占比为 1.75%，约为农村宅基地空置率的两倍。整体而言，不同利用状态下的农村经营性建设用地的建(构)筑物占地率变化规律与农村宅基地相似，但其各种利用状态下的建(构)筑物占地水平均远低于农村宅基地，说明经营性用地的开发利用需要更多的附属用地配套。

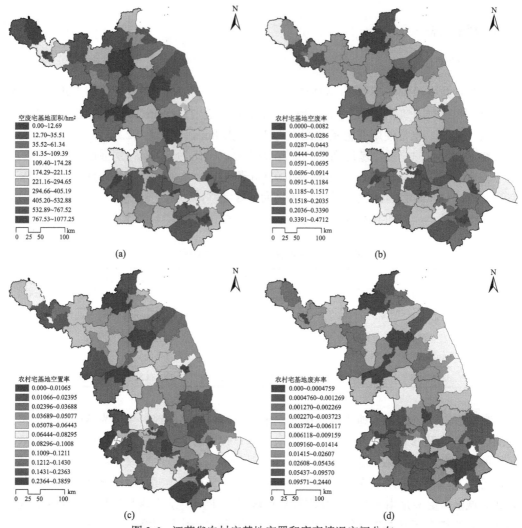

图 3-6 江苏省农村宅基地空置和废弃情况空间分布

表 3-2 江苏省设宗农村经营性建设用地利用情况

利用状态	宗地		建(构)筑物占地		建(构)筑物		建筑物占地率/%
	面积/hm²	比重/%	面积/hm²	比重/%	面积/hm²	比重/%	
正常	179136.95	86.39	98829.49	87.60	122852.59	87.23	55.17
空置	24583.42	11.86	12311.66	10.91	16184.30	11.49	50.08
废弃	3644.02	1.75	1681.71	1.49	1808.63	1.28	46.15
合计	207364.39	100.00	112822.86	100.00	140845.52	100.00	54.41

　　如图 3-7 所示，经营性建设用地空置和废弃比率较高的地区主要集中在南京江宁、南京浦口、无锡滨湖、镇江丹徒、徐州铜山、淮安洪泽、盐城大丰等城市近郊区或新设区，以及江阴、宜兴等发达县市，这些地区经历了非常迅猛的城市化进程，为居民提供了更多就业机会，间接导致了用地的空置甚至废弃。具体而言，农村经营性用地的空置情况与整体的空废率分布相似，而废弃情况则表现出明显的南北差异，整体上苏南地区

乡村经济发展较好，废弃率相对较低。

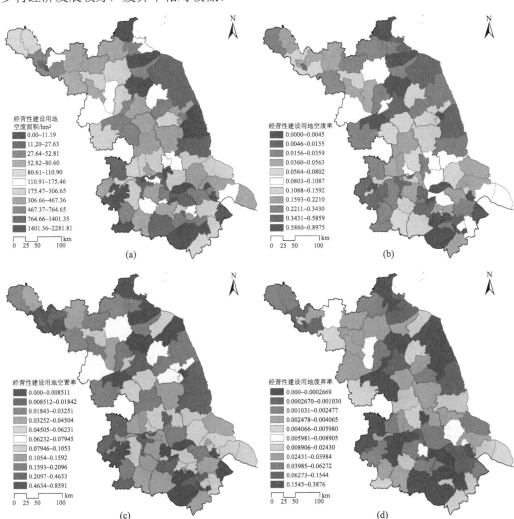

图 3-7　江苏省农村经营性建设用地空置和废弃情况空间分布

3. 公共管理与公共服务设施用地

江苏省共有设宗农村公共管理与公共服务设施用地 80110 宗，总面积 2.45 万 hm^2，对应的地上建(构)筑物占地面积和建(构)筑物面积分别为 1.02 万 hm^2 和 1.56 万 hm^2，建(构)筑物占地率为 41.54%，如表 3-3 所示。正常使用的农村公共管理与公共服务设施用地面积为 2.13 万 hm^2，占比为 87.10%；房屋保存完好但长期无人居住的空置公共管理与公共服务设施用地面积为 0.28 万 hm^2，占比为 11.38%；房屋已无法居住的废弃公共管理与公共服务设施用地面积为 0.04 万 hm^2，占比为 1.52%。由此可见，农村公共管理与公共服务设施用地与经营性建设用地的利用情况类似，但其建(构)筑物占地比例小得多，特别是正常使用的建(构)筑物占地率最小，而空置宗地的建(构)筑物占地率最大，反映出当前公共管理与公共服务设施用地的利用相比其他两类农村建设用地而言仍较粗放，甚至附属用地面积超过了建(构)筑物占地面积。

表3-3　江苏省设宗农村公共管理与公共服务设施用地利用情况

利用状态	宗地		建(构)筑物占地		建(构)筑物		建筑物占地率/%
	面积/hm²	比重/%	面积/hm²	比重/%	面积/hm²	比重/%	
正常	21321.55	87.10	8445.91	83.06	13645.05	87.24	39.61
空置	2786.47	11.38	1539.77	15.14	1807.86	11.56	55.26
废弃	370.42	1.52	182.62	1.80	187.28	1.20	49.30
合计	24478.44	100.00	10168.30	100.00	15640.19	100.00	41.54

　　如图 3-8 所示，农村公共管理与公共服务设施用地空废率整体空间分布情况与农村经营性建设用地类似，但具体的空置和废弃情况则存在一定差异。其中，空置主要出现在淮河下游与里下河地区，以及沿江主要开发园区所在地，前者可能是由于乡村自治能力薄弱，而后者则更可能是受工业化冲击；废弃现象在发达地区并不明显，主要因为乡村组织及管理能力较强，对公共管理与公共服务设施用地的利用也相对充分。

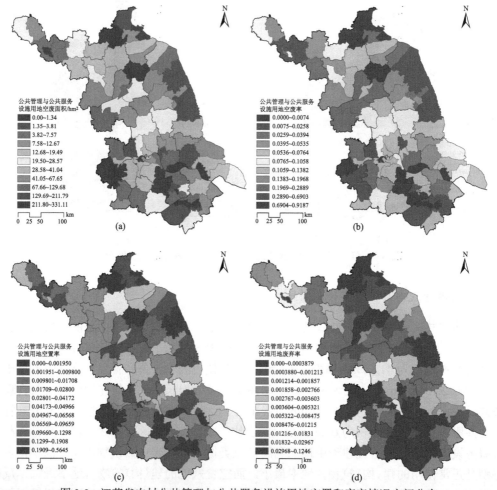

图3-8　江苏省农村公共管理与公共服务设施用地空置和废弃情况空间分布

3.3　农村宅基地利用状况

3.3.1　生计类型与宗地规模

江苏省农村宅基地平均宗地面积为242m^2，其中小于80m^{2}的宗地共有1566403宗，总面积为7647.88hm^2，占江苏省宅基地总面积的比例达2.33%。按照不同农户生计类型进行划分，纯农户、农业兼业户和非农户的平均宅基地面积依次递减，分别为246m^2、238m^{2}和214m^2。具体而言，宗地面积250m^{2}以上的宅基地在纯农户中占比高达63.53%，而农业兼业户和非农户中的这一比例分别为60.75%和53.68%；超过200m^{2}的宅基地在纯农户中的占比接近八成，而农业兼业户和非农户的占比分别为77.18%和68.61%。与此同时，宗地面积小于80m^{2}的宅基地占到纯农户的2.21%，比80～120m^{2}的宅基地都多，而这一比例在农业兼业户与非农户中更高(表3-4)。总之，纯农户在住宅建设时对宅基地的面积要求较高，农业兼业户与非农户在这方面的诉求相对较低，而且在农村宅基地中还存在一定数量面积较小的破碎用地。

表 3-4　不同生计类型的农村宅基地规模分级比较

宗地面积/m^2	纯农户		农业兼业户		非农户	
	面积/hm^2	比重/%	面积/hm^2	比重/%	面积/hm^2	比重/%
<80	4210.71	2.21	2965.79	2.37	471.38	3.96
80～100	2830.74	1.48	2070.30	1.65	390.40	3.28
100～120	3673.07	1.93	2713.52	2.16	424.10	3.57
120～150	8035.78	4.21	5816.31	4.63	740.32	6.23
150～200	20633.33	10.82	15082.57	12.01	1705.55	14.35
200～250	30162.48	15.82	20633.52	16.43	1774.27	14.93
≥250	121140.76	63.53	76276.36	60.75	6381.64	53.68
合计	190686.87	100.00	125558.37	100.00	11887.66	100.00

注：部分调查农户生计类型为空白，故三类农户宅基地面积之和小于全省总面积。

空间上，不同农户类型的宅基地平均面积具有明显的区域差异(表3-5)。按照传统三大区域划分，苏南地区宅基地平均面积呈"纯农户＞农业兼业户＞非农户"的递变趋势；苏中地区则以农业兼业户宅基地平均面积最大，其次为纯农户和非农户；苏北地区纯农户宅基地平均面积最大，但非农户的宅基地平均面积超过农业兼业户。从区域间比较看，纯农户和非农户的宅基地平均面积由苏南向苏北地区递增，苏南地区宅基地利用较苏中和苏北地区更为集约；农业兼业户的情况则以苏中地区较为突出，甚至在苏中地区，农业兼业户宅基地总面积和平均面积均超过纯农户，仅从数据分析可知，苏中地区农业兼业户宅基地集约利用水平最低。

表 3-5　不同农户生计类型宅基地最小面积与平均面积的区域比较

划分依据	区域	纯农户		农业兼业户		非农户	
		<80m² 宗地总面积/hm²	平均/m²	<80m² 宗地总面积/hm²	平均/m²	<80m² 宗地总面积/hm²	平均/m²
三大区域	苏南五市	1560.73	213.77	1286.15	193.88	276.47	186.07
	苏中三市	967.47	246.32	880.62	266.97	82.81	223.66
	苏北五市	1682.51	259.14	799.02	237.42	112.10	241.83
"1+3"重点功能区	扬子江城市群	2260.29	236.12	1952.08	244.86	337.77	199.36
	江淮生态经济区	825.72	247.28	489.51	226.11	63.27	262.60
	沿海经济带	1269.71	249.43	785.47	260.42	95.89	215.01
	淮海经济区中心城市(徐州)	381.28	274.04	112.14	258.10	12.33	241.69
主体功能区	优化开发区域	1015.86	223.85	1368.86	220.63	292.70	187.96
	重点开发区域	804.96	256.91	448.52	272.37	62.40	239.27
	农产品主产区	1465.02	254.01	685.94	242.86	61.10	224.66
	禁止开发区域	924.87	238.46	462.47	220.46	55.18	252.38
城乡分区	市辖区(含开发区)	1489.35	239.73	870.67	243.25	267.98	203.36
	县级市	1473.56	270.56	1501.35	228.10	146.84	202.62
	县	1247.80	222.72	593.77	249.58	56.56	274.45

注：1+3 功能区是存在重复面积，其加和会超过总面积。"1+3"重点功能区中里下河地区的兴化、高邮、宝应同时属于江淮生态经济带和扬子江城市群；南通则同时属于沿海经济带和扬子江城市群。余同。

　　按照"1+3"重点功能区的划分，不同农户类型在"功能区间""城乡间"呈现出与三大区域相类似的分异格局，但在个别区域略有差别。比如，纯农户的平均宅基地面积以徐州地区为最大，其次为沿海经济带和江淮生态经济区，扬子江城市群的平均面积最小；在农业兼业户中，沿海经济带的宅基地平均面积超过徐州地区，甚至高于同区纯农户水平，扬子江城市群也有相似的变化规律；在江淮生态经济区非农户的情况比较特殊，其宅基地平均面积既高于其他各分区，也高于同区纯农户和农业兼业户。按照不同主体功能定位，在纯农户和农业兼业户中均是优化开发区域和禁止开发区域内宅基地平均面积最小，重点开发区域平均面积最大；但是，禁止开发区域内的非农户宅基地面积显著大于其他三种类型区，可能存在比较严重的生态侵占风险。按照城乡地域划分，在纯农户中县级市的宅基地平均面积最大，市辖区次之；在农业兼业户中，市辖区和县的宅基地平均面积较大，而县级市最小；在非农户中，则是县的宅基地平均面积最大，而市辖区和县级市相对较小。而且，在县内不同类型农户的宅基地平均面积呈非农户＞农业兼业户＞纯农户，与县级市情况恰好相反。

　　具体如图 3-9 所示，纯农户中宅基地面积小于 80m² 的主要集中在扬子江城市群的西南部和沿海经济带的中南部区县，尤其以溧水、高淳、江宁、句容、金坛等宁镇丘陵区，以及启东、射阳等沿海地区最为集中，同样这些地区的宅基地平均面积也相对较小；而在扬子江城市群西北的六合、仪征两地，以及与沿海经济带交会的如皋、如东和环太湖周边区县的农村宅基地平均面积普遍较大。农业兼业户中宅基地面积小于 80m² 的以丹

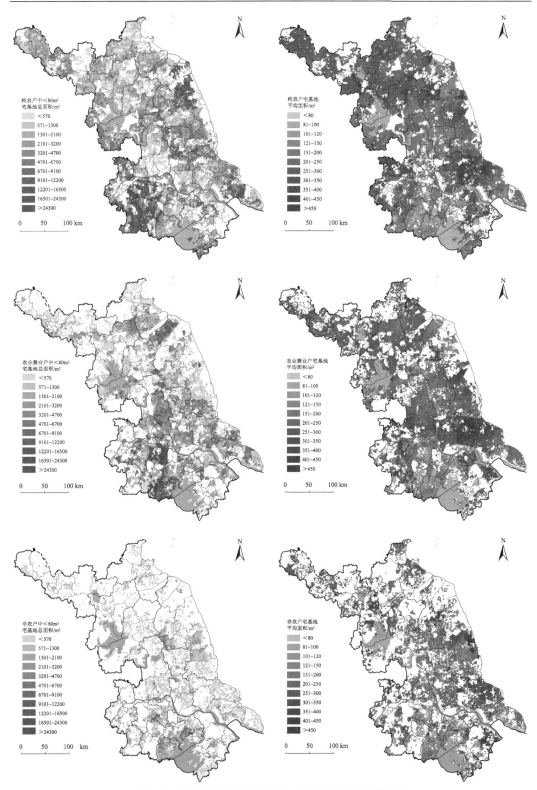

图 3-9　村级尺度不同农户生计类型的宅基地规模分布

阳、宜兴、溧阳等苏南中部地区最为集中；从宅基地平均面积看，农业兼业户与纯农户的分布特征类似。在非农户中面积小于 $80m^2$ 的宅基地总量相对较少，空间上仅在宜兴、惠山和丹阳等地略有集中，其他各地差异不大；宅基地平均面积较大的村庄除大丰区沿海及其周边外也并无明显集聚趋势。

3.3.2　利用状态与宗地规模

根据农村宅基地的不同利用状态，正常使用的宅基地平均规模为 $246m^2$，其中小于 $80m^2$ 的有 1241157 宗，面积为 $6165.56hm^2$，占全部正常使用宅基地的比例为 2.04%；空置宅基地的平均规模为 $197.36m^2$，其中面积小于 $80m^2$ 的宅基地总量仅有 30 万宗；而废弃宅基地的平均规模高达 $340.45m^2$，面积大于 $250m^2$ 的总规模占全部废弃宅基地的比例高达 73.70%，为三种利用状态中的最高水平。如表 3-6 所示，不同规模的农村宅基地在利用状态上也会存在一定差异。其中，规模越小的宅基地空置和废弃比率越高，而且随着宅基地规模的增加，空置和废弃所占比例也在逐渐减小；但是，当宅基地规模超过 $250m^2$ 时，废弃宗地占比出现一定幅度的增加，而正常使用的宅基地比例出现小幅下降，这表明江苏省农村宅基地利用仍存在一定浪费，尤其对大宗宅基地的废弃问题亟须加强关注。

表 3-6　不同规模农村宅基地的利用状态结构比较

宗地面积/m^2	指标	正常使用	空置	废弃
<80	面积/hm^2	6165.56	1395.51	86.81
	比重/%	80.62	18.25	1.13
80~100	面积/hm^2	4551.5	708.64	42.98
	比重/%	85.83	13.36	0.81
100~120	面积/hm^2	5991.77	778.37	55.19
	比重/%	87.79	11.40	0.81
120~150	面积/hm^2	13030.9	1479.31	102.85
	比重/%	89.17	10.12	0.71
150~200	面积/hm^2	34209.69	2998.75	245.85
	比重/%	91.34	8.01	0.65
200~250	面积/hm^2	48973.46	3357.49	266.12
	比重/%	93.11	6.38	0.51
≥250	面积/hm^2	189995.21	11870.53	2241.68
	比重/%	93.09	5.81	1.10

空间上，不同利用状态宅基地平均面积的区域差异明显（表 3-7）。在三大区域之间，苏中三市正常使用的宅基地平均面积最大，集约利用水平最低，而苏南五市的宅基地平均面积最小，集约利用水平较高；从空置情况上看，苏北五市总面积与平均面积均居榜首，苏中三市与苏南五市大体相当，说明淮河以北大部分地区农村宅基地的空置现象十分严重；废弃宅基地的平均面积普遍较大，在三大区域内均超过正常使用宅基地的平均面积，且在苏南地区尤为严重，从实地调查情况看更多是非住宅用途的宅基地废弃。从

"1+3"重点功能区划分上看,扬子江城市群与江淮生态经济区内正常使用的宅基地平均规模相当,沿海经济带规模略大,淮海经济区中心城市(徐州)平均规模最大;空置宅基地平均面积仍以淮海经济区中心城市(徐州)规模为最大,江淮生态经济区次之,沿海经济带和扬子江城市群最小;废弃宅基地在淮海经济区中心城市(徐州)和扬子江城市群内的平均规模均较大,尤其是淮海中心城市(徐州)废弃宅基地平均面积超过正常使用的两倍多。按照不同主体功能定位,正常使用宅基地的平均面积在四类区域中并无明显差异,但在农产品主产区内空置和废弃宅基地的平均面积普遍较大,优化开发区域内废弃宅基地平均规模也大于区内正常使用的水平。按照城乡地域划分,三种状态下均表现为县>市辖区>县级市。

表 3-7　不同利用状态宅基地平均面积的区域比较

划分依据	区域	正常使用		空置		废弃	
		总面积/hm²	平均/m²	总面积/hm²	平均/m²	总面积/hm²	平均/m²
三大区域	苏南五市	57034.28	208.30	5819.60	160.78	892.37	405.26
	苏中三市	90790.49	261.60	5153.13	190.23	468.23	286.06
	苏北五市	155093.33	253.39	11615.87	227.00	1680.88	329.91
"1+3"重点功能区	扬子江城市群	135124.73	243.58	9553.75	175.39	1298.46	380.21
	江淮生态经济区	63540.87	243.76	6819.25	210.68	802.02	234.25
	沿海经济带	101665.45	257.71	5491.68	188.92	508.69	233.88
	淮海经济区中心城市(徐州)	52213.27	265.11	2903.41	331.18	705.55	851.60
主体功能区	优化开发区域	64961.21	225.99	5923.06	161.57	598.17	343.38
	重点开发区域	77212.35	265.21	4697.08	216.82	788.47	299.98
	农产品主产区	107851.86	251.19	6369.58	217.02	1088.47	515.57
	禁止开发区域	52892.67	235.12	5598.88	209.05	566.36	230.97
城乡分区	市辖区(含开发区)	102743.21	240.46	7765.42	210.77	1182.98	312.89
	县级市	94555.23	230.86	6659.77	159.27	642.16	305.64
	县	105619.66	266.66	8163.41	228.02	1216.34	398.55

具体如图 3-10 所示,正常使用的宅基地中面积不足 80m² 的分布热点区域主要集中在南京、镇江、常州等扬子江城市群的西南半壁,以及南通与盐城沿海两市的大部分地区,而在徐州、宿迁、连云港三市的分布相对较少。从平均宗地面积上看,正常使用的宅基地平均面积呈现"苏中苏北大于苏南、沿海大于内陆"的态势,尤其是苏州的太仓、张家港和南通地区宅基地平均面积普遍较大。而空置和废弃宅基地的平均规模普遍较小,仅在沿海的部分区县和南京市浦口区有少数村庄存在较大规模的宅基地空置和废弃情况。

3.3.3　人口动态与宗地规模

根据农村宅基地承载的常住人口与户籍人口关系,江苏省共有约 381 万宗宅基地为人口流出(常住人口<户籍人口),总面积和平均面积分别为 88766.17hm² 和 233m²,人口流出的宅基地占调查宅基地总面积的比例为 27.02%;人口流入(常住人口>户籍人口)

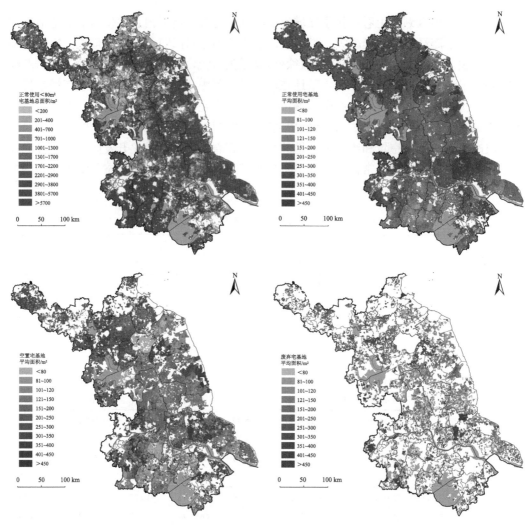

图 3-10　村级尺度不同利用状态的宅基地规模分布

的宅基地有 759258 宗，总面积和平均面积分别为 19462.09hm² 和 256m²，人口流入的宅基地占调查宅基地总面积的比例达 5.92%；剩余约 900 万宗宅基地无人口规模变动。如表 3-8 所示，有近三分之一的农村宅基地存在人口数量上的动态流动，其中人口流出仍然是主要方向，而且随着宅基地规模的增加，这一状况整体呈现下降趋势，也即宅基地规模越大，人口流出可能性越低。由图 3-11 可见，虽然整体上随着宅基地规模的增加，人口流出的比例在逐渐缩小，但是在宅基地面积介于 100~200m² 时，人口流出趋势会有小幅度上升，表明这一分组的宅基地承载的群体可能在城镇化过程中较为活跃，是"游走"在城乡之间的"候鸟群体"；而且在这一区间，宅基地规模越大的家庭成员越有可能经历更为频繁的城乡迁徙，高频次的城乡迁徙和较大规模的宅基地在这一群体内互为因果。当然，这一现象也有可能是由于在 100~200m² 的规模分组内，宅基地是真正用于居住的，而在其他规模的分组内则有可能是"以宅基地之名行经营性用地之实"，从侧面反映出农村宅基地功能转型的"规模敏感"特征。

表 3-8 不同规模农村宅基地的人口动态度比较

宗地面积/m²	指标	人口流出 (常住人口<户籍人口)	人口稳定 (常住人口=户籍人口)	人口流入 (常住人口>户籍人口)
<80	面积/hm²	2225.01	5065.15	357.73
	比重/%	29.09	66.23	4.68
	人口动态/人	−1051116	—	138797
80~100	面积/hm²	1488.69	3540.05	274.37
	比重/%	28.07	66.75	5.17
	人口动态/人	−369168	—	58647
100~120	面积/hm²	1910.07	4549.21	366.04
	比重/%	27.99	66.65	5.36
	人口动态/人	−386590	—	63288
120~150	面积/hm²	4253.06	9641.75	718.26
	比重/%	29.10	65.98	4.92
	人口动态/人	−718626	—	101033
150~200	面积/hm²	10765.12	24550.69	2138.49
	比重/%	28.74	65.55	5.71
	人口动态/人	−1405574	—	244595
200~250	面积/hm²	15225.7	34405.56	2965.8
	比重/%	28.95	65.41	5.64
	人口动态/人	−1556244	—	276480
≥250	面积/hm²	52898.51	138567.52	12641.39
	比重/%	25.92	67.89	6.19
	人口动态/人	−3239415	—	644643

注: 人口动态为常住人口与户籍人口之差。

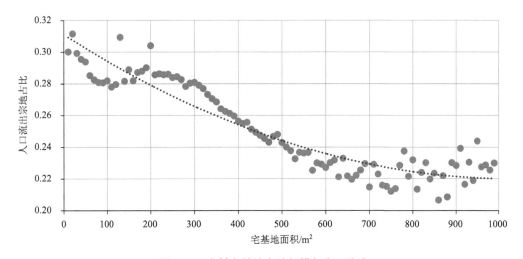

图 3-11 农村宅基地宗地规模与人口流失

3.3.4 退出意愿与宗地规模

根据农民对宅基地退出的不同意愿，农民愿意放弃使用权的宅基地平均规模为247m²，其中小于80m²的有186349宗，面积为937.56hm²，不愿意放弃使用权的宅基地中面积小于80m²的比例为2.59%；而农民不愿意放弃使用权的宅基地平均规模为242m²，其中小于80m²的有1380054宗，面积为6710.32hm²，不愿意放弃使用权的宅基地中面积小于80m²的比例为2.30%。比较不同退出意愿的宅基地规模结构发现，除150～250m²范围内的宗地在"愿意退出"分组中占比小于其在"不愿意退出"分组中的比重，其他规模宅基地在"愿意退出"分组的比重均大于"不愿意退出"分组，表明150～250m²可能是农村居民最适宜居住的宅基地规模（表3-9）。

表 3-9　农民不同退出意愿的宅基地规模分级比较

退出意愿	指标	<80m²	80～100m²	100～120m²	120～150m²	150～200m²	200～250m²	≥250m²
愿意	面积/hm²	937.56	698.97	801.99	1629.59	3798.96	5425.1	23087.73
	比重/%	2.59	1.92	2.20	4.48	10.44	14.91	63.46
不愿意	面积/hm²	6710.32	4604.15	6023.33	12983.48	33655.34	47171.97	181019.70
	比重/%	2.30	1.58	2.06	4.44	11.52	16.14	61.96

如图3-12所示，对不同规模宅基地而言，"不愿意退出"均占绝对优势，而"愿意退出"占比仅在80～100m²时达到最大，为13.18%，并由此向两侧递减，在150～250m²处"触底反弹"，再次印证了"150～250m²可能是农村居民最适宜居住的宅基地规模"的论断。

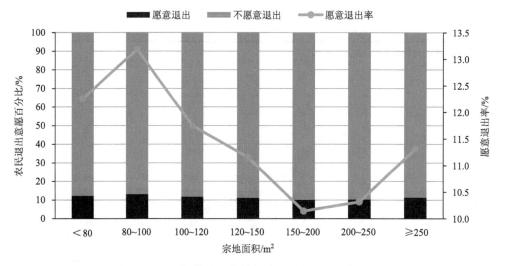

图 3-12　不同规模分组农村宅基地的农民退出意愿比较

3.4　经营性建设用地利用状况

3.4.1　用途结构与宗地规模

根据经营性建设用的土地用途划分，批发零售用地共计 10145 宗，总面积为 3308.96hm²，平均宗地面积 3261.67m²，其中面积小于1000m² 的宗地6551宗，总面积占该类用地的 5.31%；住宿餐饮用地共计 2152 宗，总面积 1377.9hm²，平均宗地面积6402.88m²，其中1000m² 以下的宗地1196宗，总面积占该类用地的2.88%；商务金融用地共计 2175 宗，总面积 2518hm²，平均宗地面积 11581.27m²，其中面积小于1000m² 的宗地 747 宗，总面积占该类用地的4.19%；其他商服用地共13734宗，总面积5850.62hm²，平均宗地面积4259.95m²；另有工业用地、采矿用地和仓储用地分别为16.48 万、0.46 万宗和1.14 万宗，总面积分别为16 万 hm²、1.02 万 hm² 和 0.51 万 hm²，平均宗地面积分别为9713.80m²、22239.23m² 和 4403.37m²，其中面积小于1000m² 的宗地分别占各类用地总面积的1.08%、0.20%和3.63%。不同区域及类型区之间的比较情况如表3-10 所示。

表3-10　不同土地用途经营性建设用地最小与平均面积的区域比较

划分依据	区域	批发零售		住宿餐饮		商务金融		其他商服	
		<0.1hm²宗地	平均	<0.1hm²宗地	平均	<0.1hm²宗地	平均	<0.1hm²宗地	平均
三大区域	苏南五市	30.31	4094	0.78	4719	0.29	8865	0.75	4905
	苏中三市	1.96	2539	0.13	8477	0.07	15577	10.79	3517
	苏北五市	30.38	3562	0.43	7547	0.29	9512	0.00	4382
"1+3"重点功能区	扬子江城市群	10.78	3073	0.45	6119	0.25	12696	2.75	4185
	江淮生态经济区	2.56	3237	0.31	8010	0.12	8507	0.00	3315
	沿海经济带	24.89	2838	0.54	9274	0.45	12944	0.00	5941
	淮海经济区中心城市（徐州）	0.31	3337	0.00	7248	0.00	3822	0.00	2554
主体功能区	优化开发区域	32.34	4080	0.45	7278	0.17	10010	2.75	4627
	重点开发区域	5.12	1991	0.31	3621	0.29	8323	0.00	4051
	农产品主产区	24.82	3664	0.54	8414	0.37	15459	0.00	5363
	禁止开发区域	0.31	3280	0.00	5199	0.00	8241	0.00	3072
城乡分区	市辖区（含开发区）	8.16	3954	0.40	7886	0.18	12765	2.75	5557
	县级市	24.89	3394	0.00	5246	0.30	12519	0.00	4020
	县	2.56	2257	0.54	4073	0.29	6275	2.56	2257

划分依据	区域	工业用地		采矿用地		仓储用地	
		<0.1hm²宗地	平均	<0.1hm²宗地	平均	<0.1hm²宗地	平均
三大区域	苏南五市	0.07	8566	0.02	19629	16.59	3274
	苏中三市	0.00	9428	0.00	12445	11.42	4837
	苏北五市	0.00	11895	0.00	31091	0.00	6010

续表

划分依据	区域	工业用地		采矿用地		仓储用地	
		<0.1hm²宗地	平均	<0.1hm²宗地	平均	<0.1hm²宗地	平均
"1+3"重点功能区	扬子江城市群	0.07	9028	0.02	18418	11.81	4006
	江淮生态经济区	0.00	10257	0.00	10717	43.66	3443
	沿海经济带	0.00	10975	0.00	32549	0.00	6338
	淮海经济区中心城市（徐州）	0.00	9910	0.00	37116	0.00	7647
主体功能区	优化开发区域	0.07	8406	0.02	16843	11.81	3609
	重点开发区域	0.00	11066	0.00	18475	0.00	5405
	农产品主产区	0.00	12392	0.00	116515	43.66	7608
	禁止开发区域	0.00	9130	0.00	9382	0.00	3187
城乡分区	市辖区（含开发区）	0.07	9414	0.02	65340	7.13	4190
	县级市	0.00	9528	0.00	16870	34.90	4423
	县	0.00	10828	0.00	17466	0.00	5016

注：表中<0.1hm²宗地的单位为hm²，平均面积单位为m²。

3.4.2　利用状态与宗地规模

根据农村经营性建设用地的不同利用状态，正常使用的经营性建设用地共 17.41 万宗，总面积为 17.93 万 hm²，宗地平均规模为 8947.37m²，其中正常使用的国有经营性建设用地 35363 宗，面积为 6.65 万 hm²；正常使用的集体所有经营性建设用地 13.87 万宗，面积为 8.92 万 hm²；小于 1000m² 的有 5.29 万宗，总宗地面积为 2075.66hm²，占同规模宗地总面积的 84.54%。空置经营性建设用地的总面积为 2.46 万 hm²，宗地平均规模为 8904.78m²，其中面积小于 1000m² 的经营性建设用地总量有 8959 宗。废弃经营性建设用地的总面积为 0.36 万 hm²，宗地平均规模高达 12488.12m²。如表 3-11 所示，不同规模的经营性建设用地在利用状态上也会存在一定差异。其中，宗地面积小于 5hm² 的空废经营性用地有 1.55 万 hm²，比较适宜乡村地区的生产经营活动，适合开展民宿民俗、创意办公、农产品展示等农业农村体验活动。

表 3-11　不同规模农村经营性建设用地的利用状态结构比较

宗地面积/hm²	指标	正常使用	空置	废弃
≤0.1	面积/hm²	2075.66	347.01	32.59
	比重/%	84.54	14.13	1.33
0.1~1	面积/hm²	36665.20	4980.44	514.37
	比重/%	86.97	11.81	1.22
1~5	面积/hm²	62740.13	8376.27	1208.92
	比重/%	86.75	11.58	1.67

续表

宗地面积/hm²	指标	正常使用	空置	废弃
5～10	面积/hm²	23943.69	3916.68	710.88
	比重/%	83.80	13.71	2.49
10～50	面积/hm²	33303.46	4971.41	1123.46
	比重/%	84.53	12.62	2.85
50～100	面积/hm²	7423.18	949.17	53.81
	比重/%	88.10	11.26	0.64
100～500	面积/hm²	11140.13	1042.45	0.00
	比重/%	91.44	8.56	0.00
>500	面积/hm²	1970.60	0	0
	比重/%	100.00	0.00	0.00

从空间上看，不同利用状态经营性建设用地总规模、平均面积的区域差异明显（表 3-12）。在三大区域之间，苏北五市正常使用的经营性建设用地平均面积最大，苏南地区最小；从空置情况看，苏北地区平均面积居榜首，苏南五市次之；废弃经营性建设用地总面积普遍较小，只在苏北地区偏高，苏中三市情况稍好。从"1+3"重点功能区划分看，沿海经济带正常使用和空置的经营性建设用地平均面积均大于其他地区；废弃经营性建设用地平均面积在徐州地区较大，规模是正常使用的 10 倍多。按照不同主体功能定位，正常使用经营性建设用地的平均面积在四类区域中差异不显著，相对而言，在农产品主产区和重点开发区域内的空置和废弃经营性建设用地平均面积普遍较大。按

表 3-12　不同利用状态经营性建设用地总面积与平均面积的区域比较

划分依据	区域	正常使用		空置		废弃	
		总面积/hm²	平均/m²	总面积/hm²	平均/m²	总面积/hm²	平均/m²
三大区域	苏南五市	58641.82	8103	10772.65	7977	696.13	9087
	苏中三市	47609.34	8633	3737.25	6744	511.83	7482
	苏北五市	73011.82	12861	10073.54	11764	2436.06	16594
"1+3"重点功能区	扬子江城市群	100916.11	1505	13732.27	7896	1158.04	8949
	江淮生态经济区	21615.95	1137	3736.09	7651	441.81	7591
	沿海经济带	66981.98	3044	7532.31	13047	1114.54	16536
	淮海经济区中心城市（徐州）	15051.80	1681	1358.61	8407	1058.33	18534
主体功能区	优化开发区域	66702.77	2289	11425.75	7742	363.61	6952
	重点开发区域	45793.36	1515	6813.21	12867	1292.36	15403
	农产品主产区	48433.93	1937	3244.97	11185	1678.89	15276
	禁止开发区域	18332.92	1309	3099.51	6661	309.18	6765
城乡分区	市辖区（含开发区）	74821.65	1226	11459.89	9805	2415.83	15545
	县级市	61820.20	2943	7732.51	7253	614.87	7913
	县	42621.13	2029	5391.03	10251	613.33	10448

照城乡地域划分，在正常使用经营性建设用地中，平均面积表现为县级市>县>市辖区，空置用地的平均规模以县最为显著，但是在废弃经营性建设用地中，市辖区的平均规模最大。

3.4.3　用地效率与宗地规模

正常使用的经营性建设用地有 17.41 万宗，总规模为 17.93 万 hm²，涉及的经营单位总营业收入为 41312.88 万元，以经营单位的营业收入作为建设用地产出值，全省农村经营性建设用地地均产出为 2304.95 元/hm²。如表 3-13 所示，其中，各用地类型间地均产出相差较大，商服用地平均地均产出为 2097.97 元/hm²，内部各用地类别间相差较小，相对均衡，其中批发零售用地地均产出最高，为 3511.69 元/hm²，商务金融用地地均产出最低，为 1398.46 元/hm²。工矿仓储用地平均产出为 2318.24 元/hm²，各用地类别间相差较大，其中仓储用地地均产出最高，为 10301.91 元/hm²，采矿用地最低，仅为 125.36 元/hm²。用地规模和营业规模占比最高的是工业用地，但是工业用地相对粗放，地均产出仅为 2484.82 元/hm²，略高于总平均值。

表 3-13　不同用途经营性建设用地单位产出情况

	土地用途	面积占比/%	营业收入占比/%	地均产出/(元/hm²)
商服用地	批发零售用地	1.67	2.55	3511.69
	住宿餐饮用地	0.67	0.44	1521.13
	商务金融用地	1.03	0.63	1398.46
	其他商服用地	2.67	1.88	1627.13
	小计	6.03	5.49	2097.97
工矿仓储用地	工业用地	76.83	82.83	2484.82
	采矿用地	14.70	0.80	125.36
	仓储用地	2.43	10.88	10301.91
	小计	93.97	94.51	2318.24
合计		100.00	100.00	2304.95

具体到经营单位所属行业，如表 3-14 所示，信息传输、软件和信息技术服务业地均产出最高，达 55054.13 元/hm²，但是面积占比仅为 0.31%，营业收入占 7.12%，采矿业地均产出最低，仅为 94.72 元/hm²，但面积占 14.16%。其中制造业的面积和营业收入占比最高，分别为 69.21%和 81.71%，地均产出为 2855.51 元。

表 3-14　不同行业经营性建设用地单位产出情况

国民经济行业分类	面积/%	营业收入/%	地均产出/(元/hm²)
农、林、牧、渔业	2.81	1.20	1037.05
采矿业	14.16	0.55	94.72
制造业	69.21	81.71	2855.51
电力、热力、燃气及水生产和供应业	1.17	0.84	1742.41
建筑业	1.08	0.62	1373.46

续表

国民经济行业分类	面积/%	营业收入/%	地均产出/(元/hm²)
批发和零售业	2.79	2.59	2241.56
交通运输、仓储和邮政业	3.29	3.43	2524.37
住宿和餐饮业	2.65	0.51	468.79
信息传输、软件和信息技术服务业	0.31	7.12	55054.13
金融业	0.65	0.20	762.02
房地产业	0.19	0.07	864.10
租赁和商务服务业	1.21	1.00	1988.38
科学研究和技术服务业	0.18	0.06	791.49
水利、环境和公共设施管理业	0.02	0.00	526.02
居民服务、修理和其他服务业	0.24	0.07	699.77
教育	0.01	0.00	669.18
卫生和社会工作	0.01	0.01	4330.07
文化、体育和娱乐业	0.00	0.00	1097.92
公共管理、社会保障和社会组织	0.02	0.01	875.35
国际组织	0.00	0.00	376.06

　　如表 3-15 和表 3-16 所示，从不同区域间的比较来看，经营性建设用地单位面积产出的地区差异明显。在传统三大区域中，苏南具有绝对优势，地均收入为 5467.04 元/hm²，约是苏中三市地均产出的 4 倍、苏北五市地均产出的 18 倍，其中无锡地均产出 10755.94 元/hm²，为全省最高，而连云港市地均产出为全省最低，仅为 26.82 元/hm²；县（区）中，镇江京口区、润州区以及无锡锡山区地均产出最高，分别为 97 万元/hm²、20 万元/hm² 和 9 万元/hm²，而徐州沛县、铜山区、鼓楼区、贾汪区，连云港赣榆区、东海县、灌云县，以及南京浦口区、高淳区、雨花台区等地均产出均不足 100 元/hm²；从"1+3"重点功能区划分来看，扬子江城市群的经营性建设用地单位面积产出远高于其他地区，徐州地区单位面积产出最低；从主体功能区来看，重点开发区域的地均产出低于禁止开发区域和农产品主产区，建设用地的经济规模和利用效率仍有巨大的提升空间；从城乡区位上看，市辖区与县级市和县的地均产出差异显著，市辖区>县级市>县。

表 3-15　经营性建设用地单位面积产出的区域比较

划分依据	区域	经营性建设用地		营业收入		地均产出/(元/hm²)
		面积/hm²	占比/%	收入额/万元	占比/%	
三大区域	苏南五市	58632.33	32.71	32054.51	77.59	5467.04
	苏中三市	47590.01	26.55	7016.66	16.98	1474.40
	苏北五市	73011.82	40.74	2241.70	5.43	307.03
"1+3"重点功能区	扬子江城市群	100887.29	49.32	37668.39	84.96	5777.98
	江淮生态经济区	21615.95	10.57	2160.93	4.87	999.69
	沿海经济带	66981.98	32.75	3613.63	8.15	1336.19
	淮海经济区中心城市(徐州)	15051.80	7.36	891.34	2.01	592.18

续表

划分依据	区域	经营性建设用地		营业收入		地均产出/(元/hm²)
		面积/hm²	占比/%	收入额/万元	占比/%	
主体功能区	优化开发区域	66673.95	37.20	34150.97	82.66	5122.09
	重点开发区域	48433.93	27.02	2726.82	6.60	563.00
	农产品主产区	45793.36	25.55	2617.92	6.34	571.68
	禁止开发区域	18332.92	10.23	1817.18	4.40	991.21
城乡分区	市辖区(含开发区)	74792.84	41.73	29620.60	71.70	3960.35
	县级市	61820.20	34.49	8278.08	20.04	1339.06
	县	42621.13	23.78	3414.20	8.26	801.06

表3-16　各地市经营性建设用地营业收入比较

地级市	经营性建设用地		营业收入		地均产出/(元/hm²)
	面积/hm²	占比/%	收入额/万元	占比/%	
南京市	7472.09	4.17	311.17	0.75	416.45
无锡市	22563.84	12.59	24269.52	58.74	10755.94
徐州市	15051.80	8.40	891.34	2.16	592.18
常州市	8323.45	4.64	1849.54	4.48	2222.08
苏州市	15546.35	8.67	3547.37	8.59	2281.80
南通市	25302.85	14.12	3021.41	7.31	1194.10
连云港市	26129.88	14.58	70.07	0.17	26.82
淮安市	3406.82	1.90	220.19	0.53	646.33
盐城市	19120.59	10.67	609.72	1.48	318.88
扬州市	10609.88	5.92	2911.42	7.05	2744.07
镇江市	4726.61	2.64	2076.91	5.03	4394.09
泰州市	11677.27	6.51	1083.84	2.62	928.16
宿迁市	9302.73	5.19	450.38	1.09	484.13
总计	179234.16	100.00	41312.88	100.00	2304.97

除单位产出外，建筑密度也能反映建设用地的利用强度水平。建筑密度是指建筑物占地面积与宗地面积的比值，不同地区和产业具有差别化的建筑密度控制标准，一般不高于60%，下限在30%左右。以此为参考，将建筑密度划分为5个等级，分别为小于30%、30%～40%、40%～50%、50%～60%、60%以上。针对不同土地用途，统计符合各个建筑密度区间的宗地面积及占本用途宗地面积总和比重，并结合平均建筑密度进行分析。如图3-13所示，采矿用地、工业用地、仓储用地和批发零售用地的平均建筑密度相对较高，各自对应的建筑密度超过60%的宗地面积比重分别为73.62%、45.75%、45.12%和40.58%。相比之下，住宿餐饮用地、商务金融用地和其他商服用地平均建筑密度相对较低。其中，住宿餐饮用地54.43%的宗地建筑密度在30%以下，商务金融用地56.32%的宗地建筑密度低于40%，其他商服用地也有46.26%的宗地建筑密度不足40%，说明住宿

餐饮、商务服务等对建筑密度的管控更加严格，对建筑周边环境舒适度要求较高，绿地、道路、停车场、广场等设施相对完善。

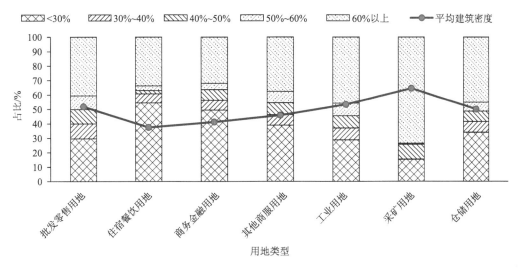

图 3-13　各类土地用途建筑密度分级和平均规模对比

从总面积来看，苏南地区建筑密度超 60% 的经营性建设用地面积较大，主要分布在环太湖区域、南京市城市外围、泰州市北部、扬州市北部和南通市市辖区；苏北的连云港市和徐州市也有大面积建筑密度超 60% 的经营性建设用地分布。从面积比重来看，全省有较多村庄存在建筑密度超 60% 的经营性建设用地，而且几乎所有地市均含有连片成块的村庄，其建筑密度超 60% 的经营性建设用地，主要包括环太湖区域、南京市外围、镇江和常州接壤区域、扬州与泰州交界区域、南通市的启东市、盐城市的滨海县、淮安市的涟水县、徐州北部，以及连云港部分地区，建筑密度较高的经营性建设用地存在集中集聚的现象。

3.5　本　章　小　结

现阶段农村宅基地仍是江苏省农村建设用地的主要类型，占全部调查面积的比重超过四分之一，总面积约为 32.92 万 hm^2；其次为经营性建设用地，面积约为 24.86 万 hm^2，占比接近 20%；若扣除盐城、连云港两市国有采矿用地影响，则农村经营性建设用地总规模不足 20 万 hm^2，占比降至 15.35%。此外，本次调查还包含 19.86 万 hm^2 非建设用地和 31.66 万 hm^2 空闲地，占比分别高达 15.57% 和 24.83%。特别需要关注的是，目前江苏省农村建设用地中有近 6 万 hm^2 处于空置或废弃状态。其中，仅经营性建设用地的空置与废弃面积就有 2.82 万 hm^2，空（置）废（弃）比例高达 13.62%。农村宅基地的空置和废弃面积也有 2.56 万 hm^2，占全部宅基地面积的 7.80%；公共管理与公共服务设施用地的空废面积虽然仅有 3156.89hm^2，但其空废比率高达 12.90%。

从宅基地利用状况看，集约利用水平的"南高北低"趋势明显，而且对农业依赖程度越高的家庭,其平均宅基地面积越大;在苏北(尤其是江淮生态经济区)的非农户和苏中(尤其是沿海经济带)的农业兼业户宅基地集约利用水平较低。优化开发区域和禁止开发区域分别由于城镇化水平和生态保护要求较高,宅基地集约利用均处于较高水平;但是需要特别注意禁止开发区域内非农家庭宅基地建设对生态功能的破坏。苏中和苏北地区,特别是禁止开发区域和农产品主产区,由于农村人口大量外流,宅基地空置现象较为严重,尤其是较为大宗宅基地的空置需要引起重视。从人口动态看,在江苏省乡村转型发展过程中仍以人口外流为主导,而且这一过程具有明显的"规模敏感"特征。整体上,随着宅基地规模的增加,人口外流的比例在逐渐缩小;但是,在宅基地面积介于 $100\sim200m^2$ 的家庭中人口外流比拥有更大宅基地的家庭更严重。从农民退出意愿看,宅基地面积为 $80\sim100m^2$ 的农户分组拥有最高的愿意退出比率,而 $150\sim250m^2$ 可能是农村居民最适宜居住的宅基地规模,其愿意退出比率也最低。

从经营性建设用地利用状况看,苏北地区平均宗地面积最大,与其产出效率相反,表明集约利用水平仍有待提升;在主体功能区中,优化开发区域的平均宗地规模大于其他三类区域,也需要加强政策性引导,加速农村建设用地向高产出行业转型。在产出效率上,商服用地的产出水平明显高于工矿用地,尤其是批发零售用地最高,而商务金融用地的营业收入相对较低,说明农村商服发展尚不够充分,仍延续传统行业粗放占地的发展模式。在空间上,重点开发区域的经营性建设用地地均产出低于禁止开发区域和农产品主产区,其建设用地的经济规模和利用效率仍有巨大的提升空间;徐州地区在地均产出方面处低位,可能与其矿业城市特性有关,需从供给侧入手加快土地供给制度改革,加速农村建设用地转型。

第4章 苏南乡村转型的宅基地利用响应

作为农村居民生产和生活的重要载体,农村宅基地为农民提供了最基本的住房保障,也是中国城乡发展及土地利用转型的重要源头之一(Li et al.,2014a;Zhu et al.,2014;Jiang et al.,2016)。而且,作为江苏省乡村地区最主要的建设用地类型,宅基地转型研究对于理解乡村转型发展过程中的土地利用响应特征具有重要意义。本章选择乡村经济发达的苏南地区为案例,试图从农村宅基地利用状态的视角,对乡村转型发展的格局特征进行探索,以期能够抛砖引玉,引起更多学者对这一问题的关注,进而对现有宅基地利用及转型的研究范畴进行补充。

4.1 乡村转型发展与宅基地利用

改革开放以来,中国的农村经济社会发展经历了剧烈的转型和重构,农村土地利用出现了"农地高速非农化"、"建设用地低效化"和"宅基地空心化"等诸多问题,给乡村地区的高质量可持续发展带来了严峻挑战(Liu et al.,2014a;龙花楼和屠爽爽,2017)。党的十九大审时度势,创新地提出中国特色社会主义进入新时代,强调"实施乡村振兴战略",着力破解城乡发展不平衡、农村发展不充分等突出问题,弥补全面建成小康社会的乡村短板(刘彦随,2018;乔伟峰等,2019)。党的二十大报告再次强调,全面推进乡村振兴,坚持农业农村优先发展,坚持城乡融合发展,畅通城乡要素流动。在乡村振兴战略实施过程中,如何通过有效的土地管理制度创新,助力城乡融合发展,是亟待解决的现实问题,也是地理学研究面向国家战略需求的重要课题(Liu and Li,2017;刘彦随,2018;胡智超等,2016)。

近年,关于宅基地转型的研究在国内蓬勃开展,尤其在宅基地转型的理论假说及其与城乡发展关系等方面取得了较好进展(龙花楼,2006;Li et al.,2015;张佰林等,2018)。龙花楼等基于长江沿线样带分析发现,农村宅基地在新增城乡建设用地中的比重由下游向上游逐渐升高,而空间集聚程度则逐渐下降(Long et al.,2007)。在后续理论研究中,龙花楼和李婷婷(2012)将土地利用转型的概念由最初数量与结构的范畴,拓展为显性与隐性两种形态的转变;并强调经济社会发展影响土地利用形态,土地利用形态又反过来作用于经济社会发展,二者的相互作用与相互影响促成了土地利用转型。还有学者基于人地关系视角,对宅基地转型的空间结构及其与经济发展的关联性(曲衍波等,2017),以及不同地区农村宅基地的合理规模进行了有益探索(Song et al.,2012)。但是,受制于解释不同现象及其时空过程所需数据与方法的复杂性(Rindfuss et al.,2004;龙花楼,2006),目前对宅基地转型的定量研究仍以显性形态分析为主,对隐性转型的探讨仍局限于理论层面。

理论上,在工业化与城镇化过程中,农民进入城镇是城镇化发展进程中必然要经历的过程。而这一客观规律决定了推动农村宅基地的隐性功能转型是大势所趋(龙花楼，2012)。宅基地的隐性功能转型可以理解为宅基地由传统的居住功能向其他非居住功能的转变，而这种转变通常伴随宅基地居住利用状态和效率的变化(Holmes and Argent，2016；Ma et al.，2018b)。尤其，发达地区的乡村已不像传统乡村聚落一样，仅作为农民生产生活的场所，同时还兼具了生态和休闲等多种功能，宅基地也由原来单一的居住功能衍生出其他生产性或财产性功能。作为居住空间的宅基地空置和废弃现象时有发生(Wegren et al.，2008；Long et al.，2011；Qu et al.，2017)。所以说，宅基地的利用状态能够在一定程度上反映区域土地利用的功能转型特征，对于认识耦合的"土地系统"可起到窥斑见豹的作用(张佰林等，2018；龙花楼，2012)。

4.2　中国农村宅基地利用的历史趋势

中华人民共和国成立初，严格的城乡二元户籍制度把广大农民禁锢在农村，规模庞大的农村人口对应着巨大的宅基地规模(刘彦随和刘玉，2010)。计划经济时期，农村集体经济在一定程度上抑制了农民发展生产的积极性，较低的经济收入难以满足农民多样化的住房需求；加之"割资本主义尾巴"思潮的风靡，农村居民改善居住条件的正常需求受到限制，取而代之的是宅基地使用权在代际间的继承与传递(龙花楼，2006)。这一时期农村宅基地的主要功能是满足农民最基本的居住需求，农村宅基地的空置或废弃现象也极为鲜见。

改革开放以后，伴随家庭联产承包责任制的实行，越来越多的农村劳动力从农业生产中释放出来；加之乡镇企业雨后春笋般地发展，使农村劳动力在城乡之间的流动成为可能(刘彦随和鲁奇，1998；Lin，1999；刘彦随和刘玉，2010；房艳刚和刘继生，2015；Zhu，2018)。一方面，囿于农村土地产权制度的固有缺陷和城乡社会保障制度的差异，纵使土地使用权人已迁居城镇，传统的"财产继承"观念也会使相当部分的空废宅基地无法正常退出(刘彦随和刘玉，2010；龙花楼，2013；王亚辉等，2018)。尤其，近年来乡村地区不断涌现的新发展机会，使得农村居民对宅基地产生强烈的升值预期，也加速了宅基地由"居住保障"向"资产/财产"功能的转型，导致即使"离土又离乡"的村民也不愿意或不可能处理掉在农村长期空置或废弃的房屋，在一定程度上加剧了宅基地的空废化(高金龙等，2021)。另一方面，多样化的经济活动促使农村居民家庭的收入水平显著提高，对舒适、宽敞住宅的需求也得到释放，农村宅基地供给随之增加(Sargeson，2002；龙花楼，2006；刘彦随等，2009)。尤其，随着传统的"几世同堂"家庭结构的改变，农村宅基地的空间布局也发生重大变化，"一户多宅"等带来的农村建设用地"外扩内空"现象日益严重(龙花楼等，2009)。同样地，受"安土重迁"情结的影响，部分迁居城镇的村民仍会回乡建设新宅，成为农村宅基地空置的另一重要原因。但是，随着新时代乡村振兴战略的实施，在未来一段时间内势必会有大量人口返乡创业兴业，既可能带来新一轮的建房高潮，也可能使原本空置或废弃的宅基地利用效率大幅提升(图4-1)。

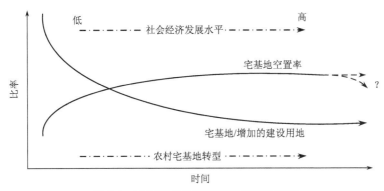

图 4-1　农村宅基地转型趋势的理论假设

根据龙花楼(2006)改绘，问号表示未来不确定的可能

4.3　苏南农村宅基地利用的时空分异

4.3.1　研究区域与数据处理

研究区覆盖江苏南部的南京、无锡、常州、苏州和镇江五市，东邻上海、西连安徽、南接浙江、北依长江，国土面积 2.8 万 km²，是我国人口和经济密度最高的区域之一（图 4-2）。苏南地区素有"鱼米之乡"的美誉，也是费孝通先生首创"苏南模式"的发源地；城镇化、工业化与乡村发展交互影响，更是开展乡村转型发展相关研究的极佳试验地(Liu et al., 2010b)。2016 年，五市常住人口逾 3300 万，乡村人口超过 20%；登记农村家庭 340.91 万户，占全省比重近四分之一；农村家庭人均可支配收入 24638 元，高出全国平均水平一倍。

图 4-2　苏南地区位置与组成示意图

　　本节采用的数据同样基于 2016 年江苏省农村建设用地调查数据库,首先提取苏南五市农村宅基地的宗地图斑,按照国土安全及政府管理的要求,进行"面转点(几何中心)"的脱敏处理,并采用核密度估计方法进行非直接空间表征。脱敏后的点数据保留宅基地基本情况、利用状态和使用权人信息等。其中,宅基地基本情况包括宗地面积、建(构)筑物面积、建造时间、建(构)筑物类型和层数等信息;宅基地利用状态分为正常使用、空置和废弃三种[①];使用权人信息包括户籍人数、常住人口、农户类型和处置意愿等。

　　本节的研究目的在于揭示发达地区乡村转型发展过程中宅基地利用的一般规律,因此研究方法也以格局刻画和现象描述为主,主要包括缓冲区分析、核密度估计及调查统计。其中,缓冲区分析(buffer analysis)是以苏南地区主要城市的中心[②]为原点构建 1km 的缓冲区,并与脱敏后的农村宅基地数据进行叠置,耦合宅基地的利用状态与其空间距离信息,监测农村宅基地利用的空间分异规律。

　　核密度估计(kernel density estimation)通过考察农村宅基地的点密度空间变化来刻画其空间分布特征。该方法认为地理事件可以发生在空间的任何位置上,但是不同位置上事件发生的概率是不同的,一般来说,点密集的区域事件发生的概率高,点稀疏的区域事件发生的概率低。一般通过测度研究区域中单位面积上的事件数来估计点 p 的密度为 $\lambda_h(p)$,其估计值为 $\hat{\lambda}_h(p)$,则

$$\hat{\lambda}_h(p) = \sum_{i=1}^{n} \frac{1}{h^2} k\left(\frac{p - p_i}{h}\right) \tag{4-1}$$

式中,$k(\cdot)$ 称为核函数;农村宅基地的点集为 $\{p_1, \cdots, p_n\}$,p 为待估计点的位置;p_i 为落在以 p 为圆心、h 为半径的圆形范围内的第 i 个宅基地的位置;h 代表带宽,即以 p 为原点的曲面在空间上延展的宽度,h 值的选择会影响分布密度估计的平滑程度,在具体应用中,需要根据不同的 h 值进行试验。

4.3.2　宅基地利用的空间分异

　　人地关系的实证研究是以观察和经验为证据,并依据公理和逻辑推导来建立人地系统的定律、模型、理论和方法体系(蔡运龙,1996)。因此,上述理论假设需要凭借观察和经验予以证实。根据调查数据,苏南地区现有农村宅基地 312 万宗,总面积约 63782hm²,占全部调查农村建设用地总规模的 20.42%。其中,正常使用宅基地面积 57070hm²,空置和废弃宅基地面积分别有 5820hm² 和 892hm²,空废比例高达 10.52%。具体地,在城镇中心 5km 辐射范围内的农村宅基地有 2141hm²,其中,正常使用、空置和废弃的比例分别为 84%、12% 和 4%;外围乡村地区,正常使用的宅基地面积占比波动上升,并在远离城镇的 30km 以外地区达到相对稳定的水平;而在同样的空间梯度上,空置和废弃的宅基地比重则分别呈现出"持续降低"和"先降后升"的态势(图 4-3)。

---

① 空置是指房屋保存完好,连续两年居住天数不足一个月的宅基地;废弃是指建过房屋但已无法居住的宅基地。

② 南京市新街口、无锡市三阳广场、常州市南大街、苏州市观前街、镇江市大市口,其他县市中心以本级人民政府所在地为准。

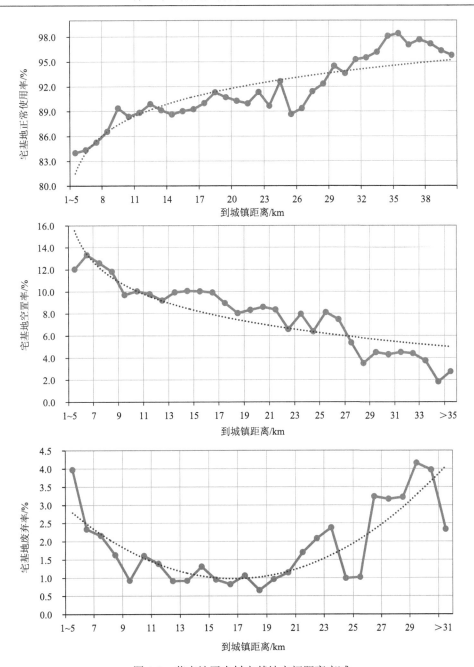

图 4-3　苏南地区农村宅基地空间距离衰减

　　究其原因，一方面在城镇化进程中农村宅基地的资产/财产属性需要通过货币化的形式表征，而越靠近城镇地区的农村宅基地价值实现的可能性越大，"空置待拆"的处置方式成为宅基地使用权人的理性选择，从而导致这些区域宅基地的正常使用比率相对较低，加速了近郊区农村宅基地的功能转型(Zhu et al.，2014；宋小青，2017)；另一方面，乡村发展受城镇化的影响随着距离的增加递减，因此在到城镇距离达到一定阈值后，农村宅基地的正常使用率趋于稳定，而且随着居民"两栖"通勤成本的增加，偏远地区农村宅基地所有权人更倾向于进城定居，从而导致宅基地废弃比例攀升而空置比例较低（Zhu，2018）。

　　为更直观地刻画农村宅基地利用状态的空间分异特征，对三种状态宅基地分布进行核密度估计。如图4-4所示，正常使用宅基地主要集中在交通相对便捷但到城镇有一定

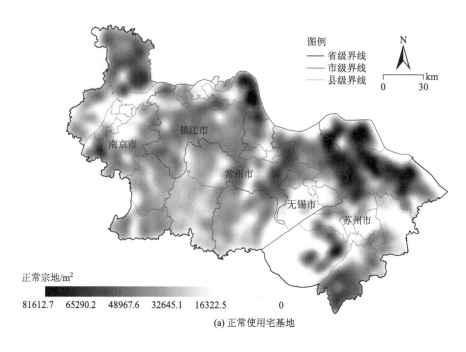

(a) 正常使用宅基地

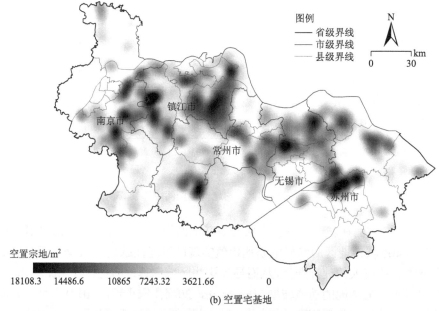

(b) 空置宅基地

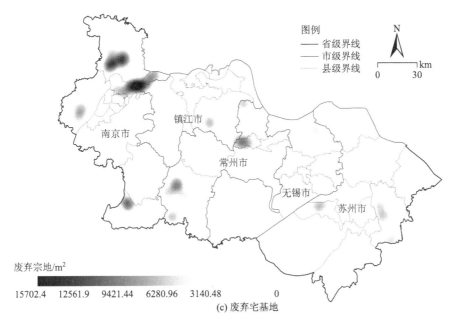

图 4-4　苏南地区农村宅基地的核密度估计

距离的地区，如苏州张家港、常熟、太仓的沿江地区，以及镇江扬中和南京六合、江宁等沿江地区；空置宅基地则大多集中在城市近郊区，其到城镇的距离较正常使用宅基地更近，如江宁、句容、丹阳、溧阳、武进、惠山、相城等城市副中心（或县城区）的周边；废弃宅基地则主要集中在相对偏远的乡村地区，其到中心城市的距离普遍较远。这些特征进一步印证了上述宅基地的空间分异规律。

4.3.3　宅基地利用的代际分异

　　根据农民建房的一般规律，假定农村居民每 20 年（子女适婚年龄）进行一次新建或翻新，据此可将农村宅基地按建筑年代划分为三种代际类型，即建设时间在 1980 年以前的定义为老宅基地、在 1980～1999 年的为中龄宅基地、在 2000 年以后的为新宅基地。其中，老宅基地的使用主体通常是 1960 年以前出生的中老年人，空置和废弃比例分别为 14.98% 和 2.47%；中龄宅基地的使用主体以 1960～1980 年出生的中年人为主，空置和废弃比例分别为 7.18% 和 1.46%；新宅基地的使用主体则多为 1980 年以后出生的青年人，空置和废弃比例分别为 6.69% 和 0.91%。可见，住房建设年代越久远的宅基地正常使用比率越低，而空置和废弃比例越高，这与苏南地区普遍存在的农村宅基地"建新不拆旧"有关（Long et al.，2007；龙花楼，2013）。在空间上，宅基地的空置和废弃比率会随着到城镇距离的增加呈现一定递变规律，并且表现出比较明显的代际差异（图 4-5）。其中，老宅基地的空置与废弃比例呈现出近似"先减后增"的"U"形趋势，即在靠近和远离城镇的地区空置和废弃比例最高；中龄宅基地的空置和废弃率一直保持较为稳定的递减趋势，而新宅基地的递变规律最不明显。

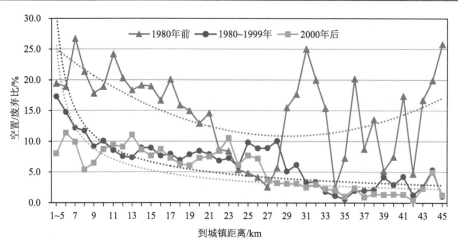

图 4-5　苏南地区农村宅基地利用状态的代际演替

图中虚线为拟合趋势线

改革开放前城乡发展差距较大，近郊农村居民更容易获得城镇发展的机会（成本较低），而偏远地区农村居民进城发展的级差收益更大（收益较高），因此 1980 年以前的老宅基地空废比率呈现"两端高、中间低"的"U"形趋势。随着市场经济制度的引入，农村居民收入明显提高，城乡地域之间的发展差异也逐渐缩小，农村宅基地的空置和废弃比例随着建筑物面积及风格的改进而降低（龙花楼，2006；Li et al.，2015），尤其在偏远地区农村宅基地的空废比例下降明显；而在快速城镇化进程的影响下，近郊农村宅基地仍表现为较高的空废比率，中龄宅基地的整体距离衰减规律明显。对于新宅基地而言，在较高市场化和城镇化水平下，除最基本的居住功能外，其特有的财产/资产属性也被逐渐挖掘，因此正常使用的比例明显提升，距离衰减规律也有所弱化。但是从更细的时间尺度划分，2010 年之后的新宅基地空置率较之前年份有明显上升，而废弃率则保持在较低水平（表 4-1）。这表明近年来的农村地区部分新建住宅并非出于居住的刚性需求，而更可能是在农村集体土地"模糊产权"制度设计下，农村宅基地功能转型所致（龙花楼，2013；翁一峰等，2014）。

4.4　苏南农村空废宅基地的直接原因

4.4.1　宅基地空废的可能影响因素

如表 4-1 所示，空置宅基地的平均面积和建筑物面积明显小于正常使用宅基地的平均面积和建筑物面积，可以推断空间局促可能是造成农村宅基地空置的原因之一[①]。比较宅基地所处单元属性发现，撤并型乡村的宅基地空置和废弃比例高达三分之一，明显高于保留型和集聚型乡村，表明地方政府对乡村发展的规划引导也能够在一定程度上影

---

① 据负责农村建设用地调查的技术人员介绍，对农村废弃建设用地的调查并未按照严格的宗地边界测算，而是将相邻宗地进行归并处理，因而其平均宗地面积和建筑物面积均大于正常使用和空置用地。

响农村宅基地的转型进程；同时需要关注，撤并型乡村仍有 66%的宅基地属于正常使用，涉及农户超过 15 万户，需要在未来乡村撤并和土地综合整治中逐步安置。

表 4-1　不同利用状态农村宅基地特征比较

利用状态		正常使用	空置	废弃
平均宗地面积/m²		208	160	405
平均建筑物面积/m²		228	175	366
规划类型*	撤并型/%	66.13	31.02	2.85
	保留型/%	89.26	9.96	0.78
	集聚型/%	86.63	12.63	0.74
农户类型**	纯农户/%	93.11	6.24	0.65
	农业兼业户/%	82.89	16.42	0.69
	非农户/%	77.15	21.77	1.08
建构时间	1980年前/%	76.63	22.15	1.22
	1980~1989年/%	91.96	7.66	0.38
	1990~1999年/%	90.18	8.73	1.08
	2000~2009年/%	93.27	6.43	0.31
	2010年后/%	87.40	12.33	0.26
建筑类型	砖混/%	90.73	8.37	0.90
	钢混/%	92.19	7.37	0.44
	砖木/%	84.47	15.14	0.39
	其他/%	81.20	18.40	0.40

*规划类型包括撤并、保留和集聚三种，分别指规划期间居住人口将持续流出、保持稳定和不断流入的区域；**调查中有 9791 宗宅基地的农户类型属性为空，未纳入分析。

从家庭生计来源看，随着对农业经济部门依赖程度的降低，纯农户、农业兼业户、非农户的宅基地空置和废弃比例依次增加。

从建筑属性看，建筑时间与宅基地利用状态之间存在近似倒"U"形的线性关系，即建筑时间最早（1980 年以前）和最晚（2010 年以后）的宅基地空置或废弃的比例最高，而中间年份（1980～2009 年）的农村宅基地正常使用比例最高，印证了上述宅基地转型的代际演替规律。

除此之外，房屋建筑结构类型与宅基地的利用状态也有很大相关性，钢混结构建筑的正常使用比例最高，其他依次为砖混、砖木和其他结构，这一特征可从建筑造价和房屋安全性等方面进行解释。

4.4.2　宅基地空废的直接原因调查

除政府规划引导、农户家庭类型和建筑属性等环境及家庭要素外，农村宅基地的利用状态更直接受权利人个体行为的影响。但是，由于中国农村社会环境的特殊性，相当一部分的农村居民参与土地调查的积极性不高，表现为近六成的宅基地空置原因为"其他"或空白（统一标记为"其他"）。在剩余 147460 宗空置宅基地中有 18.0%由"迁走"所致，其次为"一户多宅"和"常年在外"，占比分别为 13.7%和 10.9%，另有 0.2%的空置宅基地是产权人预留"将来建房"（图4-6）。

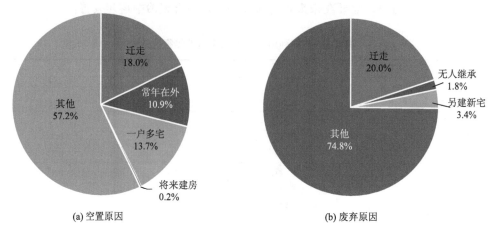

(a) 空置原因　　　　　　　(b) 废弃原因

图 4-6　苏南地区农村样本宅基地空置和废弃的原因调查

　　相比之下，对农村废弃宅基地的调查通常面临产权主体缺失的问题，信息获取难度更大，本书中有约四分之三的农村宅基地废弃原因不明。如图 4-6 所示，在参与调查的 9554 宗废弃宅基地中有 20.0%是由"迁走"所致，空间上以南京六合、溧水两区的城关镇周边最为集中，江阴、太仓等城区外围也有一定分布；其次为"另建新宅"，占比 3.4%，空间上与因"一户多宅"而空置的宅基地相类似，主要分布在农村集体组织薄弱且管理相对松散、乡村未来发展方向不明确的交界地区；另有 1.8%的废弃宅基地是由于原产权人去世后"无人继承"，空间分布相对随机。

4.5　本　章　小　结

　　土地利用问题的本质是经济社会快速发展对土地利用的增长需求与限制土地利用有效供给的生态、经济、社会诸要素间存在的矛盾关系（刘彦随和陈百明，2002）。根据江苏省农村建设用地调查数据，苏南五市有超过 10%的农村宅基地处于空置或废弃状态，"房子不用来住"的问题在苏南农村地区同样存在。如图 4-7 所示，可能的原因有二：一方面，由于农村宅基地在使用中普遍存在"建新不拆旧"的现象，因此建筑年代越久远的宅基地空置和废弃比例越高；另一方面，随着农村居民收入的持续增加，农村新建住房的需求也不断增长，但是在宅基地功能由"居住保障"向"财产福利"转型的过程中，有相当一部分的农村新建住宅不是为了满足居住的刚性需求，而是出于对乡村振兴背景下宅基地"升值"的理性预期，导致在农村地区出现了类似城市"炒房"的大规模宅基地空置。尤其，2010 年以后的新建宅基地的正常使用率不足 90%，其空置比率达到了1980 年以来的最高水平，标志着发端于城镇地区的"地产霸权"正在向乡村地区蔓延。

　　在空间上，城镇辐射具有非常明显的距离衰减特征，因此新宅基地中越靠近城镇的空置和废弃越明显；而对于老宅基地而言，其面积相对较小且功能单一，在远离城镇的偏远地区很难满足居民的多样化需求，因此空置率呈现出由"两端"向"中间"递减的

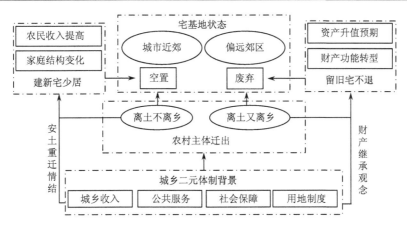

图 4-7　农村宅基地转型驱动的分析框架

趋势。换言之，农村宅基地的功能转型具有非常明显的时空异质性，大城市周边的宅基地功能转型主要是受城镇化的辐射影响，而在偏远农区则更多是由于宅基地自身空间局促或功能缺陷的倒逼。因此，需要制定差别化的宅基地管理制度，以更有效地促进不同类型地区乡村的全面振兴。比如，在近郊乡村需严格限制人均宅基地标准，积极探索有偿退出制度，加快农村空置和废弃宅基地的盘活；而在偏远乡村则可以相对宽松的规模限制和翻建政策，严控"一户多宅"和"圈地"等浪费行为，明确发展方向和功能定位，吸引离乡人员返乡创业、兴业，提高农村建设用地综合利用效率。

　　土地作为区域发展的最重要要素之一，其利用效率与状态的空间分异是关系城乡融合及乡村地域可持续发展的关键。农村宅基地的功能转型不可避免地带来其利用状态与效率的变化，本章采用不同利用状态来定量表征农村宅基地的功能转型特征，对于理解农村宅基地的隐性转型有一定价值。但要更深入揭示农村宅基地的转型过程，还需要进一步综合宅基地的实际功能及产权人的处置动机，以完善相关理论假设。另外，基于苏南发达地区提出了农村宅基地转型的一般假设，其适用性与科学性仍需在更大时空尺度下接受检验。尤其在乡村振兴背景下，在尚未经历快速城镇化与工业化的传统农区，农村宅基地的功能转型可能会有不同的空间路径，需要在后续研究中进行比较分析。

第5章　苏南农村宅基地转型的多尺度模拟

在乡村转型发展过程中，以宅基地为主的农村建设用地呈现多功能转型特征，其中，宅基地由原来的居住或生产功能向其他非居住功能的转变必然导致阶段性的不充分利用，在利用形态上呈现为空置或废弃。因此，对宅基地利用不足的研究是理解乡村转型发展的土地利用响应过程的重要方面。本章在前述农村宅基地利用状态空间分异特征分析的基础上，采用多尺度-多机制模型，分别从农户、村庄和县域三个不同层级对宅基地利用不足的主要影响因素进行定量模拟，以期探索乡村转型发展的可能机制。

5.1　基于利用状态的住房用地转型

截至 2021 年，全国有将近 2.93 亿农民工离开家乡进城，在农村地区形成大量的空置甚至废弃的宅基地。坦率地说，农村社区的衰退不仅是全球南方地区的问题，在包括发达国家在内的全球范围也普遍存在(Kates and Parris，2003；Lambin and Meyfroidt，2010；Liu and Li，2017)。美国、英国和澳大利亚等发达经济体也经历过或正在经历农村人口下降的挑战(Wilson，2001；Argent，2002；Holmes and Argent，2016；Cowell et al.，2020)，这一现象直接影响到乡村地区的土地(特别是建设用地)利用状态(Long and Woods，2011；Liu et al.，2014a)。在学术界，已有大量文献对城镇化发展过程中的农村土地低效利用问题，尤其是住房建设用地利用不足的问题开展研究(陈玉福等，2010b；Ma et al.，2018b；Gao et al.，2020a)。本质上，宅基地作为农村居民最主要的居住空间，其利用不足包括住房的短期空置和长期废弃两种类型。按照西方经济学的理论，住房会在两种情况下被空置或废弃，即短期利益驱动的"过度供给"和人口流失导致的"需求不足"，城市和农村都是如此。有学者研究认为，西方国家城市住房用地的利用不足是过度建设的重要标志(Molloy，2016)。特别是，在城市外围郊区购买新房而不居住在旧区的老房子里是城市内部住房用地空置或废弃的重要诱因(Monkkonen，2019)。也有学者认为，乡村地区住房用地的利用不足是人口减少最直接的结果之一，人口的大量流失导致的需求下降是住房空置或废弃的根本原因(Haase et al.，2014；Dubeaux and Sabot，2018；李婷婷等，2019)。

更具体地，目前学界关于城乡住房或土地利用不足的研究大致可以分为空间和非空间两大类。其中，空间研究的学者主要基于超高分辨率遥感影像、人口统计、抽样调查、家庭能耗等多源数据，对空置地块或废弃房屋的时空格局进行检测、识别和估算(Accordino and Johnson，2000；Molloy，2016；Li et al.，2019；Zou and Wang，2020；杨志鹏等，2021)。这一系列研究通过突出邻里的影响，确定空置房屋的空间聚集模式，并提出城乡住房建设用地的区域配置特征(Foo et al.，2013；Deng and Ma，2015；Newman et al.，2016；Zou and Wang，2020)。从形态学角度来看，还有学者研究发现，大多数空置或废弃的土地面积都很小，形状多不规则，而且分布离散不连续，因此也很难被重新开发利用(Bowman and Pagano，2000；Newman et al.，2016；Kim et al.，2018)。与此同时，非空间研究学者主要从政治制度、空间治理和行动者网络等理论视角入手，探索住房建设用地利用不足的主要驱动和影响机制(Accordino and Johnson，2000；Bowman and Pagano，2000；Zhu，2017；Huang et al.，2018；Chen et al.，2019)。此类学者主要采用统计和/或定性分析的方法，发现投资减少、人口流失、过度建设和郊区第二居所增加是乡村地区住房空置的主要原因(Bowman and Pagano，2000；Sargeson，2002；Norris and Winston，2009；Couch and Cocks，2013；Newman et al.，2016)。也有学者对中国农民工群体开展研究，认为城乡二元分割的社会经济结构、农村居民社会保障的缺失、模糊的集体土地产权设置和国家对农村土地流转的限制性制度等，是城市新市民不愿放弃农村宅基地的关键因素(Fan and Zhang，2019；Gao et al.，2020a)。

　　总之，上述两类研究取得了较为丰富的进展，记录了土地/住房空置和废弃的空间模式，但仍需要更多的努力来研究中国农村宅基地利用不足的机制。最重要的是，由于地理非平稳性和尺度依赖性，土地利用动态的影响因素可能因地而异(Gao and Li，2011；Pearsall and Christman，2012；Turner and Kaplan，2019)，因此有必要对导致土地利用不足的潜在动力进行系统研究，以应对中国快速城市化和农村转型的挑战。土地利用转型作为经济社会转型的一个空间表征，同时也是一个受多层次驱动力共同影响的过程(Gao et al.，2017；Liu and Li，2017)。

5.2 农村宅基地转型的多尺度分析

　　作为资本主义经济的一种市场现象，城市内部住房用地的利用不足被广泛认为是各种社会经济力量共同作用的结果(Kremer et al.，2013)。关于农村地区住房用地的利用不足，学者们提到了许多不同于城市的其他影响因素。例如，越来越多的文献研究认为，农村土地利用不足是城乡不平等现象加剧的重要表征，城乡发展不均衡会加速乡村人口外流，从而导致原有的农村住房用地被空置或废弃，而且二者间的关联在全球南方地区尤为显著(Jedwab et al.，2017；Maharjan et al.，2020)。也有学者基于城乡人口流动的视角，强调自然地理要素的重要性，认为丘陵山区的农村住房比平原地区更容易荒废(Li et al.，2019；Zhou et al.，2020)。此外，学者们还认为，土地利用政策、村庄规划和农村社会网络等对农村宅基地的利用不足有重要影响(Zhu，2017；Yang et al.，2020)。基于美国西部山区的经验表明，农村住房利用不足很大程度上是由于对住房建设缺乏有效控制导致的过度供给，而其根源则是郡县政府对于住房建设所带来的净收益的追求(Esparza and Carruthers，2000；Marcouiller et al.，2002)。甚至，住房过度建设会影响农村土地利用效率，与乡村可持续发展背道而驰，因此乡村振兴计划也曾遭受广泛批评(Gkartzios and Norris，2011)。除此之外，后生产主义和多功能转型也极大地促进了农村住房土地的空间和功能转变，可能会在一定程度上加剧农村住房的空置，尤其在自然景观和设施便利的乡村绅士化地区，城市中产阶层对农村第二居所的狂热追求使这一趋势尤为明显(Norris and Winston，2009；Halfacree，2012；Gallent and Tewdwr-Jones，2018)。

在社会主义的中国，经济学研究认为，农村宅基地利用主要受到劳动力迁移、产业去农业化、城镇化导致的生活方式转变，以及土地利用制度等外源性因素的共同影响（Sargeson，2002；Fan and Zhang，2019；Zhou et al.，2020）。比如，有学者通过对典型农户的走访调查发现，农村宅基地闲置的深层次原因包括农村打工经济的兴起、较低的建房费用、不规范的建房审批程序及相关管理制度缺失、村民的攀比虚荣心理、沿路建房的传统观念和缺乏投资理念等（艾希，2015）。相比之下，地理学研究则更加强调影响因素在不同空间尺度上的异质性（Jiang et al.，2012；Gao et al.，2022a）。大多数地理学研究认为，区域尺度的人口与就业结构、城乡差异等都会对农村宅基地利用状态产生影响（Zhu，2017；李婷婷等，2019；Long，2020）；在村域尺度，空间治理结构和乡村社会组织等也会影响宅基地的使用（Gao et al.，2017；Yang et al.，2020）。除此之外，有学者曾用苏南地区的调查数据证实，很多情况下农村宅基地的废弃是由原户主过世后无法确定合法的继承人所致（Gao et al.，2020a）。基于已有不同空间尺度的研究，本章尝试从农户、村集体和县域三个不同层级入手，构建一个多层分析框架来解释中国乡村转型发展背景下的宅基地响应特征（图5-1）。

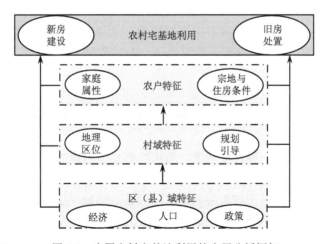

图 5-1　中国农村宅基地利用的多层分析框架

在农户尺度上，村民对宅基地的处置受家庭属性和宗地自身及住房条件的共同影响（Gao et al.，2017；Cao et al.，2019）。有学者曾定量检验生计条件和家庭结构在中国农村家庭新建住房和旧房屋处置决策中的重要作用（Yang et al.，2020）。一般而言，随着主干家庭向核心家庭的过渡，农村对新建住房的需求也逐步增长，导致了农村居民点用地的外延式扩张（刘彦随等，2009；龙花楼等，2009）。也有学者研究认为，家庭人口和社会结构，以及家庭成员所从事经济活动的变化是"房屋建设热潮"的主要内源性因素（Sargeson，2002；杨玉珍，2015a）。通常家庭成员越多、家庭收入对农业的依赖越强，宅基地的利用效率越高，空置或废弃的比例就越低。除此之外，宗地形状和面积等宅基地的形态特征也被认为是影响其利用状态的核心因素（Kong et al.，2018）。宅基地的规模越小、形状越不规则、到集中居住区距离越远，房屋建设难度和居民生活便利性越差，也就越有可能被空置或废弃。更为直接地，房屋的建筑年龄、建筑结构、建筑物面积比（容积率)等住房条件通过影响居民福祉,而对宅基地处置决策产生影响(Zavadskas and Antucheviciene,2007;Gao et al.,2017;高金龙等,2021)。

在村域尺度上,宅基地利用状态受到许多相互关联且因地而异的因素的共同影响(Shan and Feng,2018;Xu et al.,2019;Xia et al.,2021)。比如,有学者强调了地理位置(如到农田、水体、主要道路和城镇中心的距离)对农村宅基地动态的重要影响,发现区位条件越差的土地利用效率越低(Tian et al.,2014)。还有学者基于数字高程模型(DEM)数据揭示了地形因素(即坡度和海拔)对中国农村宅基地利用不足的影响,发现地势越平缓的区域宅基地利用效率越高(Xia et al.,2021)。也有学者研究发现,周围邻里的状况比社区自身状况对宅基地利用的影响更大,具体表现为宅基地利用不足的空间集聚(Morckel,2014)。除此之外,人均住房面积、人均纯收入、人均耕地规模和耕地质量,以及农村文化/遗产属性和地方规划等社会经济因素,同样对揭示宅基地利用状态和乡村重构过程有重要价值(Tan and Li,2013;Zhou et al.,2020;杨志鹏等,2021)。

在区(县)域尺度上,农村宅基地的空置和废弃通常是社会经济发展各因素相互作用的结果(Li et al.,2015;Long,2020)。比如,有学者证实了人口和移民规模、产业结构及城乡差距对农村住房土地利用的重要影响(Epstein and Jezeph,2001;李婷婷等,2019);也有学者认为,不同经济发展水平下农村宅基地空置和废弃的影响因素有显著差异(Zhang and Han,2018)。Xu等(2019)和Zhou等(2020)的研究则认为,社会环境、区域规划和土地使用政策往往对宅基地的使用产生互动影响。总之,农村宅基地的空置和废弃作为一种地理现象,其影响因素具有尺度依赖性和地理非平稳特性(Parker et al.,2003;Gao and Li,2011;Pearsall and Christman,2012;Turner and Kaplan,2019)。因此,需要在全新的多层分析框架下对中国快速城镇化和乡村发展转型背景下的宅基地利用动态进行解读。不同于传统研究将人口迁移作为宅基地动态的根本驱动(Gao et al.,2017;Liu and Li,2017),本书认为,不同层次驱动力的重构将为更好地理解转型期中国农村宅基地的空置和废弃提供更系统全面的解释框架。

5.3　宅基地利用的影响因素分析

5.3.1　模型构建与变量选择

本节以苏南地区为研究区域,所需数据主要由家庭调查、区位和自然地理、县域社会经济三部分组成。其中,家庭调查数据主要从农村建设用地调查数据库中提取,用于刻画样本的家庭属性和地块/住房特征;村庄区位信息借助 ArcMap 10.2 软件计算其到最近的城镇和主要道路的距离,村庄类型(撤并类、保留类、集聚类)来自地方政府发布的村庄规划,自然地理特征数据主要根据美国地质调查局(USGS)提供的分辨率为 30m 的 DEM 数字地形图提取样本村庄的平均高程和坡度;县域社会经济数据主要来自《江苏统计年鉴 2017》。

1. 数据处理与模型选择

根据第 4 章中的数据脱敏处理,研究区内共有农村宅基地 312 万多宗,数据容量远超一般统计软件处理能力。因此，本章综合分组抽样和随机抽样方法对宅基地样本进行重采样。首先，利用 Excel 软件内置的数据采样分析工具和 VLOOKUP 函数，对空置和废弃宅基地进行了 1%的随机采样，得到了 3902 个样本点（3680 个空置和 222 个废弃）；然后，考虑到正常使用和空废宅基地之间 7∶1 的比例关系，随机选择了 27314 个正常使用的宅基地样本；最终，纳入模型分析的宅基地总样本量为 31216 个，这既能在一定程度上代表研究区宅基地的平均利用状态，也可以通过诸如 R 语言之类的常用统计软件包进行处理。

在过去几十年中，对土地系统和土地变化科学的研究得出结论——土地利用格局是由不同时空尺度下生物物理过程和社会经济因素共同决定的（Jiang et al.，2012；刘彦随，2020b；龙花楼和陈坤秋，2021）。同样地，农村宅基地的利用也具有明显的空间相关性，同一群组（村庄/县）内具有相似的自然人文环境，因此宅基地利用特征也更为相似（Siciliano，2012；Zhang et al.，2014）。此外，家庭属性越相似，宅基地利用特征也越相似；反之，家庭属性差异越大，宅基地利用趋势越不相同。简而言之，农村宅基地的空置或废弃是多尺度因素相互嵌套影响的结果（Gao et al.，2022a）。鉴于常规回归模型无法解决此类嵌套关系，可采用多层级建模方法（multi-level modeling approach）来分离家庭、村级和县级因素的影响，以整合不同层级因素在行政区划和空间上的异质性影响。其中，单级模型使用农户级数据（包括家庭属性、住房/建筑条件和土地地块特征）的汇总回归；二级模型则添加了村级因素，三级模型进一步增加了县级变量。作为被解释变量的宅基地空置和废弃是一个二元响应变量（Zhang et al.，2014），因此本章构建的多级逻辑斯谛模型（multi-level logistic model）如下：

$$Y = \ln\left(\frac{P_{ijk}}{1 - P_{ijk}}\right) \tag{5-1}$$

$$Y = \beta_0 + \beta_1 x_{ijk} + \beta_2 v_{jk} + \beta_3 c_k + r_{ijk} + u_{jk} + e_k \tag{5-2}$$

式中，被解释变量 Y 为"事件"（宅基地空置或废弃）发生概率 P 的自然对数；下标 i、j 和 k 分别表示农户、村、县三个层次；x_{ijk}、v_{jk} 和 c_k 分别为三个层次的解释变量；β_0、β_1、β_2、β_3 为回归系数；r_{ijk}、u_{jk}、e_k 为误差项。

2. 变量选择解释

如表 5-1 所示，本章共选择七个指标来描述农户层面的宗地特征及其附属家庭和住房条件：宗地面积（AREA）、宗地形状（SHP）、农户类型（ToH）、家庭人口（HPOP）、房屋年龄（HA）、房屋结构（HS）、建筑物面积比（FAR）。其中，宗地面积是宅基地的实际面积；宗地形状是宅基地周长与同等面积的标准正方形周长之比；根据家庭收入的主要来源，农户类型被分为纯农户、兼业农户和非农户三类；家庭人口表示在本地注册的家庭户籍人口的数量；房屋年龄是指地上建筑物的建造年限；房屋结构根据建筑材料划分为钢混、砖混、砖木和其他；建筑物面积比即建筑物面积与宗地总面积之比。

表 5-1 多级逻辑斯谛模型的变量定义和描述性统计

	变量	定义	预期	均值	标准差	最小值	最大值
	宅基地利用状态	空废=1，正常=0		0.12	0.33	0.00	1.00
农户层	宗地面积	宅基地总面积/m²	−	199.34	221.40	3.50	10251.31
	宗地形状	宗地周长与同面积正方形周长之比	+	0.40	0.19	0.04	3.66
	农户类型	纯农户=1，兼业农户=2，非农户=3	−	1.53	0.64	0.00	3.00
	家庭人口	家庭户籍人口/人	−	3.19	2.05	0.00	186.00
	房屋年龄	房屋建造时间（房龄/a）	+	30.90	10.04	5.00	50.00
	房屋结构	钢混=1，砖混=2，砖木=3，其他=4	+	2.42	0.73	1.00	6.00
	建筑物面积比	建筑物面积与宗地总面积之比		0.78	0.21	0.00	10.89
村庄层	村庄类型	撤并=1，保留=2，集聚=3		1.95	0.30	1.00	3.00
	到城镇距离	到最近的镇区/县城距离/m	+	3589.65	1742.20	34.63	11264.58
	到道路距离	到最近的主要公路距离/m	+	226.48	257.76	0.03	4558.87
	坡度	全村平均坡度/(°)	+	2.75	2.66	0.00	37.36
	高程	全村平均高程/m	+	13.12	19.32	0.00	309.00
县域层	人均 GDP	县地区生产总值与常住人口之比/元	−	145000	39889.74	78862	284000
	财政集中度	县财政总收入与地区生产总值之比	−	0.09	0.02	0.04	0.16
	常住人口	县常住人口规模/万人	−	40.10	16.67	0.51	70.07
	人口流失率	县农村流动人口与户籍人口之比/%	+	12.97	16.46	−21.43	46.38
	农村收入	农村家庭年平均纯收入/元	−	23928	3085	18893	28181
	农村收支比	农村家庭年支出与纯收入之比	+	63.04	27.39	0.00	86.77
	城乡差异	城乡收入之比	+	2.00	0.12	1.758	2.24

在村庄层，选取五个指标来获取可能影响宅基地利用状态的村庄属性。根据政府发布的村庄规划，将样本村庄划分为撤并、保留和集聚三种类型（ToV），作为宅基地利用的中观背景。其中，撤并型村庄意味着规划期间内人口迁移出村庄；保留型包括在可预见的时期内人口保持稳定的村庄；集聚型即作为移民搬迁安置的集中居住点。到城镇距离（D2T）和到主要道路距离（D2R）分别用作城市化潜力和市场可达性的指标。此外，还引入平均坡度（SL）和高程（EL）来描述样本村庄的自然地理特征。

在县域层，选取七个社会经济发展指标，包括人均地区生产总值（PGDP）、财政集中度（FC）、常住人口（PPOP）、人口流失率（RoM）、农村收入（RI）、农村收支比（RE2I）和城乡差异（URG）。一般而言，PGDP、FC 和 PPOP 对宅基地利用具有积极影响，因为那些发达和人口稠密的县往往在物质和社会方面都具有良好的环境。相反，由于从农村到城市的推拉互动，人口流失率、农村收支比和城乡差异可能会加剧宅基地的空置或废弃。

5.3.2 宅基地利用的一般趋势分析

结合前述背景与分析框架，首先分析在农户、村庄和县域等不同层级具有不同属性的农村宅基地的总体利用偏好，结果如表 5-2 所示。

表 5-2 不同属性特征宅基地的利用状态比较

状态	纯农户*/%	兼业农户*/%	非农户*/%	家庭人口/人	宗地面积/m²	宗地形状	钢/砖混*/%	砖木/其他*/%
空废	6.03	14.93	22.63	1.46	145.43	1.12	7.33	17.58
正常	93.97	85.07	77.37	3.45	204.50	1.10	92.67	82.42

状态	房龄/a	建筑物面积比	撤并型*/%	保留型*/%	集聚型*/%	到城镇距离/m	到道路距离/m	坡度/(°)
空废	34.55	0.78	27.42	9.51	14.10	3450.48	273.18	2.69
正常	30.53	0.80	72.58	90.49	85.90	3597.71	221.89	2.79

状态	高程/m	人均 GDP/元	财政集中度	常住人口/万人	人口流失率/%	农村收入/元	收支比	城乡差异
空废	11.15	143821	0.08	40.77	19.99	23621	66.61	1.97
正常	13.11	145081	0.09	40.20	12.07	24022	62.35	2.00

* 表示统计数据为宗地比重，其他为平均值。

随着农村家庭收入来源从农业转向兼职农业和非农业部门，宅基地的空置和废弃比率也从 6.03% 增加到 14.93% 和 22.63%，反映了去农业化对农村宅基地利用的消极影响，农户家庭对农业依赖程度越低，其宅基地越有可能被空置或废弃 (Zhou et al., 2020)。家庭成员规模方面，户籍人口越少的家庭越倾向于做出与非农家庭类似的宅基地处置决定，而拥有更多家庭成员的农户则倾向于保持宅基地的有效利用，再次反映了家庭属性在塑造苏南农村宅基地利用格局中的重要性。宗地形态方面，面积越小、形状越不规则的宅基地越容易被空置或废弃，这与曲衍波等基于山东省的研究结论一致 (Qu et al., 2019)。关于房屋本身的特征，建筑结构越坚固 (如钢混和砖混)、建筑物面积比越大的宅基地空废比例越低，说明了前期的房屋建造成本对于宅基地利用的重要性。从房屋建筑年代来看，空置和废弃宅基地上的住房平均年龄为 34.55a (基于 1980 年计算)，比正常使用的住房年龄大 4a，也即建筑年代越久远的宅基地越容易空置或废弃。

从村庄类型看，撤并型村庄宅基地空置和废弃比率较高，符合理论预期；但需要注意的是，集聚型村庄的宅基地空置和废弃比率比保留型村庄高出 4.59 个百分点，这在一定程度上证实了学者关于乡村更新与人口流动对阶段性住房用地空置的重要影响 (Norris and Winston, 2009; Holmes and Argent, 2016)。在地理区位方面，空废宅基地较多的村庄往往位于远离主要道路但更靠近城镇的区位，这反映了中国城乡二元体制下交通可达性和潜在城镇化趋势的重要性 (Hao and Tang, 2015; Gao et al., 2020a)。不同于理论预期，坡度越缓、海拔越低的村庄宅基地空废比率更高，这很大程度上与苏南地区平原丘陵交错的自然地理本底条件有关。

在区 (县) 域层面，人均 GDP 越低、财政能力较弱的地区，宅基地的空置与废弃比率越高。人口规模越大和人口流失严重的县，宅基地的空废比率也越高。正如理论所预期，增加家庭收入可以大大提高农民改善生活条件的能力，从而促进宅基地的有效利用。但是，较高的日常支出与收入的比率会限制农村家庭改善生活的能力，从而加速宅基地的空置或废弃。类似地，较小的城乡收入差距会通过降低农村居民迁往城镇的成本，间接导致农村宅基地的空置或废弃(Tang et al.，2020)。

5.3.3　宅基地利用转型的定量模型

为了进一步揭示苏南地区农村宅基地空废的潜在驱动因素，采用多层级建模方法综合考虑家庭属性、村庄特征和县域特征的异质性。在构建模型之前，首先对自变量的方差膨胀因子(VIF)进行检验，发现所有方差膨胀因子均小于 10，平均值为 2.67，表明这些模型中多重共线性问题不显著(表 5-3)。

表 5-3　自变量方差膨胀因子(VIF)检验结果

变量	缩写	方差膨胀因子(VIF)	1/VIF
宗地面积	AREA (log)	8.16	0.122486
宗地形状	SHP	7.49	0.133489
农村收入	RI (log)	6.63	0.150893
城乡差异	URG	4.99	0.200259
人均 GDP	PGDP (log)	2.65	0.377494
财政集中度	FC	2.60	0.384740
农村收支比	RE2I	2.12	0.471812
人口流失率	RoM	1.87	0.535501
常住人口	PPOP	1.81	0.552573
高程	EL (log)	1.78	0.563038
建筑物面积比	FAR	1.47	0.679527
房屋结构	HS	1.30	0.771791
农户类型	ToH	1.25	0.800000
坡度	SL (log)	1.19	0.841182
房屋年龄	HA	1.15	0.866817
到城镇距离	D2T (log)	1.06	0.942156
家庭人口	HPOP	1.06	0.947123
村庄类型	ToV	1.05	0.951526
到道路距离	D2R (log)	1.03	0.970706
平均 VIF		2.67	

注：log 表示对变量取自然对数；所有变量均经过标准化。

进一步，为检验多层级模型(multi-level model)的适用性，对模型模拟结果的组内相关系数(ICC)进行比较发现，村级和县级的组内相关系数(ICC)分别为 0.547 和 0.238，证明了多级逻辑斯谛模型的适用性。此外，三个模型的赤泽指数(AIC)和贝叶斯指数(BIC)越来越小，也证实了增加村和县两级变量可以有效促进单一农户模型的拟合优度。具体的模型估计结果如表 5-4 所示。

表 5-4　多级模型回归结果

变量		一级模型	二级模型	三级模型
	常数项	−2.940***	−3.859***	−3.790***
农户层	宗地面积 AREA (log)	−0.305***	−0.366***	−0.209***
	宗地形状 SHP	0.072	0.124**	0.219***
	农户类型 ToH	0.351***	0.448***	0.404***
	家庭人口 HPOP	−1.830***	−2.092***	−2.101***
	房屋年龄 HA	0.102***	0.150***	0.140***
	房屋结构 HS	0.242***	0.326***	0.132***
	建筑物面积比 FAR	−0.116***	−0.126***	−0.050
村庄层	村庄类型 ToV		−0.364***	−0.372***
	到城镇距离 D2T (log)		−0.046*	0.022
	到道路距离 D2R (log)		0.192***	0.124***
	坡度 SL (log)		−0.030	−0.065
	高程 EL (log)		−0.082	−0.077
县域层	人均地区生产总值 PGDP (log)			0.587***
	财政集中度 FC			−0.061
	常住人口 PPOP			−0.036
	人口流失率 RoM			0.737***
	农村收入 RI (log)			−0.468
	农村收支比 RE2I			−0.095
	城乡差异 URG			−0.320
	var (cons[county])			0.612***
	var (cons[county>village])			2.090***
	var (cons[village])		2.894***	
	AIC	16141.65	13829.47	13423.61
	BIC	16208.33	13945.99	13606.71

注：log 表示对变量取自然对数；***、**、* 分别表示在 99%、95%、90% 统计水平显著。

　　农户层的一级模型模拟结果表明，农村宅基地利用确实与家庭属性和宗地/房屋特征等密切相关。统计上，宗地面积和家庭人口对宅基地利用具有积极影响，即宗地面积和家庭规模越小的农户宅基地空置或废弃的可能性越大，与朱新华在重庆和武汉发现的规律类似 (Zhu，2017)；农户类型和住房条件 (房龄和结构) 与宅基地空置和废弃比率呈正相关关系，意味着对农业收入依赖越低、住房条件越差的家庭越有可能空置或废弃宅基地。这些家庭属性特征反映了农户在住房处置方面的偏好，低农业依赖的家庭往往倾向于生活在居住环境和就业机会更好的城镇地区 (Long et al.，2010；Xu et al.，2019)，这势必造成农村宅基地的空置或废弃 (Liu and Li，2017)。相比之下，建筑物面积比对宅基地利用有显著的积极影响，这进一步证实建筑物面积越大，满足农民住房需求升级的潜力也越大，自然会促进宅基地的有效利用 (Gao et al.，2017；Xia et al.，2021)。

　　为揭示村庄特征对宅基地利用的异质性影响，将村级变量纳入多层逻辑斯谛模型，发现村庄类型与宅基地空置和废弃呈负相关关系,表明农村宅基地利用受规划因素影响,具有明显的"政策敏感"特征。到城镇距离与宅基地空置和废弃比率呈负相关关系,即距离城镇越近的宅基地越容易被空置,与已有关于农村潜在的城镇化趋势的观点一致(Ma et al.,2018b;宋伟等,2020)。不同于贫困地区交通可达性的负面影响(杨亚楠等,2014;Xia et al.,2021),靠近主要道路为农民提供了更好的市场准入条件,从而缓解了苏南地区的人口流失和宅基地空置问题。此外,通过比较一级和二级模型可发现,加入村级变量后模型的 AIC 和 BIC 值都有降低,表明通过控制村级变量的随机效应可以改善模型拟合优度,即村庄特征的异质性能够在一定程度上强化农户因素对宅基地利用的影响。特别是,考虑村域特征后宗地形状的影响在统计上变得显著,表明在同一村庄内宅基地利用并不受宗地形状影响,但在不同村庄间宅基地宗地形状变得重要,形状越不规则的宗地越容易被空置或废弃。

进一步考虑县域特征,除宗地形状和家庭人口外的所有农户变量影响均有所下降,尤其是建筑物面积比的影响甚至变得不显著。除村庄类型和坡度外的村级变量也呈现类似的趋势,这可能是由于同一县内农户/村庄属性具有一定相似性。需要注意的是,在考虑了县域社会经济条件后,村庄类型的影响增强,再次证明了在村一级进行规划十分重要,而宅基地的空置和废弃在很大程度上是由政策驱动的。关于县级变量的影响,人均 GDP 和人口流失率的系数显著为正,表明在经济发展水平较高或农村流动人口规模大的县,农村宅基地利用不足的可能性更大。这与李婷婷等的研究(Li et al.,2015)结果一致,经济发展水平越高的区县,农村向城市的人口流动越多,自然会加剧农村土地的空置和废弃,这一过程反过来又会进一步加剧农村居民的外流。

5.4 宅基地利用转型的乡村振兴启示

5.4.1 后生产主义转型与制度驱动

在中国特殊制度背景下,农村宅基地的充分利用与否是由多个层面的因素共同决定的(Long,2020)。其中,农户作为最主要的利益相关者,在宅基地处置决策中发挥了重要的直接作用。如表 5-4 所示,考虑村级变量的异质性影响后,模型的拟合优度明显提高,农户变量的作用得到强化。也就是说,村域特征的异质性具有影响农户属性的作用,甚至以某种方式掩盖了农户特征的影响,也即在同一村庄内部进行比较,家庭属性的影响非常显著,而在不同村域之间,家庭属性的影响则没那么显著,宅基地的利用状况主要受村庄变量的影响。进一步,考虑县域特征,农户和村域变量整体的作用均有所降低。换言之,农户和村域特征对宅基地利用的影响可能在很大程度上是由不同县域社会经济状况的差异造成的。

具体来说,农村家庭的宅基地利用在很大程度上受各级国家政策的影响。在中国土地公有的特殊制度安排下,归属于农村集体经济组织的宅基地不能在正式的土地市场上进行交易,对于其利用状态的分析也无法像城市土地一样从供需关系的视角展开(Gao et al.,2020b)。但是,有学者曾指出,农村土地利用方式转变是农业机制从"生产主义"

(productivism)向"后生产主义"(post-productivism)转型的结果(Long et al.，2010)。所谓"生产主义"是指在食物自给目标下，以农业工业化生产为核心，追求农产品生产的最大化(Wilson，2001)。生产主义者将农业和农村结合在一起理解，认为宅基地是农民的居住空间，所以将其空置和废弃归因于居民流动性(Holmes and Argent，2016)。伴随农业工业化的发展将产生越来越多的农村剩余劳动力，其中大部分移居城市，自然导致农村宅基地的利用不足。尤其，囿于中国特殊的城乡二元户籍和社会保障制度，部分农村居民即使是在城市定居，也不愿意放弃农村宅基地的使用权。更有甚者，在对苏南地区案例村庄的实地考察中，我们发现部分"农二代"会为了"面子"而在与他们阔别已久的家乡建造新房子，这更加剧了宅基地的低效利用。艾希(2015)和Yu等(2018)在湖北省和浙江省的调查研究也都得到了类似的结论，即村民的攀比虚荣心理和"面子"情结是造成宅基地闲置的重要原因。

2000年以来，舒适性导向的土地利用多功能的出现和农村社会多元价值的改变(Holmes，2002)，共同加速了苏南的乡村地区向"后生产主义"转型(Long et al.，2009)。此后，村庄特性对宅基地利用的影响得到强化，甚至在一定程度上掩盖了家庭属性的影响。特别是作为"后生产主义"实践的"新农村建设"政策，极大地促进了农村宅基地的多功能过渡(Long et al.，2010；Jiang et al.，2016)。农村宅基地不再仅仅是农民的居住空间，同时也是消费和娱乐的场所(Esparza and Carruthers，2000；Woods，2011)。2017年，党的十九大审时度势，创新地提出中国特色社会主义进入新时代，我国社会主要矛盾已经转化为人民日益增长的美好生活需要和不平衡不充分的发展之间的矛盾，强调"实施乡村振兴战略"(刘彦随，2018)。随之而来，越来越多的城市开发商和土地投机者涌入农村，参与新时代的乡村振兴工作中(Zhang and Wu，2017；Zhao，2019)。此时，具有较高的市场可及性和更好的自然设施的村庄更有可能成为城市消费者的首选之地，因此也目睹了农村住宅向商业地产的转变，这与在发达经济体中已经出现的结构性和循环性住房利用不足如出一辙(Marcouiller et al.，2011；Argent et al.，2014)。

在区域尺度，研究表明，在农村拥有宅基地会影响农民工的城市定居意愿，这有悖于"农民渴望进城，获得城市身份"的常规认知(Hao and Tang，2015)。根据三级模型的拟合结果，县域经济越发达，农村宅基地利用不足的比率就越高，表明城乡差距不再是苏南农村土地利用不足的主要驱动力。相反，如今农民对农村发展潜力和政策变化可能性的预期成为宅基地处置决策的关键(Ma and Fan，1994)。在社会主义中国，乡村振兴不仅是区域发展的问题，更关系地方政府的绩效评估，是一项政治任务(Zou and Zhao，2018；Harrison and Gu，2021)。因此，发达地区愿意并且有能力在农村地区进行更多的投资，自然也会吸引更多的土地投机者，反过来可能会增加土地利用的不确定性。

5.4.2 农村宅基地转型的应对策略

中国的乡村振兴是一个涉及不同维度的庞大系统工程，融合了多种经济社会力量(Woods，2007)。农村宅基地的使用同样也受到多个层级因素的影响。如前所述，苏南地区部分农村的新房建设可能并不是出于村民的刚性住房需求，更多是村民基于政策演化过程中土地增值的预期性判断。特别是对于小型和非农业家庭，新建房屋更像是对乡村发展未来的投资及其情感依恋，是一种个体逐利决策；同样地，对无人居住的老房子的坚持也是如此。总之，农村居民向城镇地区的迁移不一定会导致宅基地的减少，反而会增加宅基地空置和废弃的可能性(Gao et al.，2022a)。针对这一难题，为了进一步应对中国农村的土地利用转型，从利益共享和城乡一体化的角度提出了两个政策建议。

第一，为城乡居民建立统一的社会福利制度，这可能是解决"人减地增"问题的有效手段。总体而言，在中国二元制度下，农村户口往往会限制农民工获得城市社会福利的机会，如住房补贴、医疗保健和高质量教育(Hao and Tang，2015)。因此，农村宅基地作为一项长期福利，为农村集体经济组织成员提供了住房和各种社会保障(Zhang and Wu，2017；Cao et al.，2019)。与其说农村宅基地为农民提供居住空间，不如说农村宅基地是农村居民的身份象征和在城市打拼的"避难所"，能够使城市流浪者重新与他们的农业根源联系起来(Gao et al.，2020a)。基于此，通过减少与城乡二元制度的联系，将大大增加农村移民获得优质公共服务的机会，反过来促进城市农民工向"自谋职业者"的过渡，从而促进他们家乡未充分利用宅基地的整理。

第二，在城乡地区建立一个综合的土地市场。在"后生产主义"转型背景下，农村住房用地不再仅仅是农村居民的居住空间，也是外来者的消费空间(Woods，2009；Holmes and Argent，2016)。苏南地区的许多乡村庄都经历过资本涌入带来的空间重塑(Darling，2005)，但同时也会有人不愿与外部资本家合作(大多数是居住在城市的移民)，因为在非正式的产权转让中存在不公平的利润分享(Kong et al.，2018)。按照"利润最大化"的逻辑，这些起初配合的原住民还将随着土地价值的上涨而提高合作成本，可能引发争议并最终导致土地再生的失败(Zhao，2019)。从这个意义上说，城乡统一的土地市场建设可以通过为农村土地的正式转让提供渠道，以实现"最高和最佳"的农村土地(再)开发。

5.5　本章小结

在快速城镇化和乡村振兴的双重背景下，苏南地区的农村宅基地出现了一定规模的空置和废弃。基于多层级建模方法，本章探索了宅基地未充分利用的决定因素，发现苏南农村地区宅基地的空置和废弃不仅受农户(如家庭属性、宗地和住房特征)和村庄特征(如村庄类型和地理区域)的影响，还与区域发展环境(县域经济发展水平和人口迁移)紧密相关。结果还表明，不同级别的因素对宅基地的未充分利用具有嵌套影响。具体而言，区域特征在一定程度上放大了地方的影响，而村庄特性则以某种方式掩盖了家庭属性的影响。在此基础上，本章进一步讨论了中国农村宅基地转型的制度背景，认为农村"建新房不住"和"留旧房不拆"一定程度上都是由政策演变诱致的，即城乡二元制度是中国农村宅基地空置和废弃的主要驱动力，特别是伴随农村空间从"生产主义"向"后生产主义"的转型，这一制度驱动更加明显。

在"后生产主义"背景下，农村地区已经表现出在土地使用中越来越重视提供环境服务，而对材料生产的关注减少(Mather et al.，2006；Roche and Argent，2015)。如今，将农村作为生产和居住空间的"生产主义"观念，与"后生产主义"时代农村作为"逃离城市"的消费场所的观念同时并存。农村空间的这种"后生产主义"转向极大地促进了宅基地的空间和功能转变。特别是那些设施便利、经济发达的地区，农村住宅商品化趋势日益明显，间接导致了以"囤积"为代表的未充分利用。从理论上讲，本章通过将西方话语中的"后生产主义"概念纳入具有中国特色的制度分析中，探讨了土地利用不足背后的推动力，为新兴的土地使用转型研究提供实证素材。

第6章　苏南乡村转型下的宅基地退出意愿

在乡村转型发展背景下的农村宅基地利用响应主要表现为利用状态的空置和废弃，而村民对于空置和废弃宅基地的处置意愿是农村土地整治的关键，也是学术研究和地方政府关注的焦点。本章在前述农村宅基地利用状态与影响机制分析的基础上，考察农村居民的宅基地退出意愿，以及其在不同农户、村庄和区域间的异质性特征；进一步，采用多尺度二元逻辑回归模型(MBLR)揭示不同尺度因素对村民退出意愿的影响机制。

6.1　乡村振兴语境下的土地整治

改革开放以来，中国经历了世界上规模最大的农村向城市的人口迁移过程，伴随而来的农村衰退问题引起了国内外学者的广泛关注(Kates and Parris，2003；Lambin and Meyfroidt，2010；Liu and Li，2017)。与之矛盾的是，中国的农村建设用地尤其是宅基地的面积却不减反增，"人减地增"的现象在中国广大农村地区广泛存在(Sargeson，2002；Yu et al.，2018；Gao et al.，2020b；田秀琴等，2018)。这种"城镇化悖论"不可避免地导致了乡村地区自然和人文景观的深远重组，农村宅基地的闲置和低效利用问题严重(Long et al.，2012；Liu et al.，2014a；Zhu，2017；Newland，2018)。为实现可持续的农村发展并解决土地低效利用的问题，党的十九大提出实施乡村振兴战略，党的二十大报告再次重申全面推进乡村振兴，必须坚持农业农村优先发展，坚持城乡融合发展，畅通城乡要素流动。作为协调人地关系的一种重要手段，土地整治与乡村振兴有着相同的出发点，都在于调整关键发展要素的演进方向，形成各要素之间耦合协调发展的新格局(龙花楼等，2018；Robinson and Song，2018；Valujeva et al.，2022)。换言之，乡村转型发展与重构进程中暴露出来的形形色色的经济社会与环境问题均可在土地利用上得以反映，也可通过开展土地整治加以调解(龙花楼，2018)。

传统意义上的农村土地整治更多局限于工程技术属性，其核心目标主要集中在扩大农田规模、提高耕地质量、优化村庄布局等物质层面，甚至部分地区仅将土地整治视为为城市建设提供用地空间的一种手段(龙花楼，2013)。在全面推进乡村振兴的新时代，土地整治也被赋予了新的历史使命，即在激活人口、土地、产业等乡村发展关键要素的同时，兼顾保护村庄传统风貌，传承乡土文化，延续聚落肌理，维护乡村独特的魅力，提升乡村地域生态、文化功能(龙花楼，2018)。随着土地整治由"以地为本"单要素调控转向"人、地、业、权"多要素协同综合治理，权属调整、空间重构、产业重塑成为推动土地综合整治与乡村转型发展协同的核心机制(孙婧雯等，2022)。其中，权属调整是土地整治的本质，是空间重构和产业重塑的前提。宅基地作为乡村地域系统最主要的土地利用类型，也是农村土地整治的重要对象。因此，对宅基地的权属调整，成为农村土地整治研究的重要议题。

鉴于中国农村土地的集体所有性质,农村居民的宅基地退出意愿是权属调整的核心,也是实施土地整治和乡村振兴战略的关键(Wang et al.,2014;Zhang and Han,2018;Yang et al.,2020)。理论上,村民是否愿意退出宅基地,取决于他们对退出宅基地的预期收益和成本的比较,如果村民预计宅基地退出的收益大于成本,则他们具有宅基地退出意愿,反之,则不具有。实践中,村民的这一预期在不同的环境和条件下会存在偏差,进而会影响到他们退出宅基地的实际选择行为和结构(陈霄,2012)。坦率地说,中国和世界各地的乡村地理学者都在试图理解为什么有的农村居民愿意放弃农村故乡的土地,而另一部分居民(甚至包括那些已经离开多年的人)却不愿意(Chen et al.,2017;Zhang and Han,2018;Liu et al.,2020b;Kan and Chen,2021)。最近的学术争论主要集中在两类文献上:其一是以福利研究为中心的文献,主要是强调退出农村宅基地的机会成本和可能红利,较为典型的是"推-拉-泊"(push-pull-mooring,PPM)模型(许恒周等,2013;Fan and Zhang,2019);其二是更为制度化的文献,主要关注乡村振兴背景下农村土地使用权人的投机行为,即居民对未来潜在收益的主观评估(杨玉珍,2015b;刘守英和熊雪锋,2018b)。尽管两类文献的关注点有所不同,但都强调了未来在村民决策中的重要性,这与新马克思主义者的论点一致,即"对于理性经济人而言,其行为决策不仅受他们过去经验的影响,他们对未来的期望和愿景也同样很重要"(Harvey and Scott,1999)。

尽管最近的学术研究取得了一定的进展,但仍缺乏多尺度的系统综合研究,可以将上述两类关于村民宅基地退出意愿的文献联系起来(Wang et al.,2014;Tang et al.,2020;Gao et al.,2022a)。具体而言,相对较少的研究揭示了个体属性和区域特征如何共同影响村民对个人及家庭的未来期望,进而影响他们对宅基地的处置偏好。像已有的研究一样,通过访谈和对特定案例的问卷调查虽然能在一定程度上了解村民的行为逻辑,但是由于任何案例研究都具有特殊性,所以此类研究所揭示的问题可能比其损失的信息要少得多。比如,同样是城镇住房购置情况,有学者研究认为在城镇拥有住房会促进农村居民的宅基地退出,而也有学者研究发现该变量无法通过显著性检验,对村民宅基地退出意愿的影响并不显著(陈霄,2012;夏敏等,2016)。除此之外,村民对个人及家庭的未来期望和愿景往往不会孤立地产生,村民对未来的决策在很大程度上受到特定地区共性特征(包括生活习俗等区域经济社会特征)的影响(Coenen et al.,2010)。也就是说,村民对未来的期望和愿景因地区而异(Hassink et al.,2019)。本章试图构建一个多尺度多层级的分析框架来理解村民对宅基地的处置偏好。

6.2　宅基地退出意愿的分析框架

6.2.1　宅基地与村民的未来期望

在社会主义中国,农村宅基地被认为是集体经济组织成员的福利,可以无偿无限期使用(刘彦随和刘玉,2010;Gao et al.,2020b)。在长期的城乡二元分割背景下,农村宅基地不仅扮演农村居民生活空间载体的角色,而且是农村居民的身份象征(即农村集体经济组织成员权)和城市"新市民"与故土重新联系的纽带和避难所(刘守英和熊雪锋,

2018b；Gao et al.，2020a）。长期以来，进城的农村户籍人口被排除在城市权利和福利之外，因此他们只能在农村故乡寻求基本公共服务和社会保障（Hao and Tang，2015；Li and Liu，2020）。如文献所述，农村的劳动适龄人口倾向于年轻时移居城市，从事报酬更高的非农就业，以支持城市的建设与发展，而达到退休年纪后再返回农村养老（Sargeson，2002；Chen，2019；Sulak and Türk，2022）。由于没有本地户口，这部分为城市建设做出贡献的"老民工"几乎无法在城市享受任何养老或社会保险，造成中国特殊的城市化权利与责任的"脱钩"（Zhu，2017；Chen，2019）。在这种情况下，农村宅基地通常是返乡者与其家乡之间的联系纽带，也是其返乡的重要空间寄托场所（Chen et al.，2017；Zhang and Fan，2020）。因此，农村居民（包括大量进城务工人员）对宅基地的坚守在一定程度上是由于未来的不确定性，或是为了对冲城镇化排斥的机会成本（Wang，2010；陈霞等，2022）。

从经济理性的角度，有学者研究发现，进城农民工在农村地区拥有宅基地会显著影响其城市落户意愿，从侧面反映了宅基地对农村户籍人口的重要意义（Hao and Tang，2015；Gu et al.，2020）。特别是，随着中国乡村振兴战略的实施，越来越多的工商资本和人才流入农村，这在很大程度上为农村地区带来了潜在的发展机遇，导致其不愿意放弃农村集体经济组织的成员身份，而宅基地则是其保留集体经济组织成员身份的重要纽带（Zhu，2018；Liu et al.，2020a；Kan，2021；Wu and Gallent，2021；Wang et al.，2022）。即便是在城市定居的农村移民，由于意识到未来政策变化的可能性，他们也倾向于不退出宅基地而保持自己的集体经济组织成员身份（Ma and Fan，1994；Gao et al.，2022a）。换言之，农村宅基地的退出在多数情况下是以放弃农村集体经济组织成员身份为代价的，而乡村振兴战略实施带来的"禀赋效应"会在一定程度上抬高农村居民对"成员权"的主观估价，从而影响村民的宅基地退出决策（杨玉珍，2015b；Gao et al.，2020a）。相反，农村的住房更新和宅基地的重新利用开发则被视为房屋/宅基地使用权人对未来的投资，他们更关心未来的投机机会而不是当下的"补偿"收益（Zhao，2019；Lorenzen，2021）。也就是说，在乡村振兴战略实施的背景下，农村宅基地和住房价值的潜在收益可能在一定程度上会阻碍村民从农村宅基地中退出（Gao et al. 2020a；Kan and Chen，2021）。

从社会角度来看，农村的象征意义和情感价值同样会影响村民对农村宅基地处置的偏好（Aquilino et al.，2021；Gillen et al.，2022；Phillips et al.，2021）。拥有强烈归属感和地方依恋感的个人倾向于将自己的生平附着在农村故乡等特定的地点，作为自己早年生活的回忆，因此他们更喜欢在故乡保有宅基地以寄托自我的感情（Milbourne and Kitchen，2014；Gu et al.，2020；Sulak and Türk，2022）。事实上，学者们长期以来一直强调"地方感"或"地方依恋"的重要性（Tuan，1974；Withers，2009；晋洪涛等，2022）。演化经济地理学的研究认为，人与那些与之有直接联系或记忆的人类和物理环境之间的情感纽带，是个体文化价值观形成的背景（MacKinnon et al.，2022）。同样，乡村地理学者也指出，城市定居者对乡村当下或未来的景象有一定的想象，这在很大程度上取决于他们对农村田园风光的迷恋和对农村田园牧歌式生活的怀念（Mitchell，2013；Lorenzen，2021；Phillips et al.，2021，2022）。这也可以很好地解释不同年龄组的人群对退出农村宅基地的态度有所差异（Zhang and Han，2018；Liu et al.，2020c；Sulak and Türk，2022）。

客观地说，并不是所有人的决策都是由未来驱动的，还有相当一部分人会被现实所困。正如 Marcouiller 等 (2011) 所描述的那样，在美国农村地区的住房可以分为两大类：一类与"富人"相关，即寻找度假屋和娱乐机会的富人会在乡村地区建造或购买"第二居所"；另一类则与"穷人"相关，他们无法负担城市的高房价，只能到偏远农村寻找可负担的优质住房。类似地，中国有相当一部分的农村户籍人口出于对未来价值的考量而在自己的农村故乡持有宅基地，即便他们已经不再居住在农村 (Glaeser et al., 2017；Zhang and Fan，2020)。也有很大一部分人同样做出不退出的决策，但其背后的决策动机不同。例如，有学者研究表明，对于欠发达地区的农村居民而言，由于其受教育程度有限，难以找到合适的工作以负担在城市的生活开支，因此他们不得不留守农村，自然也不会退出农村的宅基地 (Chen et al.，2017；Fan and Zhang，2019)。从这个意义上讲，政府的经济补偿在村民关于宅基地的处置决策中十分重要，尤其对于那些"一方水土养不了一方人"的条件恶劣地区更是如此 (Liu et al.，2020b)。随着我国脱贫攻坚战取得全面胜利，越来越多的脱贫地区农村居民在国家支持下选择退出宅基地，集中到生存条件相对较好的安置点居住，这是"国家支持农民退出"的最真实写照 (Liu et al.，2020a)。总而言之，国家或地方政府的经济补偿对那些落后地区的农村宅基地退出至关重要 (Zhang and Han，2018)。

6.2.2　宅基地退出与多层级机制

如上所述，村民退出农村宅基地的意愿不仅受当前生计状况的影响，还取决于他们的未来期望或愿景。如图 6-1 所示，我们构建了一个多尺度的分析框架，通过突出"未来"在村民决策中的关键作用来理解村民的宅基地处置逻辑。

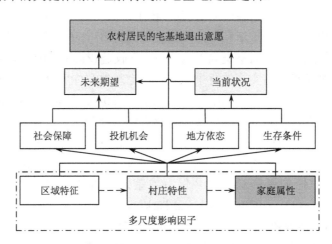

图 6-1　村民宅基地处置意愿分析框架

首先，村民对未来的期望和愿景与投机机会、社会保障、地方依恋和当下的生存条件密切相关，而这些内容在很大程度上被认为是植根于地方和区域发展条件和发展趋势的 (Zhang and Han，2018；Yan et al.，2022)。通常，拥有活跃市场和稳定政策支持的地区往往有更多的土地投机机会，这也意味着一个相对美好的未来预期，可能会在一定程度上降低村民愿意退出宅基地的可能性；相比之下，对于发展条件和趋势不太乐观的地区，村民更倾向于退出宅基地，以寻求政府的经济补偿收益(Huang et al., 2018; Liu et al., 2020b)。也有学者研究发现，伴随城乡融合发展水平的提高，城乡差距的缩小可以在一定程度上降低村民退出宅基地的机会成本，从而提高了宅基地退出的可能性(Gao et al., 2022a)。也有学者认为，家庭收入的增加会提高村民对农村建设用地整治的补偿期望，从而阻碍他们的宅基地退出决策(Gao et al., 2017; Liu et al., 2020c)。关于社会保障的作用，发达地区的村民可能更关心未来的就业；而在经济社会发展水平相对较低的地区，社会保障体系发展水平也较低，村民无法通过社会保障来确保未来生活的质量，宅基地及其附属的集体经济组织成员身份成为其未来重要的生活保障，因此对宅基地的处置决策也就更多地考虑政府的经济补偿(Chen et al., 2017; Zhang and Han, 2018; Liu et al., 2020c)。

除了区域特征外，学者们还记录了村庄特性(如地理区位、地形因素等)对村庄发展趋势和其中宅基地利用效用的影响(Liu et al., 2020b; Lorenzen, 2021; Valujeva et al., 2022)。有学者认为，地理条件优越的村庄更有机会繁荣发展，因此村民退出宅基地的可能性较低(夏敏等, 2016; Li et al., 2019; 蔡俊等, 2022)；也有学者的研究揭示了农村宅基地的效用函数与城镇中心距离之间的倒"U"形关系，认为宅基地位置与村民的退出意愿之间存在部分正相关(Gao et al., 2020a; 高金龙等, 2021)。除了村庄的自然性质外，前述的政府法规和政策支持也会影响村民的宅基地退出意愿(Zhang and Han, 2018)。例如，有学者研究发现，落后的村庄规划可能会增加农村衰落的风险，进而对村民的未来预期产生负面影响(Long et al., 2010; Looney, 2015)。《乡村振兴战略规划(2018—2022年)》提出将村庄划分为集聚提升类、城郊融合类、特色保护类、搬迁撤并类四种不同类型，不同类型村庄的政策支持和发展趋势往往不同，这势必会影响村民对个人及家庭的未来期望，进而影响他们对宅基地的处置偏好(Lu et al., 2020; 李裕瑞等, 2020)。

简而言之，区域和村庄层面的因素对村民退出宅基地意愿的影响是通过影响当前的生存条件和未来的投机机会来实现的。然而，村民的宅基地处置意愿是一种基于主观的决策选择(Cao et al., 2019; Liu et al., 2020c)，因此与他们的个人特征(如性别、年龄、教育、就业等)、家庭属性(如家庭规模、家庭总收入等)密切相关。除此之外，农户家庭的地方依恋和归属感等也会影响其对宅基地的处置偏好(Zhang and Han, 2018; Yang et al., 2020; Gao et al., 2022a)。例如，有学者研究发现，地方依恋可能会随着年龄的增长而加深，所以与年轻一代相比老年人退出宅基地的可能性较小(陈霄, 2012; 许恒周等, 2013; Chen et al., 2017)。此外，农村宅基地还被广泛认为是中国城乡二元社会保障体系中大多数农民生存的最后一道保障(Wang, 2010; 朱新华, 2014; Fan and Zhang, 2019)。因此，不同家庭规模和不同收入结构(即农业、非农业和兼业)的家庭，由于其不同的社会保障需求，往往会有不同的宅基地处置偏好(Chen et al., 2017; Gao et al., 2022a)。

6.3　村民的宅基地退出意愿及其影响

6.3.1　数据处理与模型构建

与前文一致，本章实证研究继续聚焦苏南地区。将村民退出宅基地的意愿作为因变量，这项工作基于三组数据(表 6-1)。首先，用江苏省农村建设用地调查数据库中收集的家庭层面的数据来描述村民的宅基地退出意愿，以及家庭/住房特征对村民意愿的影响。其次，使用村级数据来考察地理位置、自然条件及村庄规划类型对村民处置意愿的影响。具体地，借助 ArcMap 10.2 软件计算村庄到最近城镇和主要道路的距离，并从美国地质调查局获得 30m 分辨率数字地形图，生成样本村庄的平均坡度和高程；村庄类型源于当地发布的村庄规划。最后，第三组数据来自《江苏统计年鉴 2017》，用于测试区域特征的影响。为了进一步理解不同类型村民对退出宅基地的偏好差异，我们还从南京、镇江、无锡、苏州①等地随机选择了 11 个样本村(图 6-2)，并于 2021 年 11 月对样本村的村民、村干部和属地主管部门负责同志进行了共计 131 次深入访谈。

表 6-1　变量定义及其统计描述

	变量	定义	预期	均值	标准差	最小值	最大值
	宅基地退出意愿	愿意=1，不愿意=0		0.16	0.38	0.00	1.00
农户层	家庭规模	家庭户籍人口/人	−	3.19	2.05	0.00	186.00
	房屋年龄	房屋建造时间(房龄/a)	+/−	30.90	10.04	5.00	50.00
	农户类型	纯农户=1，兼业农户=2，非农户=3	+	1.53	0.64	0.00	3.00
	宗地面积	宅基地总面积/m²	−	199.34	221.40	3.50	10251.31
	利用状态	空废=1，正常使用=0	+	0.12	0.33	0.00	1.00
村庄层	到城镇距离	到最近的镇区/县城距离/m	+	3589.65	1742.20	34.63	11264.58
	到道路距离	到最近的主要公路距离/m	+	226.48	257.76	0.03	4558.87
	坡度	全村平均坡度/(°)	+	2.75	2.66		37.36
	高程	全村平均高程/m	+	13.12	19.32	0.00	309.00
	村庄类型	撤并=1，保留=2，集聚=3	−	1.95	0.30	1.00	3.00
县域层	人均 GDP	县地区生产总值与常住人口之比/元	−	145000	39889.74	78862	284000
	财政集中度	县财政总收入与地区生产总值之比		0.09	0.02	0.04	0.16
	城乡差异	城乡收入之比	+	2.00	0.12	1.758	2.24
	农村收入	农村家庭年平均纯收入/元	−	23928	3085	18893	28181
	人口流失率	县农村流动人口与户籍人口之比/%	+	12.97	16.46	−21.43	46.38

考虑到村民宅基地退出意愿的二分性，我们在此使用二元逻辑回归(BLR)来考察村民退出农村宅基地意愿的潜在影响因子。在本书中，村民的宅基地退出意愿(Y)是一个二元因变量，愿意退出取值为 1，不愿意退出取值为 0。根据 6.2 节提出的分析框架，分

---

① 由于调研期间的疫情管控要求，样本村选择不涉及常州市。

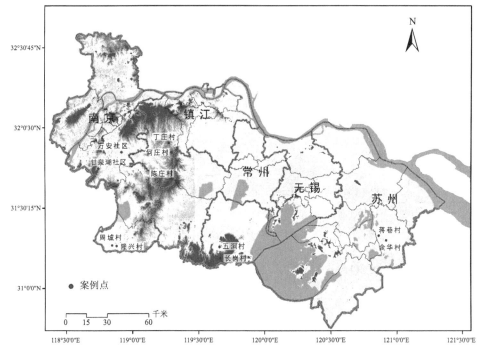

图 6-2　研究区域及样本村位置示意图

析中还应考虑多层级因素的嵌套影响。因此，我们构建了一个多尺度二元逻辑回归模型（MBLR），如下所示：

$$P\left(Y=1|h_{ijk}, v_{jk}, c_k\right) = \exp\left(\beta_0+\beta_1 h_{ijk}+\beta_2 v_{jk}+\beta_3 c_k\right) / \left[1+\exp\left(\beta_0+\beta_1 h_{ijk}+\beta_2 v_{jk}+\beta_3 c_k\right)\right] \quad (6\text{-}1)$$

$$\operatorname{logit} P\left(Y=1|h_{ijk}, v_{jk}, c_k\right) = \ln\left(P/(1-P)\right)=\beta_0+\beta_1 h_{ijk}+\beta_2 v_{jk}+\beta_3 c_k+r_{ijk}+u_{jk}+e_k \quad (6\text{-}2)$$

式中，$P(Y=1)$表示村民退出宅基地的总体概率，是"愿意退出"概率的对数；下标 i、j、k 分别代表农户、村庄和县域三个层次；h_{ijk}、v_{jk}、c_k 是三个层次的解释变量；β_0、β_1、β_2、β_3 为回归系数；r_{ijk}、u_{jk}、e_k 是随机误差。模型中的回归系数使用 R 语言程序包进行估计。

6.3.2　村民宅基地退出意愿的格局

如表 6-2 所示，苏南地区愿意退出宅基地的家庭有 55.76 万户，仅占被调查家庭的 17.86%，即使是空置或废弃的宅基地，愿意退出的比例也仅有 42.24%。进一步，按照城镇化水平将研究区域划分为市辖区和县级市两种类型区，发现位于城市化水平较高城区的农村家庭(24.03%)比县级市农村家庭(11.23%)更倾向于退出宅基地。基于后续对样本村村民的深入访谈，我们提出了两个潜在的原因：首先，城市化程度较高地区的居民，即便是农村家庭也更容易获得良好的社会保障，这在一定程度上削弱了宅基地的社会保障功能，所以城区农村家庭对宅基地的依赖相对较低(夏敏等，2016；Chen et al.，2017)；其次，在城市化水平较高的市辖区，地方政府的支持政策和宅基地退出补偿往往更加正式和透明，这在很大程度上减少了村民的非正式投机机会(Tang et al.，2020)。换言之，相对健全的社会保障制度加上明确的投资机会，可以为农村居民创造相对清晰的未来愿景，进而减少村民未来发展的不确定性，减轻其对宅基地作为固定资产和未来保障的依赖，提高退出农村宅基地的可能性。

表 6-2　村民宅基地处置意愿的一般统计

处置意愿	面积/占比	合计	市辖区	县级市
愿意退出	总面积/hm²	13058.91	8618.41	4440.50
	宗地数	557612	388438	169174
	宗地数占比/%	17.86	24.03	11.23
	空废面积/hm²	2835.45	1809.89	1025.56
	占总空废面积比/%	42.24	50.40	32.86
不愿意退出	总面积/hm²	50687.35	25836.07	24851.28
	宗地数	2564393	1227728	1336665
	宗地数占比/%	82.14	75.97	88.77
	空废面积/hm²	3876.52	1781.25	2095.27
	占总空废面积比/%	57.76	49.60	67.14

为了进一步了解村民的宅基地退出意愿，我们分别对农户、村庄和县域三个层次变量的异质性特征进行分析。如表 6-3 所示，家庭规模越小、农业依赖性较低的农户，宅基地退出的意愿越高。具体而言，愿意退出宅基地的农村家庭平均规模为 3.02 人，低于不愿意退出家庭 3.22 人的平均规模；而且随着家庭主要收入来源从完全农业部门到兼业再到完全非农业部门，农户的宅基地退出意愿率从 14.07% 上升到 18.82% 和 35.19%，这很好地揭示了宅基地在不同类型家庭未来预期中作用的异质性特征。另一个有趣的发现是，"不愿意退出"的农村宅基地比"愿意退出"的平均房龄要大 2 年左右。我们在实地调查中也确实发现了类似的现象，即老年人不太倾向于退出宅基地，这与之前关于居民年龄与"地方感"或"地方依恋"的研究结论相一致。

表 6-3　村民宅基地处置意愿的异质性分析

处置意愿	家庭规模/人	房屋年龄/a	纯农户*/%	兼业农户*/%	非农户*/%	宅基地面积/m²
愿意退出	3.02	29.83	14.07	18.82	35.19	234.19
不愿意退出	3.22	31.16	85.93	81.18	64.81	197.66

处置意愿	撤并村*/%	保留村*/%	集聚村*/%	到城镇距离/m	到道路距离/m	坡度/(°)
愿意退出	53.90	14.24	31.07	3670.77	218.89	2.71
不愿意退出	46.10	85.76	68.93	3571.32	229.37	2.81

处置意愿	高程/m	人均 GDP/元	财政集中度	城乡差异	农村收入/元	人口流失率/%
愿意退出	13.49	144496	0.08	2.01	23860	9.39
不愿意退出	12.82	145024	0.10	2.00	23972	13.70

*表示宅基地面积比重，其他为变量观测值的平均值。

关于宅基地面积的影响,我们发现随着宗地规模的增加,农户愿意退出的比例呈近似"U"形趋势(图6-3)。这是因为居住条件随着宗地面积的增加而提高,这自然会在宅基地的宗地面积和农户退出意愿之间产生负面关系。但是,《江苏省土地管理条例》(2021修订)明确规定了农村户均不超过200m²的宅基地面积上限①,这意味着当宅基地面积超过200m²时将面临合法性的挑战,一定程度上增加了农户未来的不确定性。因此,随着宅基地面积的继续增加,超过200m²后的退出意愿有所回升。

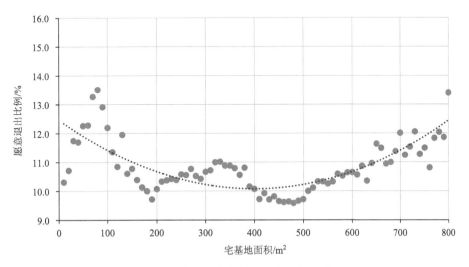

图 6-3　宅基地面积与居民退出意愿的关系

进一步分析村庄一级的变量影响,我们发现在村庄规划中,撤并类村庄的宅基地退出意愿最高(53.90%),其次为集聚类村庄(31.07%)和保留类村庄(14.24%)。与撤并类村庄相比,其他两类村庄的居民在政府政策的支持下对未来发展的期望更加稳定和积极(Démurger and Xu,2011;Shen and Chou,2022),因此更加倾向于不退出宅基地。从地理区位上看,越靠近城镇和远离主要道路的村庄的退出意愿越低,村庄所在地的坡度和海拔可能会通过居住适宜性影响居民的退出偏好,但在苏南地区这一点并不明显。就区域特征而言,人均 GDP 越高、财政能力越强的发达地区,其农村居民退出宅基地的意愿越低,因为发达地区居民对宅基地作为资产在未来升值的期望规模远超当下退出能获得的经济补偿,这与张晓玲和韩璐在浙江、河南、甘肃的三个村庄比较研究所得到的结论相吻合(Zhang and Han,2018)。类似地,农村收入的增加也会出于同样的原因而阻碍村民退出宅基地。然而,城乡差异对苏南地区农村居民的宅基地处置偏好影响并不显著,

① 根据《江苏省土地管理条例》(2021 修订)第五章第五十九条之规定,农村村民一户只能拥有一处宅基地。宅基地面积按照以下标准执行:(一)城市郊区和人均耕地不满十五分之一公顷(一亩)的县(市、区),每户宅基地不得超过一百三十五平方米;(二)人均耕地在十五分之一公顷(一亩)以上的县(市、区),每户宅基地不得超过二百平方米。不同地区宅基地面积的标准,设区的市、县(市、区)人民政府可以在前款规定的限额内,结合农村村民实际居住需求作出具体规定。人均土地少、不能保障一户拥有一处宅基地的地区,县(市、区)人民政府在充分尊重农村村民意愿的基础上可以采取措施,按照省人民政府制定的标准保障农村村民实现户有所居。农村村民应当严格按照批准面积和建房标准建设住宅,禁止未批先建、超面积占用宅基地。经批准易地建造住宅的,应当将原宅基地交还原农村集体经济组织。

虽然其可能会有一定的促进作用。人口外流区的村民更可能将农村故乡的宅基地作为未来返乡的保障，因此也不太倾向于退出宅基地。

6.3.3　宅基地退出意愿的因素模拟

为了进一步阐明村民对宅基地处置意愿的潜在驱动，我们采用多尺度二元逻辑回归模型(MBLR)，在考虑家庭属性、村庄特性和区域特征的情况下，对影响因素进行定量模拟。在构建模型之前，我们测试了每个自变量的方差膨胀因子(VIF)，发现所有 VIF 均小于 5，平均值为 1.68，这意味着这些模型的多重共线性水平可以接受。模型拟合结果如表 6-4 所示。

表 6-4　模型拟合结果

	变量	一级模型	二级模型	三级模型
	常数项	−2.7256***	1.0746	−15.8504
	家庭规模 FSize	−0.0120***	0.0328	−0.0515*
	房屋年龄 AGE	−0.0195***	−0.0267***	−0.0050
农户层	农户类型 ToH	0.5112***	0.2470*	0.3971**
	宗地面积 AREA (log)	0.1782***	0.0081	0.1356*
	利用状态 SoU	0.6812***	2.0185***	1.5800***
	到城镇距离 D2T (log)		0.0984	−0.2558
	到道路距离 D2R (log)		−0.2543*	0.0154
村庄层	坡度 SL (log)		−0.7135***	−0.3721
	高程 EL (log)		0.1444	0.5882
	村庄类型 ToV		−4.4515***	−5.9928**
	人均地区生产总值 PGDP (log)			1.8689
	财政集中度 FC			155.7678***
县域层	城乡差异 URG			−12.1009*
	农村收入 RI (log)			−0.4216*
	人口流失率 RoM			0.0943
	样本数	31175	30437	30412
	AIC	7087	6383	6367
	BIC	7171	6508	6533

注：log 表示变量取值为对数；***、**、*分别表示显著性为 99%、95% 和 90%。

首先，一级模型的结果表明，家庭规模和房屋年龄对村民的退出偏好有显著的负面影响。总的来说，对于家庭成员较多的农村家庭，退出宅基地的机会成本往往更高，究其原因是生活负担和未来的不确定性会随着家庭规模的增加而增加。Yan 等(2022)基于重庆的研究工作也得出了类似的结论。同样地，我们在南京市高淳区(隆兴村)的调研中，一位村委会干部也表示与规模较小的家庭相比，成员较多的家庭在做出宅基地退出决策时往往会考虑得更多，尤其是对退出宅基地以后面临的各种不确定性有更多的担忧。与已有的大多数研究一致(Chen et al.，2017；Gao et al.，2017；Gu et al.，2020)，老房子的所有者往往不太愿意退出宅基地,因为年纪越长的居民对地方的归属感和依恋也越强烈。关于生计状况的模拟结果表明,家庭类型对村民宅基地处置意愿的积极影响意味着宅基地退出对非农户未来预期的潜在影响远小于那些完全依赖于农业的纯农户家庭。因为与纯农户相比,非农户和兼业农户家庭更容易获得城市社会保障,而这种社会保障恰恰是村民对未来产生良好期望的关键之一(Huang et al.,2018)。

与我们的理论预期类似,宅基地的利用状态与居民的退出意愿呈正相关关系,这意味着未充分利用的宅基地更有可能退出。但是,我们在实地调查中也发现,有相当一部分的房屋所有者不愿意放弃宅基地的使用权,即使他们不再居住在农村,特别是在那些经济条件和发展前景良好的发达社区(如宜兴市五洞村和昆山市蒋巷村)。为了进一步检测村庄特征的影响,我们将村庄层变量加入二级模型中,发现家庭规模的系数不再具有统计学意义,表明在特定村庄内村民的宅基地处置意愿与其家庭规模无关,也即在固定了村庄的差异后,宅基地退出与否并不受家庭规模的影响,而真正产生影响的可能是不同村庄之间农村家庭平均规模的差异。如龙花楼在其关于中国土地利用转型与乡村重构的著作中指出,发达地区农村家庭规模的原子化转型导致了农村居民点用地的持续扩张,进而导致村民退出宅基地的意愿降低(Long,2020)。与预期一致,村庄的规划类型与居民的退出意愿呈负相关关系,反映了乡村规划作为指导政策的重要性。与集聚类村庄相比,撤并类村庄未来的发展机会较少,因此村民退出宅基地的意愿也更强烈。对于代表地理区位和交通可达性的变量,我们发现到主要道路的距离和坡度的系数显著为负,这进一步表明了良好的交通可达性和自然条件更容易创造积极的未来预期,也能减少村民对宅基地的依赖,从而在一定程度上促进村民的宅基地退出。

进一步将表征区域特征的变量纳入三级模型,结果表明,村庄特征(如村庄类型)的影响虽然依旧显著,但影响程度有所减小;而由于特定区域内地理区位条件的相似性,坡度和高程等自然地理因素的影响变得微不足道。至于区域特征因素的影响,城乡差异和农村收入对村民宅基地退出意愿有显著的负面影响。也就是说,城乡差异和农村收入增长将通过增加城市"推力"和/或农村"拉力",阻碍村民放弃农村宅基地。财政集中度的系数显著为正,这可以理解为财政能力越强的地区越有可能拥有良好的社会保障制度,这将减少村民对宅基地的依赖,从而促进其宅基地退出。

6.4　宅基地转型与土地综合整治启示

6.4.1　村民差异化期望与宅基地非均衡转型

自 20 世纪 90 年代以来,乡村地理学者一直使用"多功能"(multifunction)的概念来强调农业和农村空间的功能不再局限于"生产主义"时期粮食和纤维产量的最大化(Wilson,2010;Woods,2011)。在过去几十年里,关于乡村地域和农村土地利用多功能性的学术争论不断扩大(Verburg et al.,2009;Long,2020;Valujeva et al.,2022)。由于城乡二元户籍制度的长期分割,中国农村宅基地也被认为具有居住、资产投机、社会保障等多种功能(Sargeson,2002;Jiang et al.,2016;Qu et al.,2017)。在多元功能中,宅基地的主导功能被认为与村民对未来的愿景和期望密切相关，这被进一步认为是影响村民宅基地退出意愿的一个重要因素。因此，我们在此将居民宅基地退出意愿的差异作为其未来预期的反映，并认为这种差异可以部分地揭示中国农村宅基地向多功能转型的不均衡格局。

对于生活负担相对较小的富裕家庭，他们更愿意将农村宅基地视为一种资产，在面临退出与否的处置决策时，更多考虑资产升值等投机机会而不是生活保障。如表 6-4 所示，鉴于退出宅基地对当前和未来日常生活质量的影响有限，富裕家庭更倾向于退出宅基地；相比之下，经济条件相对较差的村民在做出退出决策时更为谨慎，因为他们倾向于将宅基地视为不确定未来的最后保障。当然，也有经济条件好的村民不愿意退出他们的宅基地，因为他们不关心当前的退出补偿，而是更关心未来潜在的投机收益。此外，还有一些人出于对家乡的情感依恋而不愿退出。举两个宜兴调研时遇到的有趣案例：一个是关于一位企业主的故事，他已经搬离农村进城定居多年，但仍然不愿意放弃故乡的宅基地。原因是，他不在乎宅基地退出能获得的经济补偿，而是他认为在乡村振兴的浪潮中老家的宅基地可能会越来越值钱，所以他期待的是从未来的房地产升值中获得更多收益。另一个案例是当地自然资源局的一位副局长，他前些年已经放弃了农村老家的宅基地，并告诉我们当年他 70 多岁的母亲第一次从老家搬到他位于市中心的新房时因为不舍流泪了，他半调侃地问母亲"你一下子得到一大笔补偿（宅基地退出补偿），为什么还要哭呢"，母亲听了他的话后立马破涕为笑。这两个案例生动地展示了转型期不同农村居民群体对宅基地功能的认知和处置态度。

同样，区域特征也关系到村民对未来的期望及他们退出宅基地的意愿。表 6-4 中的三级模型结果表明，发达地区退出的可能性相对较高，因为获得高薪工作的机会更多，对未来没有担忧的村民更愿意考虑投机性收益，而不是退出的机会成本。正如 Kan 关于城市边缘区农村土地投机的研究所揭示的那样，随着城市空间的持续扩张，城市边缘区土地价格也在不断上涨，在一定程度上加速农村居民的宅基地退出（Kan，2019；Kan and Chen，2021）。具有讽刺意味的是，一些条件相对恶劣的农村地区的村民也愿意退出宅基地以获得短期的经济补偿，而不考虑他们未来的可持续性。例如，在句容的陈庄村有相当一部分的村民并不希望政府帮助他们改善村庄，相反地更希望自己的房子被政府拆除，从而可以获得一笔补偿，以改善他们当下恶劣的生存状况。这在一定程度上与Zhao（2019）等在大理的研究发现相似，即中国农村的一些居民并不是"流离失所的受害者"，而是积极推动村庄"衰退"甚至是"灭亡"的"催化剂"。更普遍地说，欠发达地区的村民倾向于逃离当前不利的生活环境，因此主观上有很高的退出宅基地的意愿，但是在应对未来不确定性方面的劣势又使他们不得不束缚在土地上，客观上产生了较低的退出意愿。

简言之，中国农村宅基地正经历着向多功能化的转变，而宅基地的这种多功能转型在区域和家庭之间是不平衡的。由于城乡二元体制，中国农村居民都倾向于通过坚持宅基地使用权来主张他们的农村集体经济组织成员身份，但对于不同群体而言坚持的原因各异。经济宽裕和社会保障相对较好的农村居民大多将宅基地视为资本积累的工具或可创造财富的资产，更加关注资产价值的未来收益；而弱势群体则主要将宅基地作为未来不确定性的保障，体现的是宅基地作为一种农村居民社会和福利保障的功能。随着城乡一体化和农村土地制度改革，无偿和无限期分配的宅基地逐渐进入市场，使不同地理位置条件下的农村宅基地价值出现差异，这将在一定程度上加剧村庄和/或整个地区的不平等。因为，富人在宅基地的退出决策中往往更加"松脚"，也更容易从宅基地退出中获得收益；处于劣势（或生活在落后地区）的穷人则不得不因现实状况而被束缚在土地上，既不能获得退出的经济补偿，也无法依靠土地创造财富和赚取收益。

6.4.2 乡村振兴与农村宅基地综合整治策略

根据上述结果和讨论，我们在此就实施乡村振兴战略，特别是农村土地综合整治提出以下政策建议。首先，土地整理及农村社区整治不应局限于按照政府要求重新分配土地，而真正面向未来的战略应该是超越了土地的，着眼于村民未来发展的。理论上，农村居民可以为了城市的现代化而退出农村宅基地；同样，城市居民也会被乡村田园牧歌式的怀旧生活吸引（Woods，2011）。本书的研究结果确实表明，欠发达地区的村民倾向于逃离当下的不利生存环境。但更普遍的是，他们在应对未来不确定性方面的劣势使其被土地束缚，很难像他们希望的那样退出宅基地。相比之下，发达地区的村民可能更关心未来的潜在收益，而不是当下退出宅基地能获得的经济补偿。因此，政策制定者和规划专业人员都不应以"为村民好"为由，限制村民的自由流动，因为那只是他们认为的对村民有利的事情。相反，政府或规划师应该做的是通过扩大制度供给来促进城乡居民在社会保障和福利等方面享有均等的权利，通过统筹城乡发展来弥合二元割裂。因为，无论是城市还是农村，居民都有权过上他们想要的生活。

从更加政策化的角度来看，我们认为，为城乡居民提供平等的社会保障服务，并在农村和城市地区赋予同等的发展权利，可能有利于"以人为本"的发展。实际上，村民退出农村宅基地在一定程度上是城乡要素（即土地和劳动力）流动的反映。有了平等的社会保障制度，农村居民可以享受与城市居民相同的服务，因此对未来有着相似的期望，更有可能在退出农村宅基地方面做出理论上合理的决定。同样，平等的发展权有助于实现城乡连续体土地价值的均衡，这反过来可能会减少农村居民投机宅基地的机会。那样的话，村民就不会因为未来的不确定性而固守农村，进城居民也将不再为未来的潜在收益而坚持占有农村宅基地（包括未充分利用的宅基地），"两栖占地"问题自然得到解决。当然，城市居民也不会为了所谓的保护农民权益而被局限在城市里，可以自由地"上山下乡"。家庭属性和个人偏好将成为村民在选择住所时考虑的主要因素。这很好地呼应了"城乡均衡发展"和"以人为本的城市化"的本质（Liu et al.，2013；Liu et al.，2020a）。

此外，我们还建议将农村土地整理和相应的村庄规划与区域产业布局相协调。正如模型拟合结果所示，作为政策支持手段的村庄规划与村民退出农村宅基地的意愿密切相关。也就是说，村民对未来的期望在很大程度上取决于家乡村庄的规划类型。同时，就业机会的可及性被普遍认为是居民关于未来愿景的首要考量（Stokes and Seto，2018）。因此，根据产业布局开展农村土地整理项目可以大大提高土地利用效率，减少冲突，缩小村庄/地区之间的差距。我们在宜兴的实地调查也表明，自然条件较好、农家乐旅游发达的南部山区的村民宁愿更新房屋，也不愿退出宅基地；而北部圩区的村民更可能退出而不是重建，因为那里的工业发展和生活条件都很差。从这个角度来看，乡村振兴确实是一项综合战略，几乎涵盖了乡村发展的每一个可想到的方面，如从工业发展和增加农民收入到空间治理、村民社会保障等(Liu et al.，2020a)。

6.5　本章小结

在前述农村宅基地利用状态与影响机制分析的基础上，本章主要考察了农村居民的宅基地退出意愿及其在不同农户、村庄和区域之间的异质性特征；进一步，采用多尺度二元逻辑回归模型(MBLR)揭示不同尺度因素对村民退出意愿的影响机制。结果发现，村民的宅基地处置意愿在很大程度上取决于他们对未来的预期，而这种预期又会因为不同家庭属性、村庄特性及区域特征而呈现差异性特征。对于发达地区或更容易获得资金和社会保障的家庭而言，他们更愿意将农村宅基地视为一种资产，在处理退出问题时，更多地考虑投机机会，而不是未来的生计。然而，落后地区的弱势群体倾向于将农村宅基地作为未来不确定性的最后保障，因此在做出退出决定时会更加谨慎。简言之，在制度化的城乡二元论中，农村居民倾向于主张的宅基地权利，要么是为了应对城市化的未来不确定性，要么是希望保留农村集体经济组织成员身份以从乡村振兴中获得收益。也就是说，在城市化和乡村振兴的双重背景下，"未来"对农村居民的宅基地处置偏好至关重要。

进一步，我们认为村民对宅基地处置偏好的差异反映了他们对未来的不同期望，可以间接描绘出农村宅基地向多功能转型的不均衡格局。一般来说，落后地区在经济机会和自然条件方面处于不利地位，这可能会给村民带来不利的未来前景，并通过将主要功能限制在居住和社会保障方面，阻碍农村宅基地的多功能转型(Wilson，2008)；相比之下，发达地区和富裕家庭中可以看到"强大的多功能路径"，这与 Wilson 和 Rigg(2003)的论点相呼应，即转型在同样的地方也会产生异质性的结果。关于动力和效果，我们认为政策环境(包括城乡二元体制和国家号召的运动，如乡村振兴)是多功能性的关键驱动因素，而村民对于宅基地的差异化处置可能会加剧村庄和/或整个地区的不平等。从理论上讲，本章通过将西方话语中有争议的"多功能性"概念融入中国特色的制度分析中，进一步探索村民退出农村宅基地的潜在动力，从而为土地利用转型相关研究提供更多案例素材。

最后，本章的研究工作还可以通过区分宅基地的不同利用状态而进一步改进。根据利用状态的差异、愿意和不愿意退出的群体都可以进一步分为两类，即整体划分为正常使用且不愿意退出、正常使用但愿意退出、空废且愿意提出、空废但不愿意退出四个亚类。如前所述，考虑这些细分类别的决定因素的差异可能有助于我们的理解，并为提出更有效和公平的应对策略提供启发。为了进一步检验村民的未来期望与他们退出农村宅基地的意愿之间的联系，还应加大力度收集和整合更多案例证据。

第7章　苏北乡村转型发展视域下的居业协同

乡村振兴的着眼点和落脚点在于谋求村镇业兴人旺、安居乐业,从而不断满足"人民日益增长的美好生活需要"。特定村镇空间或社区发展是否具备安居乐业的基础和能力,是衡量乡村振兴进展、成效和质量的重要指标。基于乡村地域"多体"系统理论,本章以淮海经济区重要中心城市徐州为例,从农村建设用地转型的视角,测度乡村转型发展过程中的居业协同状况,以期为后续乡村地域的土地资源优化配置提供思路建议。

7.1　乡村振兴战略与居业协同

在实施乡村振兴战略的进程中,特定村镇空间或社区发展是否具备安居乐业的基础、能力和水平,成为衡量乡村振兴进展、成效和质量的标志性指标。在"人地关系地域系统"研究的基础上,学者们创新性地提出乡村居业协同的概念,并认为居业协同是村镇人-居-业融合发展的高级形态(刘彦随,2018)。有学者认为,乡村地域的"居业协同"与城市地理研究关注的"职住平衡"概念不谋而合(Gao et al.,2020c;蒋伟萱等,2020)。早在 20 世纪 60 年代,凯恩为揭示美国郊区化对低收入黑人居住和就业机会损失的问题,提出了"空间错位"(spatial mismatch)的概念,职住平衡被引入,用于测度居住与就业两大功能的空间协同度(Kain,1968;刘志林等,2010)。20 世纪 80 年代以后,中国由计划经济走向市场经济,城市住房也逐渐市场化,由原先的单位分房进入了商品房市场,中国城市地理学者对职住分离现象的研究逐渐增多(戴柳燕等,2013;张艳和刘志林,2018)。

目前,关于职住平衡的研究主要基于统计调查和大数据分析等方法(Zhang et al.,2017b;Huang et al.,2019),刻画城市居民就业与居住空间的分布格局,以及日常通勤的距离、时间和效率(刘志林等,2009;孟斌,2009;周江评等,2013);随着乡村居业协同概念的提出,学界开始关注乡村居住与就业平衡的问题,并对居业协同的理论和识别方法进行了有益探索(刘彦随,2018;李琳娜等,2019)。与城市职住平衡研究类似,乡村居业协同的测算最初以人口统计为基础,数据的获取主要依赖统计调查和问卷访谈。前者受数据统计口径的影响较大,存在常住人口与户籍人口的差异;而后者则受访谈者的主观影响,且样本量有限,难以全方位地解释整体规律性(赵晖等,2011)。在此基础上,大数据分析技术被引入职住平衡研究,交通大数据拥有的地理和时间标签能够良好地反映居民出行特征(龙瀛等,2012);但是,囿于乡村居民生活习惯和出行方式的限制,大数据分析方法在研究乡村居业协同关系时也显得力不从心。

基于此,本章尝试从空间载体入手开展乡村居业协同研究,通过分析宅基地和农村经营性建设用地的空间匹配度,将人口需求侧的研究视角拓展到空间供给侧,以更客观地反映乡村居住和就业空间的协同程度。同时,考虑空间供给的有效性,还探索提出结构协同和功能协同两个概念，既规避了不同口径人口统计的非平稳性问题，又能更清晰地刻画乡村居住与就业在不同维度下的协同关系。在结构维度，宅基地与经营性用地的总量协同可以反映政策引导下的乡村居业协同的期望格局；在功能维度，居民活动的自发性会导致部分用地的无效供给，形成市场选择下乡村居业协同的真实格局。基于土地利用视角对乡村居住与就业的结构和功能协同进行多尺度测量，客观地揭示居业协同的地理空间分布特征，为乡村居业协同的衡量和研究提供新思路。

7.2　居业协同的概念与测度

7.2.1　居业协同指数

"协同"是一个物理学概念，指两个或两个以上的子系统通过各种相互作用而彼此影响的现象(马丽等，2012)。协同理论(synergetic)认为，任何复杂系统的协同都包括"结构"和"功能"两个维度，二者相互依存，共同构成社会经济系统的自组织结构(徐大伟等，2012)。在"人地关系地域系统"研究的基础上，刘彦随(2018)创新性地提出乡村居业协同的概念，并认为居业协同是村镇人-居-业融合发展的高级形态。据此，分别构建结构协同(structural synergetic)和功能协同(functional synergetic)两个指数，以定量刻画乡村地域系统中居住和就业两个子系统之间的协同关系。具体计算公式如下：

$$\mathrm{SSD}_i = \left(\mathrm{HL}_i \Big/ \sum \mathrm{HL}_i\right) \Big/ \left(\mathrm{CL}_{ij} \Big/ \sum \mathrm{CL}_i\right) \times 100\% \tag{7-1}$$

$$\mathrm{FSD}_i = \left(\mathrm{hl}_i / \mathrm{HL}_i\right) \Big/ \left(\mathrm{cl}_i / \mathrm{CL}_i\right) \times 100\% \tag{7-2}$$

式中，HL_i 和 CL_i 分别表示 i 地区农村宅基地和经营性建设用地的总面积；hl_i 和 cl_i 分别为 i 地区正常使用的宅基地和经营性建设用地面积；SSD_i 为居业结构协同指数，主要从用地供给的角度反映特定区域农村居住与就业的结构协同程度，取值越大表明区内乡村的居住空间供给优势越明显，反之则为就业的空间供给更多；FSD_i 为居业功能协同指数，可反映特定区域农村居住与就业功能发挥的协同程度，取值越大意味着区内乡村居住功能发挥越好，反之为就业功能更强。与生产空间和生活空间概念不同，居住优势和就业优势仅反映了协同状况，并不含有功能导向。

7.2.2　研究区与数据

淮海经济区地处环渤海和长三角经济区的"过渡地带"，是重要的农业生产基地，其乡村地域广阔，内部城乡差异大，农村劳动力多而就业机会少，乡村居住与就业的失衡问题突出。徐州作为淮海经济区重要中心城市，同时也是国家"一带一路"重要节点城市，市域总面积 11765km²，下辖 5 区 3 县 2 个县级市(图 7-1)。2018 年，徐州市常住人口超过 880 万人，其中农村人口 307 万人，占比 35%；但实际拥有城镇户籍的人口只有不到 633 万人，常住人口与户籍人口城镇化率相差 5%，成为限制城乡融合发展的重要瓶颈。在快速城镇化进程下，乡村发展长期得不到重视，乡村就业机会缺乏，人口与劳动力大量流失，"城乡双漂"现象突出，宅基地等农村建设用地闲置与空废问题严重。相比于村镇经济发达的苏南地区，徐州的乡村居业协同研究结果可能更具代表性，也更能彰显江苏省农村土地利用的结构特征，有助于揭示问题、制定对策。因此，对徐州市乡村居业协同的定量刻画，对于淮海经济区乃至更大范围内的乡村振兴与城乡融合问题研究都有一定启示。

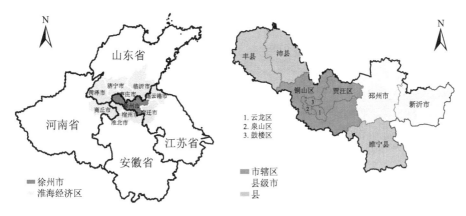

图 7-1　徐州市位置与组成示意图

农村宅基地可在一定程度上反映乡村地区居住供给状况，而农村的非农就业状况则可用经营性建设用地(包含农村工矿用地和商服用地)的规模和利用状态进行表征。本章采用的数据主要来自 2016 年江苏省农村建设用地调查，首先提取农村宅基地和经营性建设用地的宗地图斑，按照国土安全及政府管理的要求，进行"面转点(几何中心)"的脱敏处理，并采用核密度估计方法进行非直接空间表征。脱敏后的点数据保留宅基地和经营性用地的基本情况、利用状态和使用权人信息等。其中，基本情况包括宗地面积、建(构)筑物面积、建造时间、建(构)筑物类型和层数等信息；利用状态分为正常使用、空置和废弃三种；使用权人基本信息包括农户类型和处置意愿等。

需要说明，本章在进行居住与就业协同分析时未考虑农业生产，主要基于以下考虑：首先，农业生产在整个国民经济体系中所占比重较小，2018 年徐州市第一产业增加值占 GDP 比重不足 9.3%，居淮海经济区末位；其次，徐州市乡村人口从事农业生产多为自给自足，市场交易相对较少，且从业者以"三留"人员为主，呈现兼职化特征，不符合居业协同刻画"人地分离"格局的初衷。

7.3　乡村居业协同的空间分异

徐州市共有农村建设用地 78632hm²，其中宅基地和经营性建设用地分别为 55844hm² 和 18200hm²。如图 7-2 所示，徐州市宅基地分布相对均匀，西北地区的丰县、沛县与东南地区的睢宁县比较集中，而在市区周边及邳州市、新沂市等地的宅基地分布则相对分散；与之相反，农村经营性建设用地的分布则呈现明显的集中态势，市区周边及新沂市、邳州市等地是经营性建设用地分布的高密度区，而丰、沛及睢宁地区则分布相对稀疏。整体上，农村经营性建设用地分布的向心集聚特征更加明显，且与已有研究中所刻画的人口分布格局基本吻合(闫庆武等，2007)；而宅基地的分布则较分散，且与人口分布格局有一定差距，表明徐州市农村居住与就业空间分异明显，居住与就业在一定程度上存在失衡现象。

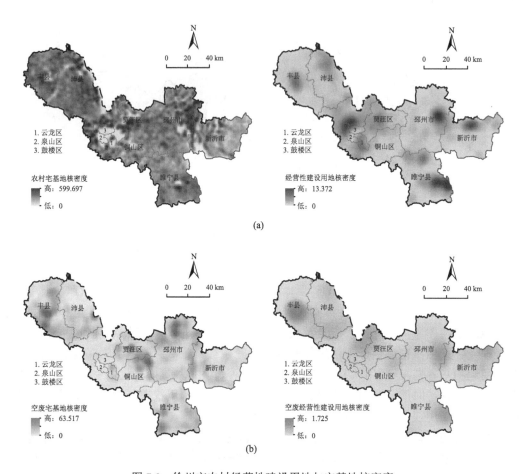

图7-2 徐州市农村经营性建设用地与宅基地核密度

　　为进一步刻画乡村居业协同关系，将两类建设用地的利用状态纳入分析，正常使用的宅基地和经营性建设用地规模分别为 52235hm² 和 15698hm²，正常使用格局与总供给格局基本一致。但是从空废情况看，丰县北部及邳州北部宅基地空废现象明显，其余区县相对较轻；而经营性建设用地的空废情况较为严重，除市区与睢宁以外，西北的丰县和沛县及东部的邳州、新沂空废情况都较突出[图7-2(b)]。进一步，通过刻画城乡关系影响下的农村建设用地利用格局发现，越靠近城镇地区的农村建设用地利用效率反而越低，而且城镇对农村经营性建设用地的影响远大于宅基地(图7-3)。

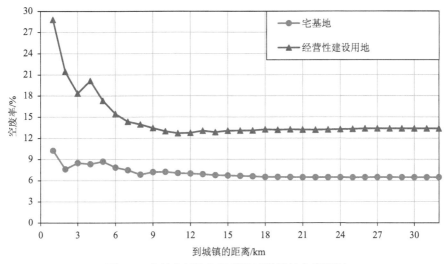

图 7-3　农村宅基地与经营性建设用地空废情况

7.4　乡村居业协同的尺度分析

徐州市各区县乡村居住与就业的结构协同指数差异较大，只有新沂市的居住与就业空间协同状态较好，其结构协同指数为 0.94。如图 7-4 所示，鼓楼、泉山、贾汪、云龙等城市中心区的结构协同指数均小于 0.5，即农村经营性建设用地规模比重高于宅基地；而丰、沛两县的结构协同指数大于 1.5，即两县乡村居住空间优势明显，而就业空间相对缺乏。整体上，就业空间优势以鼓楼区为中心向外递减，而居住空间优势地区位于西部丰县和沛县，东部邳州市、睢宁县和新沂市的居住和就业结构协同状态相对较好。在功能协同方面，徐州整体乡村居住与就业用地利用状态较为协同，其中以云龙区、贾汪区、鼓楼区和睢宁县最佳，功能协同指数介于 0.9~1.1 之间；其他地区指数值为 1.1~1.3，即农村宅基地的正常使用比率更高，从侧面反映出徐州市农村经营性建设用地的低效利用情况较为严重，非农产业发展是乡村振兴战略实施的短板。

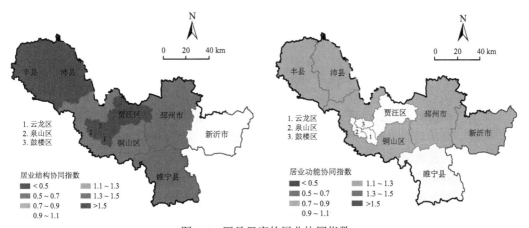

图 7-4　区县尺度的居业协同指数

通过比较结构和功能协同指数可以看出，徐州市宅基地和农村经营性建设用地的供给规模与实际使用情况之间存在一定程度失调。在西部丰、沛两县的土地供给中宅基地占优，但实际使用中存在大量空置和废弃现象，功能协同状态明显好于结构协同，表明在农村建设用地供给方面存在较大可优化空间，尤其对于农村宅基地的供给应该进一步压缩，以促进农民适当集中居住；相反，中部市辖五区经营性建设用地供给占优，但其空废比率远高于宅基地，反映出城市中心区乡村非农产业发展方面的短板，或在农村建设用地供给中经营性用地供给过剩而导致利用低效。整体上，农村建设用地供给规模与实际利用状态之间存在结构与功能协同的差异，农村产业发展实际远低于期望，未来可据此进行用地供给结构调整和利用引导，以支撑居业协调与乡村振兴战略实施。

与区县尺度的分异格局类似，乡镇尺度下居业协同格局也是以市区为分割，呈现东、中、西三大类型区（图 7-5）。其中，东部地区整体居业协同状态较好，中部城区经营性建设用地供给优势明显，而西部丰、沛两县的宅基地供给优势较大；具体到县域单元，可以发现整体乡村居业协同状况同样存在类似市域范围的"中心-外围"格局，即经营性建设用地具有供给向心性，由中心区向外围，经营性建设用地与宅基地供给优势互换，中心区经营性建设用地较多，而外围偏远乡镇居住空间更为充裕。从利用状态看，东、中、西的区域分异并不明显；需要注意的是，与功能协同状态不同，超过 70%城市中心区的结构协同指数小于 1，表明宅基地的利用效率高于经营性建设用地，其原因可能为受城镇外部性影响，乡村居民于城镇就业生产，但生活居住于农村宅基地上，造成乡村居住空间占优且利用效率相对较高。

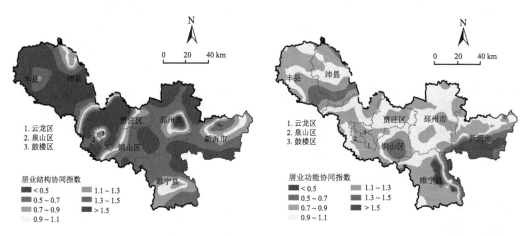

图 7-5　徐州市乡镇尺度的居业协同指数

如图 7-6 所示，村级尺度下 73%的村庄结构协同指数大于 1，宅基地供给规模相对优势明显；而从功能协同指数看，74%的村庄功能协同指数介于 0.9～1.1 之间，即居住与就业协同，反映宅基地空置与废弃现象在徐州广大乡村地区仍较严重，这一发现与农村建设用地利用状态所呈现的空间格局特征相吻合。在功能协同方面，乡村居住空间与就业空间的交互更加密集。而且，不同于区县和乡镇尺度的块状交叉格局，乡村尺度居住占优的村落之间往往穿插就业占优的村落，整体呈现点状分散特征，表明不同村庄各具职能，存在功能偏好和个体差异，而不同功能的村庄相互交织，在乡镇区域内形成协同的状态。

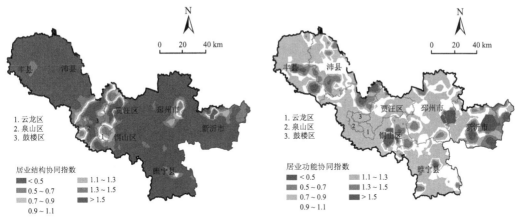

图7-6　徐州市村级尺度的居业协同指数

7.5　乡村居业协同的问题诊断

乡村振兴战略需要着眼于乡村地域"多体"系统，即由大到小不同尺度的"四体"系统：城乡融合体、乡村综合体、村镇有机体、居业协同体(刘彦随，2018)。同时土地利用格局在不同尺度上表现出不同的特征，政策引导在不同尺度的效应也不尽相同(邵景安等，2008)。面对居业空间失衡、农村建设用地利用低效等情况，乡村振兴于何种尺度进行衡量才能保证乡村增长极扩散效应最大化、土地利用政策应于何种尺度下引导以求达到最优的经济、社会效益都是亟须解决的问题。如表7-1所示，不同尺度下的结构与功能协同指数均值都大于1，表明现阶段徐州市乡村地区仍以居住功能为主导、就业空间相对较少，至少从建设用地供给和利用状况上如此；而且随着尺度的下移，居业协同指数不断增大，宅基地与经营性建设用地的供给规模与利用状态分异更为严重。但是，相比于结构协同指数，功能协同指数更小，表明农村建设用地的实际利用情况相较于供给规模更加协同。

表7-1　徐州市乡村居业协同指数描述性统计

指数	尺度	均值	标准差	1/4 分位数	中位数	3/4 分位数
结构协同	区县级	1.12	1.07	0.41	0.73	1.47
	乡镇级	3.00	3.87	0.51	1.44	4.13
	村级	22.03	108.46	0.85	3.98	13.80
功能协同	区县级	1.08	0.11	1.01	1.01	1.18
	乡镇级	1.59	4.22	0.96	1.00	1.12
	村级	1.80	11.08	0.96	1.00	1.00

为进一步揭示乡村居住与就业空间的协同关系，绘制了不同居业协同洛伦兹曲线。如图7-7所示，随着住房土地份额的增加，在县和村两级规模上工业土地的累计份额都

描绘出非典型的"S"形，这说明了住房和工业土地之间明显不匹配的模式。换句话说，拥有更多住房土地的县和村庄往往拥有较少的工业用地；反之亦然。乡镇一级的情况大不相同，即曲线总是在绝对共生线以上，并且呈现出非典型的对数趋势。这意味着从供应和利用角度来看，工业用地都集中在拥有更多住房用地的城镇中。因此，我们可以说，至少从土地使用的角度来看，乡镇是乡村居业协同的最佳标量，应该作为制定土地利用政策、发展乡村增长极和实施乡村振兴战略的最适宜尺度。

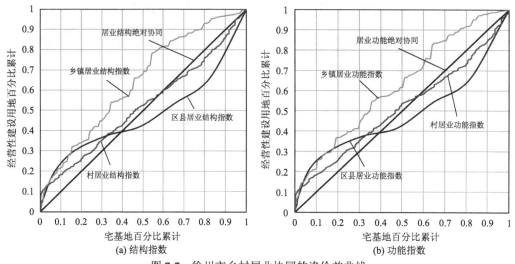

图 7-7　徐州市乡村居业协同的洛伦兹曲线

在此情况下，重构城镇村等级体系十分必要。不同的村具有不同的特征，在乡村地域系统优化重构中负担不同的功能（王勇等，2019）。中心村往往具有一定的人口、产业规模，以及公共设施、服务能力，应着重发展经济，承担产业振兴极的作用；外围村通常承担更多的居住功能，应增加基础设施和公共服务的供给。各村地域功能需要强化，合理安排空间结构，使其在功能上互补，形成村镇有机体。"极"和"体"通过城乡基础网串联，在乡镇尺度追求协同，同时发挥乡镇作为连接农村和城市的纽带作用，实现整个城乡地域系统的融合发展。进一步，为甄别不同村镇所面临的土地利用问题和短板，分别以结构协同指数（SSI）和功能协同指数（FSI）的对数为横、纵坐标进行象限划分，然后将徐州市下辖的全部 136 个乡镇进行居业协同类型识别。如图 7-8 所示，总共有 81 个乡镇落在第一、四象限，表明住房用地相比于工业用地在土地供应中的优势更加明显；而落在第一、二象限的乡镇不足半数（62 个），表明与工业用地相比，住房用地的效率相对较低。具体而言，在第四象限中具有较高 SSI 和较低 FSI 的乡镇最多（42 个），其次是在第一象限中具有较高 SSI 和较高 FSI 的乡镇（39 个）。

空间上，这两个类别中的大多数是沿县境的偏远乡镇（图 7-9）。第三象限是市区周边 32 个城镇，拥有更多的工业用地和更高的效率；第二象限中的 23 个乡镇是县城及其周围地区，拥有更多的工业用地，但效率较低。综上所述，乡村居住与就业的协同关系至少应考虑两个问题：一是远离城市的偏远村镇的住房土地供应过剩和利用效率低下；二是次要中心及其周围的工业用地效率较低。因此，未来农村建设用地配置中应该注意：

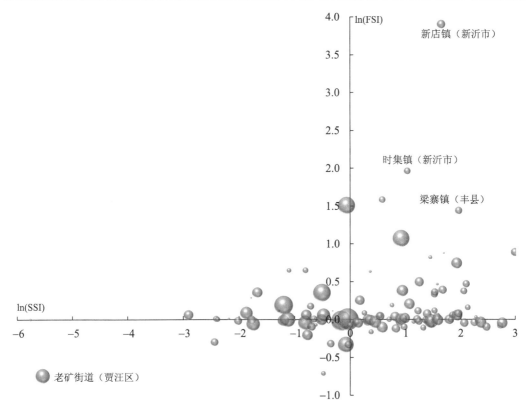

图 7-8　徐州市乡镇的居业协同象限划分

气泡大小表示两类用地的空废率，气泡越大，土地利用越低效

远离城镇中心的偏远乡村，应适当控制宅基地供应，减少非刚性需求的新房建设，同时加快产业扶持，提高本地就业供给；靠近城镇中心的乡村，应加强经营性建设用地利用监管，防止城市"地产霸权"向乡村地区蔓延。

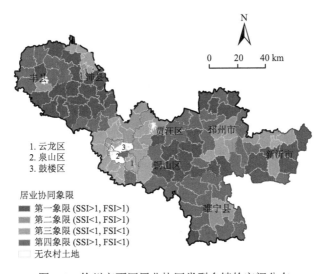

图 7-9　徐州市不同居业协同类型乡镇的空间分布

7.6　本　章　小　结

居业协同作为衡量乡村振兴的评估指标，在评估乡村"人-地-业"的协同程度、聚集水平及耦合状态中起到重要作用。传统的城市地理学者从人口统计学和居民通勤的角度来探讨居住与就业的协同关系，认为城市空间是社会建构出来的，将空间视为日常生活的载体，从需求端通过展示城市居民居住与就业的区位来描绘职住空间的匹配/错位关系。而乡村居业协同水平的测算受数据统计口径及问卷受访谈者主观性的影响较大，同时由于居民习惯和出行方式的不同，交通大数据分析并不适用于乡村居业协同的研究。本章创新性地采用土地利用数据，将空间视为日常生活的产物，通过计算居住与产业用地的空间格局来评估乡村居业协同关系，有效回避了"工作追随人"还是"人追随工作"这一棘手问题，重点关注居业协同带来的场所空间的发展，而不是实践协同本身的地理位置；将传统城市研究中对职住平衡的测度拓展到乡村地域，是对相关文献的重要补充。

本章认为居业协同本质上是一个农村住房和工业用地如何在空间上相互组织的问题，并创新性地采用土地利用数据，从结构协同和功能协同两个维度出发，探索宅基地和农村经营性建设用地的空间匹配度。一方面，利用结构协同指数隐含的土地供应结构信息，我们可以知道是否有充足的农村土地用于居住和就业供给；另一方面，功能协同指数可以反映土地利用效率信息，告诉我们居住和就业用地是否得到有效利用。如果两者都是"是"，那么该地区的居业协同状况较好；否则，可以通过比较特定区域的 SSI 和 FSI 值来诊断共生的最短板。但是，关于协同的空间尺度问题，现有研究已经形成共识，即在较大的区域尺度就业岗位与居住人口规模相当，所以在平均意义上居业协同；而在较小的社区尺度则由于空间分工，居住与就业的空间分离也非常明显。所以，确定合适的空间尺度是评价居业协同水平并确定解决方案的关键。

基于此逻辑，本章对徐州市 2016 年的乡村居业协同格局进行多尺度分析，发现区县和村尺度的乡村土地利用具有明显的偏向，居住和就业空间矛盾突出，用地优势此消彼长；而乡镇尺度居住空间和就业空间关系较为稳定，基本维持在相对平衡的状态，因此乡镇是制定土地政策、发展乡村增长极和实施乡村振兴战略的最佳尺度；在村尺度上需要深度了解各村特征，挖掘潜在优势，发挥不同职能，打造各具特色、"百花齐放"的乡村，避免"千村一面"。更具体地，徐州乡村土地在供给方面往往是居住空间更占优势，且呈现明显的居住与就业空间的分异，即居业失衡。但由于实际使用中的空置和废弃，正常使用中的居住和就业用地反而表现得更协同。究其原因，一种可能是乡村地区整体宅基地空废严重，但是在靠近城镇的地区，经营性建设用地的空废情况更突出；另一种可能是相较于实际利用而言，乡村地区宅基地供给过量，而经营性建设用地的过量供给则主要集中在靠近城镇的地区。因此，本书建议，可在土地利用政策中探索允许宅基地转为经营性用地的途径，增加乡村就业空间，同时在靠近城镇的地区引导产业集聚和发展，盘活城镇周边就业空间，双管齐下提高乡村土地的利用效率。

第8章 江苏省农村建设用地整治潜力测算

近年，国家及地方政府高度重视以建设用地整理为重点的农村居民点整治。在实践操作层面，国家和地方也都推进了不同规模的农村居民点整治工程，如全国范围的"万村整治"、省域层面江苏省的"万顷良田建设工程"等。针对不同类型地区采取不同办法，做到顺应村情民意，科学规划、注重质量、稳步推进，这是新时代实施乡村振兴战略的必然要求(刘彦随，2020a)。对土地整治潜力进行科学评估和测算，是整治工作面临的首要任务，也是顺利开展土地整治工作的重要保障(屠爽爽等，2015)。本章在前述关于农村建设用地转型格局与机理分析的基础上，对江苏省农村建设用地整治潜力进行测算，为下一步推进土地整治和建设用地优化配置实践提供技术参考。

8.1 测 算 思 路

农村居民点整治潜力是指在现有的社会经济条件下，通过对农村居民点的合理规划，调整土地利用的内部空间结构、迁村并点，以及提高农村城镇化水平等措施改造整治后"富余"的土地资源量。目前，学者们对农村居民点整治潜力的测算方法进行了深入探讨，包括人均建设用地标准法、户均建设用地标准法、遥感判别法、闲置土地抽样调查法、建筑容积率法等在内的传统测算方法被广泛应用；随着对土地空置与废弃原因的深入理解，多因素综合潜力测算被逐渐引入(李婷婷等，2020)。潜力资源的判别是农村建设用地挖潜模型构建的基础，识别方法的建立与调查数据的分类和结构紧密相关。本次调查覆盖的村庄用地(203)、采矿用地(204)、风景名胜及特殊用地(205)和补充范围四类区域主要包括宅基地、集体经营性建设用地、公共管理与公共服务用地、其他建设用地及非建设用地①五种类型，其中前四类建设用地包含正常使用、空置和废弃三种状态。一般而言，空置和废弃的建设用地和非建设用地通常作为挖潜资源的核心组成部分。然而，农村建设用地使用主体参与流转的意愿对潜力资源的判别同样具有重要影响，不仅主导潜力资源范围边界的拓展与收缩，还强烈影响潜力挖掘的现实操作性。另外，其他建设用地中空闲地的斑块规模对于挖潜的经济可行性也有重要驱动作用。综合来看，农村建设用地挖潜规模应当是一个高低变化的动态范围，挖潜模型应当通过一个多参数(变量)的分层数学函数进行表达。

---

① 在农村建设用地调查范围内存在一定规模的非建设用地，主要原因是在现行的土地利用规划和年度计划指标双重约束下，地方政府通过农村建设用地复垦，实现建设用地向非建设用地的转变，但短期内并未办理"入库变更"手续，以便自主掌握更多流量指标，为未来发展保留一定的自由裁量权；也或者，在获得农用地占用批复后办理变更手续，但并未进行实际开发建设，类似城市地区的"批而未用"。这类用地虽然在土地利用变更调查数据库中登记为建设用地，但实际用途为非建设用地，可直接作为农村建设用地整治及实施城乡建设用地增减挂钩的下限潜力。

    基于以上分析,本章构建农村建设用地整治潜力评估的"多层次漏斗"模型(图 8-1)。"漏斗"上沿表示潜力资源的外边界,假定不但全部空置或废弃的农村建设用地均可投入挖潜,部分正常使用的农村建设用地的使用主体也愿意参与流转或入市,调查范围内全部非建设用地均可列入挖潜对象范畴。相应地,"漏斗"下沿表示潜力资源的内边界,设定正常使用状态的农村建设用地不参与流转或入市,受主体意愿的影响,空置或废弃状态的农村建设用地仅有部分可投入挖潜;受挖潜投入产出经济成本的约束,其他建设用地中仅大于一定面积的图斑可作为挖潜对象;全部非建设用地仍可列入挖潜对象范畴。总体上,"漏斗"上下沿之间的任意情景都属于挖潜规模的理论分布范畴。

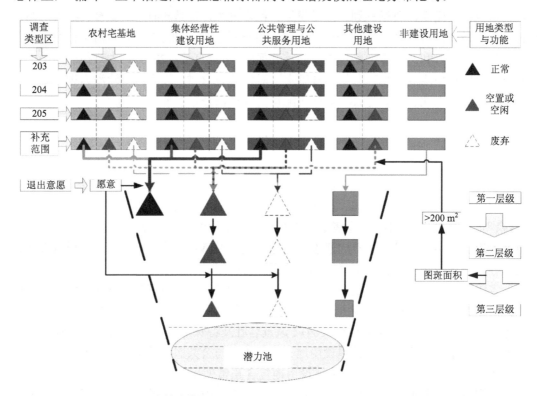

图 8-1   农村建设用地整治潜力评估"多层次漏斗"模型示意图

    参考空置农村建设用地的盘活实践项目与部门调研认知,本章设置了三种"典型"情景进行实证分析,分别是"漏斗"的上沿、下沿和中间层级。具体而言,"上沿"指第一层级,具体包括正常使用但有退出(入市、流转)意愿的宅基地和集体经营性建设用地,空置和废弃状态的宅基地、集体经营性建设用地、公共管理与公共服务用地、其他建设用地中的空闲地和非建设用地。中间层级的潜力范围包括全部空置和废弃状态的农村宅基地、集体经营性建设用地和公共管理与公共服务用地,其他建设用地中的空闲地及非建设用地。"下沿"为第三层级,包括有退出(入市、流转)意愿的空置或废弃状态的农村宅基地、集体经营性建设用地及公共管理与公共服务用地,其他建设用地中大于 200m^2 的空闲地及非建设用地。具体计算模型的数学表达如下:

$$S_{\alpha} = \sum_{i=1}^{n} \left(\sum_{j=1}^{u} A_q^p + \sum_{j=1}^{v} B_q^p + \sum_{j=1}^{w} C_q^p \right) + \sum_{i=1}^{n} \left(\sum_{j=1}^{x} D^t + \sum_{j=1}^{y} E \right) \qquad (8\text{-}1)$$

式中，A、B、C、D 和 E 分别指农村宅基地、集体经营性建设用地、公共管理与公共服务用地、其他建设用地及非建设用地地块的图斑面积；上标变量 p 指地块使用主体的入市或流转意愿，取值为 1 表示不愿意参与入市或流转，相反，取值为 2 表示愿意参与；下标变量 q 指地块使用状态，取值为 1 表示正常使用状态，取值为 2 表示空置或者空闲状态，取值为 3 表示废弃状态；上标变量 t 表示空置的其他建设用地地块面积阈值，根据实际需要确定；n 指农村建设用地调查区类型，一共有四类，包括 203、204、205、补充范围；u、v、w、x、y 分别指符合潜力资源判别要求的地块数量；下标 α 指农村建设用地潜力规模层次，实证研究取值可为 1、2、3，1 指规模外边界，2 指中间层次，3 指规模内边界。

当 α 取值为 1 时，模型包括 q 取值 1 和 2 或 3 两种情景之和，当 q 取值为 1 时，p 取值为 2；当 q 取值为 2 或 3 时，p 取值为 1 或 2 均可，且 t 取值为 0。

当 α 取值为 2 时，模型中 q 取值为 2 或 3，p 取值为 1 或 2 均可，且 t 取值为 0。

当 α 取值为 3 时，模型中 q 取值为 2 或 3，p 取值为 2，t 取值根据实际确定，本章中确定为 200。

8.2　潜　力　测　算

8.2.1　农村非建设用地

江苏省农村建设用地调查范围内共有非建设用地 19.86 万 hm²，其中耕地 12.35 万 hm²、园地 4.36 万 hm²、林地 0.43 万 hm²、草地 0.06 万 hm²、农村道路 123.45hm²、水域等用地 2.11 万 hm²、其他土地 5398.50hm²。从一级类和二级类情况来看，具有较大整治潜力的沿海滩涂、内陆滩涂和沟渠占地面积分别为 10.01hm²、155.16hm² 和 4330.42hm²；从区域角度来看，沿海滩涂只分布在盐城地区（面积为 10.01hm²），内陆滩涂则以淮安市最多（面积为 61.97hm²），另外有 402.10hm² 的沟渠分布在盐城地区。其他土地中，非建设用地共计 5398.50hm²，占同类用地的比例为 1.68%，其中，具有较大挖掘潜力的盐碱地和裸地面积分别为 253.14hm² 和 152.01hm²，占其他土地总面积的比例分别为 5% 和 3%；从区域角度来看，有 99.87% 的盐碱地分布在盐城地区，面积达到了 252.8hm²，裸地的分布则以连云港为主，面积为 49.2hm²，占裸地总面积的比例为 32.37%。从产权归属来看，属于国有的非建设用地面积为 2.85 万 hm²，其余均为村民小组、村集体经济组织、乡集体经济组织、其他农民集体经济组织等集体所有，面积达到了 17.01 万 hm²。从挖掘潜力出发，可对村民小组和其他农村集体经营组织的用地进行合理的挖掘与整治，以提高土地利用效率。

8.2.2　愿意退出或流转

调查范围内共有"愿意退出"宅基地 14.73 万宗，面积达 3.64 万 hm²。如表 8-1 所示，苏北五市愿意退出宅基地的宗地面积占 49.60%，接近苏南五市和苏中三市的总和。

尤其，连云港市愿意退出宅基地的宗地面积最多，为 1.03 万 hm^2，占全省比重达 28.32%；而泰州市愿意退出宅基地的宗地面积最少，只有 0.05 万 hm^2，占全省比重仅为 1.47%。类似地，经营性建设用地中"愿意入市、流转"的有 4.70 万宗，面积达 2.11 万 hm^2。分地区来看，苏南五市愿意入市、流转的经营性建设用地的宗地面积占比 53.63%，超过苏北五市和苏中三市的总和。尤其，无锡市愿意入市、流转的宗地面积最多，为 4166.66hm^2，占全省比重达 19.78%；泰州市面积最少，只有 281.57hm^2，占全省比重仅为 1.34%。除此之外，还有"愿意入市、流转"的公共管理与公共服务用地 1.15 万宗，面积 3183.76hm^2。其中，无锡市愿意入市、流转的公共管理与公共服务用地的面积最大，为 655.82hm^2，占全省比重达 20.60%；泰州市愿意入市、流转的公共管理与公共服务用地面积最少，仅 34.46hm^2，占全省比重仅为 1.08%。

表 8-1   江苏省各地愿意整治农村建设用地统计

地区	宅基地		经营性建设用地		公共管理与公共服务用地	
	面积/hm^2	比重/%	面积/hm^2	比重/%	面积/hm^2	比重/%
南京市	4950.20	13.61	2407.16	11.43	501.61	15.76
无锡市	2438.45	6.70	4166.66	19.78	655.82	20.60
徐州市	787.73	2.17	2213.53	10.51	226.46	7.11
常州市	1087.16	2.99	1052.69	5.00	93.18	2.93
苏州市	3790.04	10.42	2568.04	12.19	347.51	10.92
南通市	661.54	1.82	762.51	3.62	62.46	1.96
连云港市	10303.93	28.32	723.00	3.43	121.98	3.83
淮安市	2428.89	6.68	609.11	2.89	171.35	5.38
盐城市	2117.88	5.82	2021.85	9.60	147.41	4.63
扬州市	4080.00	11.22	2380.34	11.30	451.95	14.20
镇江市	793.06	2.18	1101.07	5.23	41.66	1.31
泰州市	536.04	1.47	281.57	1.34	34.46	1.08
宿迁市	2404.98	6.61	773.50	3.67	327.91	10.30
全省合计	36379.90	100.00	21061.03	100.00	3183.76	100.00

8.2.3 空置和废弃用地

如表 8-2 所示，江苏省的空置和废弃宅基地分别有 114.46 万宗和 8.93 万宗，总面积分别为 22588.59hm^2 和 3041.49hm^2，分别占宅基地总量的 6.87% 和 0.92%。其中，盐城市空置宅基地面积最多，达 3527.41hm^2，连云港市空置宅基地面积最少，仅 775.10hm^2；徐州市废弃宅基地面积最多，达 705.54hm^2，镇江市废弃宅基地面积最少，仅 37.58hm^2。

表 8-2   江苏省各地空置和废弃建设用地统计   （单位：hm^2）

地区	宅基地		经营性建设用地		公共管理与公共服务用地	
	空置	废弃	空置	废弃	空置	废弃
南京市	1007.02	490.54	2689.46	458.95	601.13	50.12
无锡市	1079.66	45.33	3677.04	68.93	357.67	0.37

续表

地区	宅基地		经营性建设用地		公共管理与公共服务用地	
	空置	废弃	空置	废弃	空置	废弃
徐州市	2903.40	705.54	1358.60	1058.34	137.81	22.70
常州市	896.44	169.27	896.60	111.08	13.93	7.75
苏州市	1155.90	149.68	1698.01	51.28	182.67	6.97
南通市	2179.49	273.25	1775.85	128.68	300.14	18.54
连云港市	775.10	83.32	254.70	29.64	25.13	15.68
淮安市	1744.68	236.48	1336.43	79.92	181.03	31.25
盐城市	3527.41	447.79	6152.16	1056.65	495.30	116.55
扬州市	1473.30	96.29	1207.78	140.77	150.02	10.84
镇江市	1680.58	37.58	1811.52	5.87	105.88	1.63
泰州市	1500.35	98.70	753.61	242.39	85.06	55.09
宿迁市	2665.26	207.72	971.66	211.52	150.70	32.93
全省合计	22588.59	3041.49	24583.42	3644.02	2786.47	370.42

空置状态的经营性建设用地总计 2.76 万宗，总面积为 24583.42hm²，宗地和面积分别占经营性建设用地总量的 12.85% 和 9.89%。分地区来看，盐城市空置状态的经营性建设用地宗地面积最多，达到 6152.16hm²（占比 25.03%），连云港市空置状态的经营性建设用地宗地面积最少，为 254.70hm²（占比 1.04%）。从三大区域来看，苏南五市和苏北五市空置状态的经营性建设用地宗地面积大致相同，都超过了 1 万 hm²。废弃状态的经营性建设用地共 2918 宗，总计 3644.02hm²，宗地和面积分别占经营性建设用地总量的 1.36% 和 1.74%。分地区来看，徐州市废弃状态的经营性建设用地宗地面积最多，达到了 1058.34hm²（占比 29.04%），镇江市废弃状态的经营性建设用地宗地面积最少，为 5.87hm²（占比 0.16%）。从三大区域来看，苏北五市废弃状态的经营性建设用地宗地面积占比达到了 66.85%，远超苏南五市和苏中三市废弃状态的经营性建设用地总宗地面积。

空置的公共管理与公共服务用地为 8699 宗，面积为 2786.47hm²，宗地和面积分别占公共管理与公共服务用地总量的 10.86% 和 11.37%。分地区来看，南京市空置状态的公共管理与公共服务用地宗地面积最多，达到 601.13hm²（占比 21.57%），常州市空置状态的公共管理与公共服务用地宗地面积最少，为 13.93hm²（占比 0.50%）。从三大区域来看，苏南五市空置状态的公共管理与公共服务用地宗地面积占全省空置状态公共管理与公共服务用地宗地面积的 45.26%。废弃的公共管理与公共服务用地有 1527 宗，宗地面积总计 370.42hm²，宗地和面积占总的公共管理与公共服务用地的 1.91% 和 1.51%。分地区来看，盐城市废弃状态的公共管理与公共服务用地宗地面积最多，达到了 116.55hm²（占比 31.46%），无锡市废弃状态的公共管理与公共服务用地宗地面积最少，为 0.37hm²（占比 0.10%）。从三大区域来看，苏北五市废弃状态的公共管理与公共服务用地宗地面积占比为 59.15%，远超苏南五市和苏中三市废弃状态的公共管理与公共服务用地宗地面积的总和。

8.3　潜　力　分　级

根据前述测算思路，按照潜力挖掘的难易程度，将农村建设用地潜力挖掘分成三个层次：正常使用但有退出(入市、流转)意愿的宅基地和集体经营性建设用地+空置状态和废弃状态的宅基地、集体经营性建设用地、公共管理与公共服务用地+其他建设用地中的空闲地+非建设用地(包括耕地、林地、园地和其他土地)作为初级潜力值；空置状态和废弃状态的宅基地、集体经营性建设用地、公共管理与公共服务用地+其他建设用地中的空闲地+非建设用地作为二级潜力值；有退出(入市、流转)意愿的空置状态和废弃状态的宅基地、集体经营性建设用地和空废状态的公共管理与公共服务用地+其他建设用地中大于200m²的空闲地+非建设用地作为三级潜力值。

8.3.1　初级潜力

累加非建设用地中的耕地、园地、林地和其他土地等下限潜力和有退出(入市、流转)意愿用地、空废用地，以及其他建设用地中的空闲地等，得到江苏省农村建设用地整治的初级潜力规模为59.75万hm²。其中，村庄用地(203)范围内有53.95万hm²，采矿用地(204)范围内有3.20万hm²，风景名胜及特殊用地(205)范围内有0.90万hm²，补充调查范围内有1.70万hm²，占比分别为90.28%、5.36%、1.51%和2.85%。如图8-2所示，愿意退出正常使用的宅基地共125.04万宗，面积3.04万hm²；愿意入市、流转正常使用的集体经营性建设用地共1.55万宗，面积0.89万hm²；空废状态的宅基地、集体经营性建设用地、公共管理与公共服务用地分别为2.56万hm²、1.47万hm²和0.31万hm²；其他建设用地中的空闲地为31.68万hm²；非建设用地中的耕地、园地、林地和其他土地共计19.80万hm²。

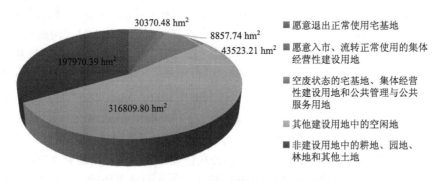

图8-2　江苏省农村建设用地整治初级潜力值构成

8.3.2　二级潜力

累加空置和废弃三类用地、其他建设用地中的空闲地及非建设用地中的耕地、园地、林地和其他土地面积，江苏省农村建设用地整治的二级潜力值共计55.83万hm²。其中，村庄用地(203)范围内有50.73万hm²，采矿用地(204)范围内有3.15万hm²，风景名胜

及特殊用地(205)范围内有 0.89 万 hm², 补充调查范围内有 1.06 万 hm², 占比分别为
90.87%、5.64%、1.59%和 1.90%。如图 8-3 所示，空废状态的农村宅基地、集体经营性
建设用地、公共管理与公共服务用地合计 4.35 万 hm²; 其他建设用地中的空闲地有 31.68
万 hm²; 非建设用地中的耕地、园地、林地和其他土地有 19.80 万 hm²。

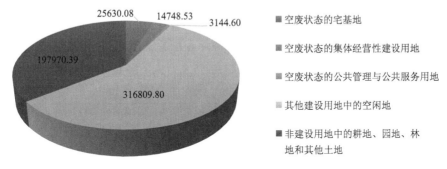

图 8-3　江苏省农村建设用地整治二级潜力值构成

8.3.3　三级潜力

累加有退出(入市、流转)意愿的空废宅基地和经营性建设用地、空废公共管理与公
共服务用地、其他建设用地中大于200m²的空闲地，以及非建设用地中的耕地、园地、
林地和其他土地面积，江苏省农村建设用地整治三级潜力值共计 51.49 万 hm²。其中，
村庄用地(203)范围内有 47.27 万 hm²，采矿用地(204)范围内有 3.03 万 hm²，风景名胜
及特殊用地(205)范围内有 0.87 万 hm²，补充调查范围内有 0.32 万 hm²，占比分别为
91.81%、5.88%、1.69%和0.62%。如图 8-4 所示，愿意退出(入市、流转)空置和废弃状
态的宅基地 0.60 万 hm²、集体经营性建设用地 0.41 万 hm²; 空废状态的公共管理与公共
服务用地 0.31 万 hm²; 其他建设用地中大于200m²的空闲地 30.36 万 hm²; 非建设用地
中的耕地、园地、林地和其他土地 19.80 万 hm²。

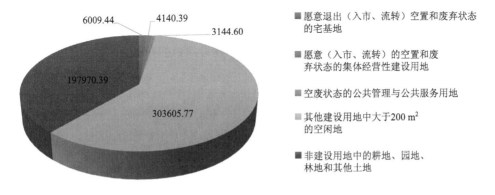

图 8-4　江苏省农村建设用地整治三级潜力值构成

8.4　实　践　案　例

南京市江北新区是 2015 年国务院批复设立的国家级新区，位于江苏省南京市长江以北，包括南京市浦口区、六合区部分区域和栖霞区八卦洲街道。作为江苏省首个国家级新区，江北新区是江苏"承东接西""联南接北"的重要枢纽，新区定位为国家自主创新先导区、新型城镇化示范区、长三角地区现代产业集聚区、长江经济带对外开放合作重要平台。2014～2017 年，江北新区农村人口由 55.8 万人下降至 45.7 万人，年均减少 6.0 个百分点；与此同时，村庄用地从 2.29 万 hm^2 减少至 2.00 万 hm^2，年均减少 4.2 个百分点。但是从人均规模看，人均村庄用地规模不减反增，从 2014 年的 411m^2/人增至 2017 年的 438m^2/人，远高于全市人均农村居民点用地面积（326m^2/人），甚至比全省平均水平（417m^2/人）还要高，农村建设用地整治潜力巨大。

如图 8-5 所示，本节研究的江北新区不包括栖霞区八卦洲街道，主要涵盖浦口区和六合区的行政范围，总面积 2451km^2。根据新区管理架构，江北新区可进一步分为核心区、直管区、共建区和协调区。其中，直管区包括原南京市高新技术产业开发区（含浦口区的沿江、泰山、盘城街道）、化工园区（含六合的大厂、长芦街道）及顶山街道、葛塘街道，面积 386.25km^2，并在直管区内划定核心区 33.2km^2；共建区为江北新区规划范围除直管区以外的其他区域（以浦口、六合为主开发建设，江北新区对重大事项进行统筹），面积 788km^2。本节以农村建设用地整治潜力挖掘的资源禀赋分析为基础，结合农村宅基地、（集体）经营性建设用地和公共管理与公共服务用地的空废状态和权利人处置意愿进行分析，考虑潜力挖掘的难易程度，分别测算江北新区农村建设用地盘活的潜力规模。

8.4.1　潜力规模

从潜力挖掘类型看，可挖掘的资源主要包括非建设用地、空闲地、空废农村建设用地，以及其他有流转或整治意愿的"过剩"农村建设用地。其中，非建设用地是指实际已完成复垦但在变更调查中尚未完成地类调整的用地单元，或在年度变更调查中受最小上图面积限制被划归村庄用地（203）但实际并非建设用地的单元。

1. 非建设用地

截至 2016 年底，江北新区共有非建设用地 8042.4hm^2，包括耕地 3210.1hm^2、园地 3520.3hm^2、林地 230.2hm^2、草地 55.1hm^2、水域及其他土地 1026.7hm^2。在这些用地类型中，农用地可作为复垦的最主要潜力，面积约为 7015.7hm^2。

2. 空闲地资源

其他建设用地中的空闲地具有较大的挖掘潜力，但规模越小的空闲地复垦难度越大，也不宜作为农村建设用地挖掘潜力。江北新区共有空闲地 6058.1hm^2，其中宗地面积在 200m^2 以上的有 5951.5hm^2。

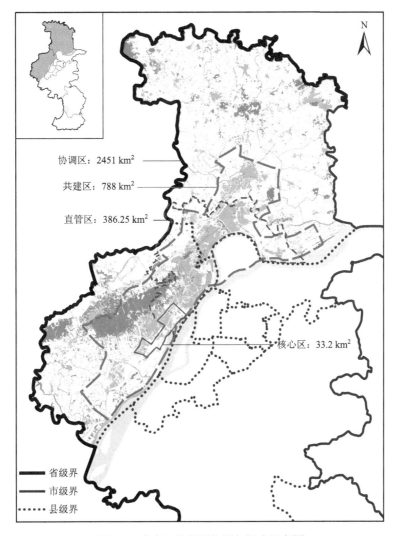

图 8-5　南京江北新区位置与组成示意图

3. 空废用地

空置和废弃农村建设用地是潜力挖掘的最直接对象。江北新区空置和废弃状态的农村宅地基分别为 91.4hm² 和 191.4hm²；空置和废弃状态的经营性建设用地面积分别为 40.5hm² 和 441.9hm²；空置和废弃状态的公共管理与公共服务用地面积分别为 247.1hm² 和 39.3hm²。

4. 有退出意愿的正常使用建设用地

在正常使用的宅基地和经营性建设用地中有退出（入市、流转）意愿的也可以作为未来潜在的潜力挖掘对象。江北新区共有此类用地 1823.3hm²，其中农村宅基地 1624.1hm²、经营性建设用地 133.8hm²、公共管理与公共服务用地 65.4hm²。

8.4.2　潜力分级

按照前述农村建设用地整理潜力测算思路，并综合考虑潜力挖掘的难易程度，将农村建设用地潜力挖掘分成三类，分别是愿意退出的空废建设用地、正常使用但愿意退出的建设用地，以及不愿意退出但处于空废状态的建设用地。具体潜力构成如表 8-3 和图 8-6 所示。

表 8-3　南京江北新区农村建设用地整治潜力规模

潜力类型		江北新区全域		直管区	
		宗地/hm²	建筑物/万 m²	宗地/hm²	建筑物/万 m²
非建设用地中的农用地		7015.7	—	481.0	—
>200m²的空闲地		5951.5	—	755.7	—
愿意退出的空废用地	合计	122.7	78.9	3.6	3.0
	农村宅基地	91.6	59.6	3.6	3.0
	经营性建设用地	19.6	10.6	—	—
	公共管理与公共服务用地	3.9	2.0	—	—
	其他建设用地	7.6	6.7	—	—
愿意退出的正常用地	合计	1827.8	1352.3	103.0	90.9
	农村宅基地	1624.1	1188.6	95.9	87.3
	经营性建设用地	133.8	110.1	4.1	1.7
	公共管理与公共服务用地	65.4	47.8	3.0	1.9
	其他建设用地	4.5	5.8	—	—
不愿意退出的空废用地	合计	936.2	866.3	372.1	366.6
	农村宅基地	190.9	142.1	4.7	2.6
	经营性建设用地	462.8	444.5	227.3	224.2
	公共管理与公共服务用地	282.5	279.7	140.1	139.8

第一类整治区，主要分布在协调区的竹镇、程桥、横梁、新篁、八百桥等乡镇，以及共建区的星甸街道、江浦街道和直管区的盘城街道等地，面积约 122.7hm²。通过整治，可拆迁复垦宅基地 91.6hm²，建筑物面积 59.6 万 m²（含直管区 3.0 万 m²）；经营性建设用地 19.4hm²，建筑物面积 10.6 万 m²；公共管理与公共服务用地建筑物面积 2.0 万 m²；其他建设用地建筑物面积 6.7 万 m²。

第二类整治区，主要分布在协调区北部竹镇、马集、程桥、马鞍和东部横梁、新篁，以及共建区的江浦街道和直管区的盘城街道等地，面积约 1827.8hm²。通过整治，可拆迁改造的宅基地共计 1624.1hm²，地上建筑物面积 1188.6 万 m²（含直管区 87.3 万 m²）；经营性建设用地 133.8hm²，地上建筑物面积 110.1 万 m²（含直管区 1.7 万 m²）；公共管理与公共服务用地 65.4hm²，地上建筑物面积 47.8 万 m²（含直管区 1.9 万 m²）。

第三类整治区，主要分布在共建区的江浦、龙池、雄州等街道，以及直管区的泰山、盘城街道等地，面积约 936.2hm²。通过整治，可拆迁改造的空废宅基地共计 190.9hm²，地上建筑物面积 142.1 万 m²(含直管区 2.6 万 m²)；经营性建设用地 462.8hm²，地上建筑物面积 444.5 万 m²(含直管区 224.2 万 m²)；公共管理与公共服务用地 282.5hm²，地上建筑物面积 279.7 万 m²(含直管区 139.8 万 m²)。

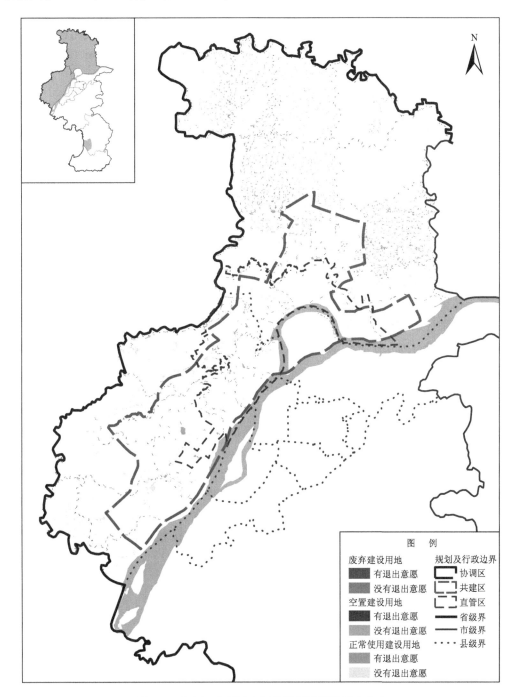

图 8-6　南京江北新区农村建设用地整治潜力分布

考虑到农村建设用地潜力挖掘可同步整理空闲地与非建设用地指标,通过测算非建设用地与空闲地,以及农村宅基地、经营性建设用地、公共管理与公共服务用地、其他建设用地面积,得到校正系数 0.65,即每整理 1hm² 农村宅基地、经营性建设用地、公共管理与公共服务用地及其他建设用地可置换 1.65hm² 的流量指标。据此,可得到校正后江北新区三类潜力值分别为愿意退出的空废建设用地 202.5hm²、正常使用但愿意退出的建设用地 3015.9hm²、不愿意退出但处于空废状态的建设用地 1544.7hm²(图 8-6)。

8.5　本 章 小 结

农村居民点整治潜力是指在现有的社会经济条件下,通过对农村居民点的合理规划,调整土地利用的内部空间结构、迁村并点,以及提高农村城镇化水平等措施改造整治后"富余"的土地资源量。综合建设用地利用状态与产权人处置意愿等,构建评估农村建设用地整治潜力的"多层次漏斗"模型,测度农村建设用地潜力的内外边界,进而分析建设用地整治的不同潜力类型及其构成。其中,"漏斗"上沿表示潜力资源的外边界,假定不但全部空置或废弃的农村建设用地可投入挖潜,部分正常使用农村建设用地的使用主体也愿意参与流转或入市,调查范围内全部非建设用地均可列入挖潜对象范畴。相应地,"漏斗"下沿表示潜力资源的内边界,设定正常使用状态的农村建设用地不参与流转或入市,受主体意愿的影响,空置或废弃状态的农村建设用地仅有部分可投入挖潜;受挖潜投入产出经济成本的约束,其他建设用地中仅大于一定面积的图斑可作为挖潜对象;全部非建设用地仍可列入挖潜对象范畴。总体上,"漏斗"上下沿之间的任意一情景都属于挖潜规模的理论分布范畴。

采用"漏斗"模型对江苏省农村建设用地整治潜力规模进行测算,发现农村建设用地"低限"挖潜规模约 51.49 万 hm²,其中愿意退出(入市、流转)空置和废弃状态的农村宅基地 0.60 万 hm²、经营性建设用地 0.41 万 hm²、空废状态的公共管理与公共服务用地 0.31 万 hm²。进一步以南京市江北新区为例,对具体的农村建设用地整治潜力分级及其构成进行分析,发现三类潜力在空间分布上存在一定的异质性特征。其中,作为第一类潜力中有退出意愿的空废建设用地主要集中在协调区,校正后面积约为 202.5hm²;第二类潜力中有退出意愿的正常使用建设用地以共建区为主,校正后面积约为 3015.9hm²;第三类潜力中无退出意愿的空废建设用地主要集中在核心区,校正后面积约为 1544.7hm²。

第9章 基于精明收缩的农村建设用地配置

乡村聚落是农村建设用地整治和优化配置的前沿阵地，也是实施乡村振兴战略与乡村转型发展的主战场。在村域尺度开展建设用地优化配置研究，是农村建设用地利用转型的重要研究话题。尤其，对农村居民点的布局优化不仅是社会主义新农村建设亟待解决的关键问题，而且是影响农村居民生活水平和生活质量的重要因素。本章即在前述关于农村建设用地利用转型规律及整治潜力测算的基础上，以苏北传统农区的典型村域为案例，从精明收缩的理论视角出发，对建设用地优化配置的过程进行系统分析，进而总结农村建设用地调控实施模式。

9.1 乡村精明收缩的内涵

国外关于"收缩"（shrinkage）的探讨最早始于城市研究领域，学者为解决"后工业化"转型中出现的经济衰退、人口外流等问题，提出需要一种新的城市发展管理策略（Rhodes and Russo，2013；Pallagst，2010）。2002 年，美国罗格斯大学（Rutgers University）的弗兰克•波珀（Frank Popper）教授及其夫人针对逆城市化现象的研究提出城市收缩当以精明为要，指出要减少增量规划，以人口收缩为基础，优化居住及生活空间，提高人居环境的质量（Popper and Popper，2002）。之后，Pallagst（2007）进一步深化提出，精明收缩意味着更有效率、更生态和更可持续，精明收缩的过程通常在应对其所带来的挑战中完成。直到 2010 年，精明收缩才真正意义上作为一种城市规划策略在美国重工业城市扬斯敦市的规划（Youngstown Citywide Plan 2010）中得以确定，并提出包括废弃土地再开发、城市规模精简和建立土地银行等精明收缩策略（黄鹤，2011）。

虽然我国大多数城市都还处于工业化深化阶段，城镇人口的数量增长和建设空间拓展方兴未艾，与欧美发达国家普遍处于后工业化阶段、城市化已进入成熟期不同（赵民等，2015），但是在广大乡村地区普遍面临人口流失、经济衰退、空心化和人居环境破败等收缩现象，精明收缩的理念为解决乡村振兴战略实施中的空间资源配置问题提供了良好借鉴。如龙花楼（2013）从人口集中、空间优化和产业集聚三方面界定乡村空间重构，为农村地域实现精明收缩提供一种创新的思路。周洋岑等（2016）提出基于"精明收缩"的山地乡村居民点集聚规划方法体系，建议通过更新规划理念、完善规划体系，以"引导+倒逼"的创新方式，激发村民的内生集聚意愿。王雨村等（2017）则论证了精明收缩理论适用于苏南乡村空间发展的合理性，并从生活空间、工业空间和农业空间 3 个方面探讨了苏南地区收缩发展进程中存在的问题，进而从精明收缩的视角提出规划发展策略及解决措施。

尽管不同学者对乡村精明收缩的缘起和定义有着不同的认识和理解，但总结各位学者的研究成果不难发现，乡村收缩将成为未来一段时间内的发展常态，而乡村"精明收缩"也将成为我国乡村发展转型的主要路径。虽然也有学者指出当前的收缩乡村实践存在消极抵制收缩与过分聚焦空间的误区，认为国土空间规划体系下的村庄规划需要超越狭义关注空间的精明收缩理念，从发展范式转变、规划体系转型、治理模式创新等多方面的探索来匹配现实的收缩趋势，最终促进乡村地区的治理现代化与可持续发展（胡航军和张京祥，2022）。但是，面对资源要素流失且短期内不可逆转的现实困境，乡村选择以减少聚落空间为翘板开展精明收缩，是凝聚发展动力、保持乡村社区活力、培育可持续发展能力的一个重要路径。其前提是必须改变长期以来"见地不见人"的规划范式，通过应对"收缩"摆脱长期以来对"增长"的追求与焦虑感，更加关注个体的存在和乡村功能的复兴。所以说，精明收缩的实质是指控制或管理收缩，又称规划收缩和创造性收缩（Daly and Kitchin，2013）。

我们认为，精明收缩在处理人口减少、产业萎缩等问题上是积极的，至少是中性的，不是像衰退那样基于消极或负面视角。人口的减少就像增加一样是可以规划的，一个地方可以减少人口，但要确保高质量的生活及积极的经济、社会和环境效应。乡村的衰退可以看作积极重塑区域社会经济结构、改善生活质量的机会。因此，本章将农村的精明收缩定义为：基于人口缩减的事实，减少增量规划，集约节约利用土地和空间，提高人居生活水平和社区活力。精明收缩概念指导下的乡村聚落重构不是简单地将布局分散的自然村拆除或迁村并点，而是要通过工业空间、农业空间和服务业空间的系统重构，激发乡村发展的内生动力，进而提升村庄对各种资源要素的吸引力，实现乡村地区的特色化可持续发展。

9.2　基于精明收缩的建设用地调控路径

9.2.1　农村建设用地精明收缩的路径

在快速工业化、城镇化背景下，乡村人口外流、产业衰败是乡村发展的必然趋势（王雨村等，2017）。人口的减少直接影响乡村的硬件设施，人居空间的荒废、公共基础设施的压缩和经济产业的衰败等都给乡村社会的物质基础带来极大挑战（赵民等，2015）。硬件的持续收缩继而影响当地居民的行为，甚至瓦解原有的社会结构和生活方式，最终反映在人们的价值观和思维判断上：人们觉得自己生活的乡村不如其他人口增长的地方，陷入一种因收缩导致的悲观情绪中（胡航军和张京祥，2022）。但是"收缩"并不意味着"消亡"，为应对衰退的现实与趋势，在减少农村建设用地规模的同时，乡村的产业空间和社会空间也需要进行适度调整，以实现"要素-结构-功能"的全方位重构。如图 9-1 所示，精明收缩契合了"为了集中而收缩"的理念，其实现路径是在人口减少、建设用地减量化、空间收缩发展的同时，充分利用在地资源和社区力量去提升当地人的生活质量，进而维持潜在发展动力，将可以驱动增长的要素置于合适的、集中的区域，保持该区域的良性稳定持续和超越增长的发展（Sousa and Pinho，2015）。

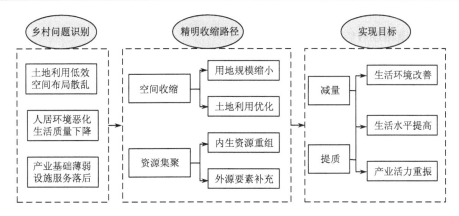

图 9-1　乡村聚落精明收缩的基本路径

　　在空间上，乡村地域范围广、乡村聚落分布散，如果按照原有村庄单元布局进行"原子化"收缩，势必造成资源利用的分散和低效，只有适当集中，才能实现规模效益，便于更加高效地提供公共服务。因此，实现乡村的精明收缩需要进行空间的重构。精确的基础数据是编制精明收缩规划和行动计划的关键（Schilling and Logan，2008）。在进行乡村聚落收缩之前，有必要对广大范围内的乡村聚落进行全面排查，厘清和对比乡村实际人口规模结构、土地利用现状、资源环境的现实状态，甄别乡村收缩地域存在的主要问题。在乡村社区内形成一致性的意见是精明收缩的关键，通过吸引当地人的参与，激发自下而上的主动性，鼓励在地的各种力量共同奋斗（Liu and Li，2017）。精明收缩需要充分调研居民需求和搬迁意愿，确定聚落的重点收缩范围和集中建设的核心区域。如图 9-2 所示，对位置偏远、人口流失严重、住房条件差的村落鼓励搬迁；对于区位良好、经济基础较强、资源环境本底较好的乡村聚落，可以将其作为精明收缩中新型农村社区建设的中心地区而保留和进行科学规划。

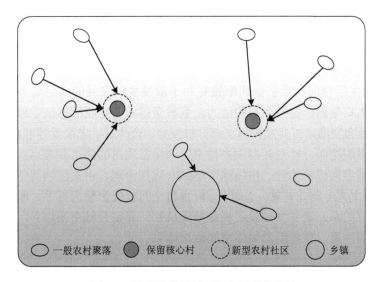

图 9-2　精明收缩视域下的乡村聚落重组

9.2.2　乡村聚落精明收缩的调控目标

　　乡村发展转型过程中城乡人口及各种社会经济发展要素的超前或滞后转型，甚至是非正常演变将使乡村地域系统产生不同程度的反馈与响应，从而影响区域农业和农村的可持续发展(龙花楼等，2018)。乡村精明收缩就是通过农村土地整治调整关键发展要素的演进方向，形成各要素间耦合协调发展的新格局。更具体地，精明收缩的目标是提高人居生活水平、增强社区活力和改善生态环境，所以精明收缩并不是一味地对建设用地"做减法"，而是在低效用地减量化的同时，确保有序收缩和健康收缩，并增加必要的用地类型的供给，对农村建设规模与空间布局进行优化重组，提升村庄运行效率，完善乡村承载的功能，实现生活空间、经济空间和社会空间的有机融合，从而提升乡村地区的发展质量，重新焕发乡村活力，助推城乡高质量发展。

　　(1)生活空间要按照有利生产、方便生活、资源节约的原则进行重构。通过有效的规划调控，在推进城镇化的前提下，合理规划农村聚落，推进农村人口适度集中居住。根据农民收入的主要来源，配置有利生产的空间场所，如晾晒场地、仓储用地等。从方便生活的视角，合理配置交通、教育、医疗、养老、通信、商业、社区管理、上下水、绿化、停车场、宗教信仰等基础设施和公用设施，切实提高乡村人居环境质量，形成有利于城乡协调互动的乡村生活空间。资源节约要求人均居住面积、人均建设用地面积原则上不突破乡镇规划的最高用地标准。

　　(2)经济空间的重构包括产业结构和空间配置两方面的内容。在农村人力资源要素变化及新技术、新业态、新发展模式不断涌现的背景下，充分吸收和利用新的经济发展要素，创新农村产业经营管理方式，改造活化乡村传统产业，积极培育乡村经济新业态。积极探索农业与互联网产业、旅游休闲、教育文化、健康养生等的深度融合，推进养老产业、养生产业、生态旅游产业等乡村经济新业态(龙花楼和屠爽爽，2017)。经济空间要发挥乡村用地的多功能性特征，允许复合功能叠加，也可以单独配置。在具体的乡村生产空间重构过程中，应加快实现农业产业化与现代化，以及工业的园区化，广泛运用适宜的生产技术，提高生产组织的社会化与管理的科学化水平，实现土地产出率、劳动生产率与资源利用率的统一。

　　(3)合理的生活空间和经济空间配置有利于激发乡村发展的内生动力，通过居业协同，吸引更多人口集聚，提升乡村的活力。乡村聚落的有序收缩打破了原有基于地缘、血缘、亲缘的社会空间，需要发挥村支部、村委会、合作社、志愿者等群众团体的作用，重塑新的社会组织空间。针对转型期乡村空间利用呈现出的痛点和难点，推动乡村空间治理由单一治理走向综合治理、由线性治理到非线性治理、由关注物质空间治理到关注空间关系治理(戈大专和龙花楼，2020)。以乡村空间权属调整为抓手，明确不同乡村发展主体间的利益关系，确立乡村发展权益分配机制，界定公私空间边界，搭建权责明晰的乡村空间权属体系，完善新的聚落空间治理体系。

9.2.3　乡村聚落精明收缩的驱动机制

　　经济结构的现代化转型通常被认为是导致乡村收缩的主要原因，基于人类自我发展和横向竞争的需求逐渐发展为现代、高效的城市聚落，这一过程隐喻着乡村收缩的必然性(赵民等，2015；胡航军和张京祥，2022)。经济发展从农业主导向第二、第三产业的转型使得效率更高的城市成为核心增长动力(罗震东和周洋岑，2016)。乡村经济持续衰退、预期报酬下降、工作机会缺失迫使人们，尤其是受过良好教育的年轻人不得不向城市迁移，最终孕育了乡村空心化、老龄化的危机(胡航军和张京祥，2022)。此外，空间发展范式的固化也在无形中推动着乡村的收缩，强调聚集效应的空间建设理论的持续应用，使得外围边缘乡村在很长一段时间内都不被重视，不均等的公共服务和教育设施推动着乡村人口向城镇迁徙；乡村破败的环境和落后的设施导致乡村人口流失，在城市拉力与乡村推力的交互影响下，乡村收缩不可避免。

从我国的现实出发，乡村精明收缩所面临的挑战主要有资金缺乏、当地居民缺席、地方政府缺位等。乡村作为基层自治的基本单元之一，具有村民治村的天然基因。与城市不同，村庄不仅需要正式的规划制度，更需要以村民为主体形成的社会治理网络(胡航军和张京祥，2022)。要实现乡村聚落的精明收缩，必须建立以城乡价值交换链为主线、由行动群体共同推进的驱动机制，在政府、乡村、社会之间建立多方协调的行动者网络，从当下"有为政府"模式转向"赋能乡村"模式，重视部分权力的下放，提升村庄发展策略与规划方案的合理性和可实施性。当然，类似的关系网络也并非万能，普遍性的财政问题、常见的意见冲突、权力在社区内部的过分集中等危险也导致挑战无处不在(Meijer，2020)。所以，还必须充分认识到乡贤能人、乡村规划师等在沟通网络中的重要中介作用，充分发挥政府、社会和乡村在地能人的能动性(李裕瑞等，2020)。

地方政府是现阶段推进农村聚落整治、实现精明收缩的力促者和乡村转型发展的推动者。在财政分权和政绩考核背景下，地方政府利用土地开发的主导权，实施乡村聚落的精明收缩策略，在优先满足乡村用地需求的前提下，获得城镇发展用地，同时还能争取结余指标进行跨地区流转交易，增加区域的财政收入。另外，通过落实城乡建设用地增减挂钩政策，开展聚落整治，引导农民的非农转移和集中居住，可以支撑美丽乡村建设任务的完成(刘彦随，2018)；同时可以新增耕地、推进高标准永久基本农田建设，实现农业农村的现代化，帮助经济薄弱农村及早致富，满足政绩考核要求。

村民是乡村精明收缩的主要参与者和最大受益者。通过乡村聚落的收缩整治，农村居民可以通过宅基地使用权的退出获取货币补偿，也可以选择以置换的形式腾退原有居住空间，搬迁至新型农村社区，实现土地使用权和房屋所有权的资产价值。无论是通过货币补偿转移至城镇社区居住，还是选择进入新型农村社区集中生活，这些区域都是基础设施建设资源富集区，农民享受的公共服务质量都将有明显的提高。村干部等乡村精英人群的动员和示范，对于促进村民的团结合作及共同参与聚落收缩整治行动具有重要作用。

乡村发展要素长期单向流入城市，是造成乡村衰退的重要原因。利用乡村的内生资源要素，吸引外来工商资本、公益性科研团体、志愿者组织等参与乡村聚落的精明收缩，可以为乡村地区注入资本、人才、文化等要素，增强乡村的活力。但"下乡"行动者普遍存在不了解乡村的问题，需要全过程参与乡村精明收缩，这样才能了解乡村、认识乡村，并获得当地村民的认同。通过参与乡村精明收缩，外来群体可以获得资本增值、科研成果、社会认同等收益。

乡村聚落精明收缩过程的关键在于乡村资源的价值实现，一方面是对存量低效土地资源进行资产化、资本化转变，另一方面是挖掘高效优质的服务和产品。确立为收缩对象的乡村聚落，通过退出、规划、整理等手段，推动以居民点为主的生活空间减量收缩，将存量建设用地指标进行虚拟化置换，通过城乡间的级差地租效应，实现土地资产的显化和变现，获得资金和技术的流入。该部分收益缓解了村民安置补偿、乡村环境整治及新型农村社区建设改造的资金缺口，推动"地往城里走、钱到农村来"的城乡要素流转过程。村民作为权益人，通过原有集体土地产权的退出获得相应的补偿，该过程中伴随着以货币补偿为主的非农人口的城镇化转移，也有通过新型农村社区实物安置进行的产权置换，完成了资产的保值增值，起到了引导部分人口回流的积极作用。精明收缩过程中，生活空间和经济空间得到有效优化，耕地增量连片，工商业集中布局、互相联动，新型农村社区改善了基础设施、公共服务的有效供给，弥补了交通运输、劳动力、技术等产业发展的部分短板。由此，乡村发展的内生动力初步形成，优质的农业资源保障了农业生产的高效性，较为完善的乡村基础设施、相对便捷的生产条件和良好的人居环境为城镇工商资本的引进和企业入驻提供了有利条件。在乡村聚落重构中形成城乡联动机制，通过市场运作进行资本经营、商品销售及消费投资，与城镇形成良性的要素融合互动，由此建立起健康稳定的新型城乡关系。

9.3　乡村精明收缩的案例实践

9.3.1　案例区概况

郝桥村，位于江苏省宿迁市泗阳县卢集镇东北部，地处洪泽湖畔，位置相对偏僻，距离县城大约 15km，距离卢集镇约 4km，属于江苏省重点扶持的 6 个低收入人口集中连片地区(成子湖片区)之一(图 9-3)。其所在的泗阳县也曾是省级贫困县，2016 年全县农村家庭人均纯收入仅 1.35 万元，居全省倒数第三。按照省定标准，贫困户和贫困人口分别为 330 户和 1037 人，分别占全村的 37.4%和 27.54%。此外，郝桥村几乎一半的住宅是平房和泥瓦房，缺乏基础设施(如清洁水供应、宽阔的道路、抽水马桶等)。全村有 7 个村民小组，885 户，共 3765 人。全村大约有 35%的人外出打工，并且主要是青壮年，留在本村的主要是老人、儿童和妇女。

为在省域范围内彻底消除相对贫困，并在全国率先建成小康社会，江苏省政府于 2013 年开始实施新的反贫困发展战略，重点聚焦包括成子湖片区在内的六大低收入人口集中连片地区。为响应省里的脱贫攻坚战略，解决资金短缺的根本问题，泗阳县政府获准将农村居民点用地整理产生的剩余建设用地指标对口向南京、苏州等发达地区出售，即城乡建设用地增减挂钩指标的省内交易(Long et al., 2012)。自 2013 年以来，在省财政资金和新的脱贫攻坚战略支持下，郝桥村的农村建设用地整理和新型社区建设项目迅速推进，加速了包括土地利用转变、产业结构重塑、行政组织重组等在内的空间重构。

图 9-3　郝桥村区位示意图

如图 9-4 所示，在 2013 年未进行土地综合整治调控之前，郝桥村的农村建设用地规模相对较大，分布也较为散乱。具体地，户均宅基地面积达到 800m², 集约利用程度较

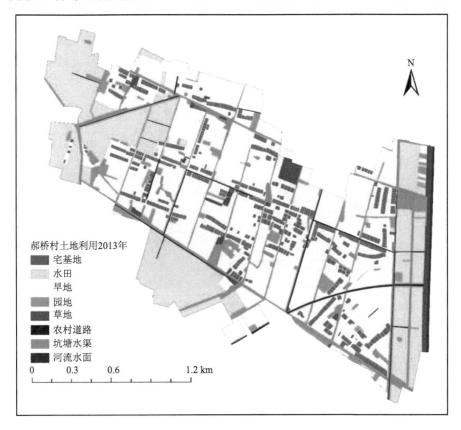

图 9-4　郝桥村 2013 年土地综合整治前的土地利用格局

低；同时住宅主要沿着村庄道路两侧呈长条状分布，还有部分住宅零散分布在村域外围地区；少量公共服务和商业等非居住功能用地零散分布在长条状村庄之中。此外，青壮年劳动力的大量外流，导致废弃、空置的宅基地数量较多、规模偏大，其正常使用率不足 60%；村庄内的相关基础设施用地严重缺失，缺少小学、幼儿园等教育用地和医疗设施用地，农村道路质量低下，多为泥土地，无自来水供应设施，缺乏生活垃圾和污水收集与处理设施。

9.3.2　建设用地整治的精明收缩过程

　　2012 年，在泗阳县政府的统一规划引导下，郝桥村的社区整治工作正式启动。按照先建后拆、分批引导的工作原则，坚持高点定位、标准建设，在整治工作推进过程中还进行定期回访，以实现有序推广、全域整治。在村委会带领和村民的积极参与下，全村委托泗阳县城乡规划设计院编制新型农村社区规划，该社区依托原有的中心村改造扩建而成。2013 年底，启动建设规划占地 15.4hm²、建筑物面积 8.2 万 m² 的郝桥村新型农村社区一期项目(图 9-5)。一期项目采取政府代建和农户自建的形式开发建设，代建住宅166 户，自建住宅 11 户。农户以每平方米旧房置换 0.55m² 新房或以 1000 元/m² 现金购买的方式获得代建的房屋。

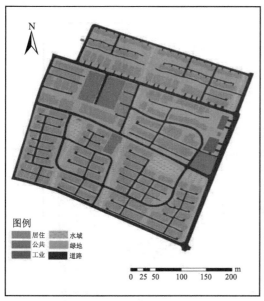

图 9-5　郝桥村中心区规划(左)及一期项目(右)

　　这一阶段参与土地整治项目的利益主体主要包括泗阳县和卢集镇政府(由当地官员代表)、村委会(由农村政治和经济精英代表)、普通农户和企业主体。其中，县政府作为项目的发起者，负责授权实施与农村居民点土地整理和在村集体所有土地上建设新型农村社区有关的项目，并为项目实施提供初始资金；镇政府被定义为最低级别的地方当局，也是地方意见的代表；村委会被定义为镇政府和农户之间的联系者，负责向镇政府传达普通农户的诉求，并以自上而下的方式传达相关政策；农户主要指居住在郝桥村或附近以农业生产或其他非农业活动为生的个人；企业是希望参与住宅土地整理和新型农村社区发展的外部个人行为者。

按照行动者理论，不同参与主体都有各自的行为逻辑和利益驱动。普通农户的主要利益诉求是居住在一个拥有标准公共设施和充足绿地的社区内的漂亮房子里，并通过在附近工厂寻找兼职工作来增加收入；镇政府和村委会作为农村集体的代言人，应保障农村土地整理项目顺利实施，促进土地流转，并以此为契机吸引企业入驻；县政府应维护农户的权益、批准和支持社区建设计划及基于责任和意识形态的反贫困发展。相比之下，企业主体的利益诉求主要在于加快新工厂的建立和新型农村社区的建设。

在行动者网络中，对解决自身问题诉求最大的行动者，最有可能成为引导行动者网络建立的关键行动者。每个行动者都面临不同的问题，在转译发生前，每个预期利益相同或不同的行动者都将集聚到"强制通行点"（obligatory passage point, OPP），并试图通过解决问题获得可预期、可触及的相关利益，以获得利益共享（陈培培和张敏，2015）。而要解决各个主体的问题并实现他们全部的意图，最终落实为一个核心的目标，即应对乡村收缩与实现全面脱贫。所以，此阶段的 OPP 为启动农村土地整治项目和郝桥新型农村社区建设，进而提高农村空间利用效率、提升乡村人居环境，实现乡村振兴（图9-6）。

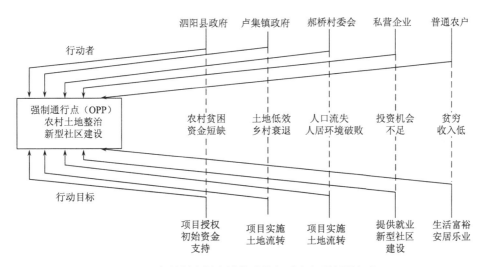

图 9-6　郝桥村农村土地整治的行动者与强制通行点

2014 年，郝桥村按照"三星级"康居示范村和"美丽乡村"创建标准，升级打造郝桥村新型社区建设，对原有的农民住宅进行了统一的外立面出新，同时配备垃圾转运处理设备，开展人居环境整治改造工作，如道路绿化、改水改厕等（图9-7）。2015 年初，拆迁的农户入住新社区的一期项目。一期项目完成后，泗阳县政府办联合国土局、卢集镇政府、郝桥村委会，对规划保留村庄外的 363 户农户进行了集中居住的意愿调查，其中有搬迁意愿的 110 户（包括愿意在镇区、县城及其他地方购房的 19 户，愿意直接拿拆迁补偿且不需要安置的 21 户），不愿意搬迁的 253 户。根据农户的意愿，泗阳县政府采取分步实施的原则，启动二期集中居住区的建设。

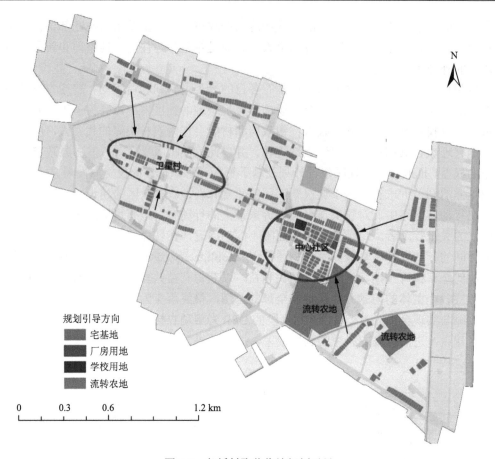

图 9-7　郝桥村聚落收缩规划引导

9.3.3　农村建设用地精明收缩的效应

（1）村庄规模明显收缩，集约利用水平提升明显。通过聚落的精明收缩，郝桥村实现了人口、土地、基础设施等资源的有效集中。村庄用地缩减至 52hm²，人均用地面积为262m²，其中宅基地规模减量化明显，整村宅基地缩减至 20hm² 以内，常住人口人均宅基地92m²，户均宅基地减少至 110m²，低于全市户均面积 255m²，较之前节约用地近 80%；此外，房屋建筑更新后，2000 年之后的房屋占 65%，其中 2010 年之后的约占 20%。宅基地正常使用率从整治前不足 60% 提高到 88%，聚落土地集约利用水平提升明显。工业用地正常使用率达 100%，在新型社区内建设了 500m² 的标准化厂房，引入了江苏捷锋帽业有限公司等企业到村里开展"三来一加"项目（图 9-8），每年厂房出租为集体增加租金收入 40 多万元，为周边村庄提供就业机会 120 余个，增加了村民的工资性收入（2017年月工资在 2800 元左右）。

图 9-8　郝桥村引进的"三来一加"项目(江苏捷锋帽业有限公司)

　　(2)村庄布局更为合理,农业经营也逐渐实现高效化。如图 9-9 所示,郝桥新型农村社区经过科学规划,改善了社区周边道路交通条件,社区用地由单一转为多元,在社区邻近地块新增工业用地 680m²；新增幼儿园与小学,新型社区内部及周边呈现居住、商业、工业、交通、公共服务等多种功能类型的组合。新的集中居住区供水、供电、有线电视、路灯等基础设施完善,超市、卫生所、文化娱乐、健身等配套齐全。生活垃圾统一收集、转运,生活污水统一进管网集中处理,村庄的生态环境得到明显的改善。2013年 10 月到 2017 年 7 月六次的跟踪调查与访谈证实,大部分的搬迁居民认为当前宅基地已经基本满足生活需求,居住生活环境也有了较大改善。旧村庄的复垦结合农用地整治工程,实现了分散小田块的规整化,加速了农地经营权向大户的集中,促进农地的适度规模化经营。截至 2014 年,全村农地流转比例达 60%左右。与此同时,绿康果蔬专业合作社成功创立(图 9-10),桃果、花卉、苗木、蔬菜等种植业发展顺利,实现规模经营土地 2000 亩,村集体经济年收入增加约 20 万元。通过实施"家门口就业"工程,稻麦、果蔬的规模经营,增加了农业雇工需求,带动了村内 32 户低收入户就近就业,实现户均年收入近万元。此外,新型社区的正常运转维护产生了一些公益性岗位需求,增加了环卫、治安等适宜老年人的就业岗位十余个。

图 9-9　郝桥新型农村社区

图 9-10　郝桥村绿康果蔬专业合作社

郝桥乡村聚落的精明收缩，一方面优化了生活空间和经济空间，改善了社区人居环境，推动了农业转型与现代化；另一方面通过经济空间的重构调整了产业结构，引进外来优质资源，创造本地就业机会，增加村民工资性收入，提高了乡村聚落的宜居性。总体上，应对人口减少的乡村聚落主动收缩达到了生态环境改善、生活水平提高、产业活力增强的目标。

9.3.4　农村建设用地精明收缩的驱动

为实现郝桥村的精明收缩和转型发展，满足不同利益主体的预期利益及目标实现，需要在行动者网络中进行目标转译、利益转译，对各个行动主体进行利益赋予，以排除行动时的障碍(杨忍等，2018)。每一个异质行动者受到关键行动者的征召，采取相应的行动。各个异质行动者在美丽乡村构建过程中采取了多样的征召与被征召方式。泗阳县和卢集镇政府在征召的环节上起了重要的作用，其为其他行动者赋予的利益，即郝桥村的整治和转型发展，符合各个异质行动者的共同利益(Chen et al.，2022a)。具体地，郝桥村的农村建设用地精明收缩，主要是以土地资产价值显化为抓手，在政府引导、农民主导和企业参与下，共同推进了聚落的收缩、产业的复兴和村庄环境的改善。

1. 政府引导

为了推动县域工业化、城镇化进程，建设美丽乡村，助力低收入人口的脱贫工作，2012 年泗阳县委、县政府出台了《泗阳县加快"平原林海·美好乡村"建设十条意见(试行)》，该文件规定："对于复垦宅基地并放弃安置，选择进城居住的农民，给予搬迁补偿、奖励和一次性购房总价 8%的补贴。" 2013 年，县政府印发了《泗阳县城乡建设用地增减挂钩实施办法》，该办法规定："从 2013 年起，凡列入土地增减挂钩项目，县政府按照 7 万元/亩标准补助通过验收的新增面积。土地增减挂钩项目通过县挂钩办审核报县政府批准后，县财政拨付 30%资金作为启动资金；完成农户搬迁后，拨付至项目资金的 70%；余款在省审核验收后 1 个月内拨付。土地增减挂钩指标形成后实行县集中管理，依据有关规定，原则上按县乡 7：3 比例分配。" 2014 年，县政府出台了《泗阳县人民政府关于鼓励农民进城入镇集中居住的意见(试行)》，对 2012 年的十条意见进行了细化完善，增加了进县城购房落户的搬迁农户可享受城镇居民养老、医疗、就业等社保政策。这些文件的颁布，极大地调动了乡镇政府、村委会、农民参与推动城乡建设用地增减挂钩的积极性，而增减挂钩是实施农村聚落精明收缩的重要手段。实施增减挂钩政策，将节约的建设用地指标或者流转到县城集中使用，或者通过省级指标交易平台卖给省内其他发达地区，发挥了级差地租的效应。指标流转的收入主要用于支付农民旧住房拆迁补偿、复垦奖励、新社区基础设施配套、村民再就业培训等。卢集镇政府与郝桥村委会在政策和新社区规划的引导下，坚持以"零散拆除、集中保留、部分改建、分批实施"的原则，成功地推动了乡村聚落的精明收缩，有效实现了农村建设用地的整治。

2. 农民主导

在郝桥新型农村社区建设启动前期，卢集镇政府与村两委对接，组织了三次入户调查，掌握农民的生产生活现状和现实需求，在充分尊重村民产权的同时，进行旧房腾退和新型农村社区建设的宣传普及，得到了基层居民的理解和支持。在选择货币安置或就近实物安置时，居民的财产权益和基本诉求得到充分尊重和保证。在规划设计过程中，村两委就户型和房屋设计等问题，多次组织村民与规划部门对接，共同参与设计讨论，最终确定了不同面积和格局的房型。在旧房拆迁和新社区建造过程中，村民享有充分的知情权、监督权和发言权，确保新建住房美观舒适、生活环境优质有序。对于农户不自愿、安置不落实和补助资金不到位等情况，农户可以选择不搬迁。此外，村两委主动征求社区内居住的困难户意见，就近雇用部分有劳动能力的低保户和五保户从事村域环卫保洁工作，在增加其收入的同时，提升了村民间的信任度和社区认同感。

3. 企业参与

在新型社区主体建设完成之后，在各级政府的引导和乡村能人的合作下，外部工商资本进入郝桥村，重构了村庄经济空间。农业生产方面，小农承包和大户经营共同发展，同时通过引进农副食品公司，设立高效果蔬种植基地，优化了农产品结构，打通了农产品产销的流通环节。在县农工办的引导下，江苏捷锋帽业有限公司与郝桥村结对帮扶，租用新型社区规划的厂房并雇用附近居民从事帽子生产，同时联通外地市场。市场主体进入收缩后的新社区，在增加集体资产性收益的同时，解决了本地村民的就近就业问题，增加了村民的非农收入，增强了新社区的经济活力。

9.4　本 章 小 结

通过对农村建设用地精明收缩理论的分析和郝桥村案例的研究,可以得到以下结论:在全球化、城镇化、老龄化的推动下,乡村衰退是个普遍性的问题。农村建设用地随意、粗放的不合理利用分散了有限的本地资源,加速了乡村振兴内生动力的瓦解。但表面上的衰退不代表所有农村的消亡,通过科学规划和积极有效的管理,重塑乡村区域社会经济结构,开展农村建设用地综合整治工程,既能为农区乡村增加有效耕地面积,促进农业的现代化，同时也能推动经济空间和生活空间的重构，重塑乡村区域社会经济发展结构，改善居民生活质量，实现乡村的可持续发展。总之，以乡村聚落空间收缩为切入点进行精明收缩，是重新凝聚发展动力、保持乡村社区活力、培育可持续发展能力的一个重要路径。

　　乡村精明收缩是指基于乡村人口缩减的事实，减少增量规划，集约节约利用土地和空间，提高人居生活水平和社区活力。其实现路径是在人口减少、区域收缩发展的同时，将可以驱动增长的要素置于合适的、集中的区域，存续发展潜力，保持该区域的良性稳定发展。精明收缩面临的挑战主要有资金缺乏、当地居民缺席、地方政府缺位（Schilling and Logan，2008）。从我国的现实出发，要实现乡村聚落的精明收缩，必须建立以城乡价值交换链为主线，由县乡级政府、村委会、农民群体和市场主体、公益团体构成的共同参与，引导空间发展在支持城镇化建设的同时，实现增值收益反哺农村。

　　泗阳县卢集镇郝桥村的案例表明，以城乡建设用地增减挂钩为平台，通过政府引导、村委会和村民广泛参与、市场主体引入，可以实现乡村地域内"更少的规划——更少的人、更少的建筑、更少的土地利用"，也就是乡村聚落的精明收缩。郝桥村的案例体现了政府"以指标换资金"、村民"靠土地换新房"、村集体"借新村兴市场"为一体的行为逻辑和价值显化机制。郝桥村聚落收缩后，减少了存量建设用地，改善了农民的居住环境，重塑了乡村的产业格局，激发了乡村的活力，吸引了部分人口回流，验证了农村建设用地精明收缩概念的适用性，为我国乡村振兴的实现提供了新思路。

　　精明收缩是在聚落空间收缩的基础上促进乡村由传统向现代化的转型，因此乡村聚落的收缩规划应该是注重村民福利增长的乡村可持续发展规划。郝桥村乡村聚落精明收缩的成功得益于城乡建设增减挂钩及结余指标跨区域交易等政策的支持。增减挂钩指标的市场化，可以激活乡村空间的活力，实现资源变资产、资产变资本三者之间的有效转化。郝桥村的案例反映出政府和乡村精英（主要是村干部）在乡村振兴中的作用，无论是政策的出台、规划的编制，还是市场力量的引入，主要是政府和乡村精英在起主导作用，这是我国转型经济的阶段性特征。相对于以增量为核心的原地扩建和异地新建形式的新村建设模式，精明收缩更符合城乡区域协调发展的基本规律，着眼于为更少的人做更好的规划，更重视乡村在区域聚落空间中的定位和潜力，在市场的作用下找准并发挥乡村特质和资源优势，同时弥补公共服务的短板。目前地方政府推动的乡村收缩，其基础设施建设和公共服务构建等物理形态的"收缩"可以在短时间内取得成效，但是要实现"精明"的乡村转型和有机生长，需要培育多元的乡村特色产业、教育积极能干的乡村居民、营造绿色开放的乡村环境。国外的经验表明，当地居民的广泛参与是发挥本地内生资源优势、保持地方活力、促成精明收缩、实现可持续发展的关键。未来乡村的精明收缩要进一步激发当地村民的积极性，广泛引入公益性组织参与乡村振兴。

　　乡村的精明收缩不仅是空间的增减过程，也是乡村地区的发展问题，更是引导和壮大自下而上基层治理力量的转型过程。精明收缩的过程不仅是对有限资源的重新分配、乡村物理空间的重塑，更是重构乡村基层治理体系的实践。乡村发展需要生产力的现代化、生产关系的现代化，更需要治理体系和治理能力的现代化。伴随着乡村物质空间的相对性收缩，社会经济空间需要经历集聚和"浓缩"的过程，产业空间的布局扎根、社会网络的再建是一个漫长而艰难的过程。乡村规划必须超越狭义聚焦空间的精明收缩内涵，在以人为本的价值取向下发展乡村基层治理力量，通过全面、精明的收缩治理促进乡村社会及村民生活的可持续发展。在置身新型城镇化、乡村振兴等宏大背景的前提下，良好的乡村收缩规划不仅需要重构现有的发展范式认知，更需要依靠村庄规划体系转型、乡村治理网络构建、土地与社会福利制度活化等相关方面的创新予以引领。

第 10 章　乡村转型发展与建设用地配置研究启示

人地关系地域系统是地表人类活动与地理环境相互作用形成的开放巨系统，一直以来都是地理学研究的核心(吴传钧，1991；陆大道和郭来喜，1998；刘彦随，2020b)。乡村地域系统作为人地关系地域系统的重要组成部分，是在人文、经济、资源与环境相互联系、相互作用下构成的具有一定结构、功能和区际联系的乡村空间体系，是一个由城乡融合体、乡村综合体、村镇有机体、居业协同体等组成的地域"多体"系统(刘彦随，2018)。以乡村地域系统为对象，服务支撑国家乡村振兴战略，为新时期地理学创新研究提供了新机遇和新挑战(刘彦随，2019)。土地作为人类主要社会经济活动的空间载体，其对乡村转型发展过程的响应直接关系新时期乡村振兴和城乡融合战略目标的实现(龙花楼和陈坤秋，2021)。

10.1　江苏农村建设用地转型规律及政策启示

本节首先从土地利用功能结构与状态效率的视角出发，在对江苏省农村建设用地结构关系及其利用状态分析的基础上，以苏南地区宅基地利用为例，构建多尺度-多机制分析框架，揭示农村建设用地利用不足的主要影响机制。其次，进一步选择苏北地区典型城市进行耦合结构与功能分析，诊断乡村振兴战略实施所面临的土地利用问题与短板，为差别化的农村建设用地优化调控政策制定提供参考，同时丰富乡村地理学和人地系统科学的相关研究。

10.1.1　江苏农村建设用地转型的基本规律

从农村建设用地利用情况看，宅基地仍是江苏农村建设用地的主要组成，总面积约为 32.92 万 hm^2，占全省农村建设用地面积的比重超过四分之一；其次为经营性建设用地，面积约为 24.86 万 hm^2，占比接近 20%；若扣除盐城、连云港两市国有采矿用地影响，农村经营性建设用地总规模不足 20 万 hm^2，占比降至 15.35%。此外，江苏省登记入库的农村建设用地中还包含 19.86 万 hm^2 非建设用地和 31.66 万 hm^2 空闲地，占比分别高达 15.57% 和 24.83%。特别需要关注的是，截至 2016 年底，江苏省农村建设用地中有近 6 万 hm^2 处于空置或废弃状态。其中，仅经营性建设用地的空废面积就有 2.82 万 hm^2，空废率高达 13.62%。农村宅基地的空废面积也有 2.56 万 hm^2，空废率为 7.80%；公共管理与公共服务设施用地的空废面积虽然仅有 3156.89hm^2，但其空废率却高达 12.90%。

从宅基地利用状况看，集约利用水平的"南高北低"趋势明显，而且对农业依赖程度越高的家庭，其平均宅基地面积越大；苏北(尤其是江淮生态经济区)的非农户和苏中(尤其是沿海经济带)的农业兼业户宅基地集约利用水平较低。优化开发区域和禁止开发区域分别由于城镇化水平和生态保护要求较高，宅基地集约利用均处于较高水平；但是需要特别注意禁止开发区域内非农家庭宅基地建设对生态功能的破坏。苏中和苏北地区，特别是禁止开发区域和农产品主产区，由于农村人口大量外流，宅基地空置现象较为严重，尤其是较为大宗宅基地的空置需要引起重视。从人口动态看，江苏省乡村转型发展过程中仍以人口外流为主导，而且这一过程具有明显的"规模敏感"特征。整体上，随着宅基地规模的增加，人口外流的比例在逐渐缩小；但是，在宅基地面积介于 $100\sim200\text{m}^2$ 的家庭中人口外流最严重。从农民退出意愿看，宅基地面积为 $80\sim100\text{m}^2$ 的农户分组拥有最高的愿意退出比率，而 $150\sim250\text{m}^2$ 可能是农村居民最宜居住的宅基地规模，其愿意退出比率也最低。

聚焦城镇化快速的苏南地区，发现"房子不用来住"的问题在农村地区同样存在，苏南五市共有超过 10%的宅基地处于空置或废弃状态。一方面，由于农村宅基地在使用中普遍存在"建新不拆旧"的现象，因此建筑年代越久远的宅基地空置和废弃比例越高。另一方面，随着农村居民收入的持续增加，农村新建住房的需求也不断增长，但是在宅基地功能由"居住保障"向"财产福利"转型的过程中，有相当一部分的农村新建住宅不是为了满足居住的刚性需求，而是出于对乡村振兴背景下宅基地"升值"的理性预期，导致在农村地区出现了类似城市"炒房"的大规模宅基地空置。尤其，2010 年以后的新建宅基地的正常使用率不足 90%，其空置比率达到了 1980 年以来的最高水平，标志着发端于城镇地区的"地产霸权"正在向乡村地区蔓延。空间上，城镇辐射具有非常明显的距离衰减特征，因此新宅基地中越靠近城镇的空置和废弃越明显；而对于老宅基地而言，其面积相对较小且功能单一，在远离城镇的偏远地区很难满足居民的多样化需求，因此空置率呈现出由"两端"向"中间"递减的趋势。换言之，农村宅基地的功能转型具有非常明显的时空异质性，大城市周边的宅基地功能转型主要是受城镇化的辐射影响，而在偏远农区则更多是由于宅基地自身空间局促或功能缺陷的倒逼。

关于宅基地转型驱动机理，采用多层级建模方法对宅基地未充分利用的决定因素进行模拟，发现苏南农村地区宅基地的空置和废弃不仅受农户(如家庭属性、宗地和住房特征)和村庄特征(如村庄类型和地理区域)的影响，还与区域发展环境(县域经济发展水平和人口迁移)紧密相关。结果还表明，不同级别的因素对宅基地的未充分利用具有嵌套影响。具体而言，区域特征在一定程度上放大了地方的影响，而村庄特性则以某种方式掩盖了家庭属性的影响。在此基础上，进一步讨论了中国农村宅基地转型的制度背景，认为农村"建新房不住"和"留旧房不拆"在一定程度上都由政策演变诱致，即城乡二元制度是中国农村宅基地空置和废弃的主要驱动力，特别是伴随农村空间从"生产主义"向"后生产主义"的转型，这一制度驱动更加明显。进一步，基于农户调查数据分析农村居民的宅基地退出意愿，发现村民对未来的期望和愿景是决定其宅基地退出与否的关键所在，而这种期望在不同地理空间尺度上具有明显的异质性特征。发达地区和拥有较好社会保障的富裕家庭往往对未来有更好的期望，对宅基地的依恋相对较小；欠发达地区的村民虽也有意愿逃离不利的生活环境，但在面临未来的不确定性时，他们所处的不利局面更有可能将其束缚在宅基地上。

以苏北地区典型城市徐州为例，从结构协同和功能协同两个维度出发，探索宅基地和农村经营性建设用地的空间匹配度，以揭示乡村居业协同的状况及乡村振兴面临的土地利用可能短板和瓶颈。结果表明，区县和村尺度的乡村土地利用具有明显的偏向，居住和就业空间矛盾突出，用地优势此消彼长；而乡镇尺度居住空间和就业空间关系较为稳定，基本维持在相对平衡的状态，是制定土地政策、发展乡村增长极和实施乡村振兴战略的最佳空间尺度；在村一级则需要深度了解各村特征，挖掘潜在优势，发挥不同职能，打造各具特色、"百花齐放"的乡村，避免"千村一面"。从用地供给上，徐州市整体乡村居业失衡严重，农村宅基地供给优势明显；但由于实际使用中的空置和废弃，正常使用的居住和就业用地反而表现得更协同。究其原因，一种可能是乡村地区整体宅基地空废严重，但是在靠近城镇的地区，经营性建设用地的空废情况更突出；另一种可能是相较于实际利用而言，乡村地区宅基地供给过量，而经营性建设用地的过量供给则主要集中在靠近城镇的地区。因此，未来可在土地利用政策中探索允许宅基地转为经营性用地的途径，增加乡村就业空间，同时在靠近城镇的地区引导产业集聚和发展，盘活城镇周边就业空间，双管齐下提高乡村土地的利用效率。

基于对农村建设用地利用状态和权利人处置意愿的分析，同时考虑宗地面积和整治工程难度，构建农村建设用地整治潜力评估的"多层次漏斗"模型，测度农村建设用地潜力的内外边界，进而分析建设用地整治的不同潜力类型及其构成。其中，"漏斗"上沿表示潜力资源的外边界，假定不但全部空置或废弃的农村建设用地可投入挖潜，部分正常使用农村建设用地的使用主体也愿意参与流转或入市，调查范围内全部非建设用地均可列入挖潜对象范畴。相应的，"漏斗"下沿表示潜力资源的内边界，设定正常使用状态的农村建设用地不参与流转或入市，受主体意愿的影响，空置或废弃状态的农村建设用地仅有部分可投入挖潜；受挖潜投入产出经济成本的约束，其他建设用地中仅大于一定面积的图斑可作为挖潜对象；全部非建设用地仍可列入挖潜对象范畴。模型应用结果显示，江苏省农村建设用地"低限"挖潜规模约 51.49 万 hm^2，其中愿意退出（入市、流转）空置和废弃状态的农村宅基地 0.60 万 hm^2、经营性建设用地 0.41 万 hm^2、空废状态的公共管理与公共服务用地 0.31 万 hm^2。进一步以南京市江北新区为例，对具体的农村建设用地整治潜力分级及其构成进行分析，发现三类潜力在空间分布上存在一定的异质性特征。其中，作为第一类潜力的有退出意愿的空废建设用地主要集中在协调区，校正后面积约为 202.5hm^2；第二类潜力中有退出意愿的正常使用建设用地以共建区为主，校正后面积约为 3015.9hm^2；第三类潜力中无退出意愿的空废建设用地主要集中在核心区，校正后面积约为 1544.7hm^2。

10.1.2 农村建设用地优化配置的政策建议

首先，要积极开展农村存量建设用地整治与再开发。土地整治在乡村振兴过程中肩负着为人口集聚、产业发展提供资源支撑的基础性作用（龙花楼等，2018）。根据江苏省农村建设用地整治潜力测算结果，按照由易到难、由近及远的工作原则，鼓励各县市（区）根据本地农村产业发展与村庄建设用地需求和存量潜力资源赋存及分布情况，结合村庄规划的试点与编制，加快研究和制定农村存量建设用地整治与再开发利用引导措施，明确农村存量建设用地综合整治与再开发的目标与布局安排，积极盘活农村存量建设用地，推进农村建设用地减量化，促进农村节约集约用地。通过农村建设用地整治激活乡村人口、土地和产业等关键发展要素，实现新业态、新技术、新主体等要素的有机融合，加快从"以地为本"的单要素调控向"人、地、业"多元要素协调耦合的综合整治模式转变，显化农村土地资产价值，形成破解乡村资源利用短板与要素整合短板的新途径，助推乡村振兴战略实施。

其次，合理引导村庄分类与规划编制。基于乡村地域多体系统、乡村发展多级目标等理论认知，应用"三主三分"理论与技术手段，逐级完成乡村地域系统的主要功能分区、主导类型分类、主要用途分级，进而在综合分析乡村生态环境、资源禀赋、发展基础和未来潜力的基础上，依据区域人-居-业形态和乡村地域等级与规模，科学制定分区协同方案，优化"三生"空间（刘彦随，2020a）。细化的村庄内部建设用地的用途类型和利用状态数据，较为清晰地反映了村庄社会经济发展现状，尤其是宅基地、集体经营性建设用地和公共管理与公共服务用地的利用状态，能够较为准确地揭示村庄的"空心化"程度，可以准确指引撤并搬迁类和集聚提升类等村庄的识别，为村庄规划的有序开展提供依据。鼓励各县市（区）充分利用村庄内部用地结构与状态、结合人口流动特征，合理识别撤并搬迁和集聚提升类型村庄，合理选择发展定位，优化村庄内部生产、生活用地配置，实施用途空间管制，分步有序推进农村建设用地整治，促进农村一二三产融合发展，促进形成农村新产业新业态，推动城乡产业的有机融合，推动乡村"精明"振兴，支撑江苏省城乡建设高质量发展。

再次，加快推进农村不动产权籍登记工作。农村建设用地确权登记工作是实现城乡要素回报趋同与发展权能等值的重要前提，国土空间综合整治需要与农村土地制度改革和产权制度改革相衔接（龙花楼和陈坤秋，2021）。鼓励各县市（区）充分利用本次调查数据，精准关联农村宅基地、集体经营性建设用地和公共管理与公共服务用地等村庄内部主要用途类型的宗地图斑，地上地下建筑状况、利用状态、权属属性及农户、集体等权利主体，建立和完善不动产权籍调查数据库。依托农村不动产权籍数据库，加快推进房地一体的宅基地、集体建设用地等农村不动产确权登记工作，积极推动解决超标准占用、一户多宅等农村不动产登记历史遗留问题。确保农村范围内集体土地所有权确权登记发证全覆盖，全面落实宅基地、集体建设用地及地上农房等建筑物、构筑物统一登记发证工作，切实保障农民权益。

最后，有序开展与"自然资源大数据"的融合。充分利用农村建设用地调查的村庄内部土地利用现状细化调查成果，精细查清村庄内部商服用地、工矿仓储用地、住宅用地、公共管理与公共服务用地、特殊用地及其他非建设用地等土地利用状况，精准识别调查村庄范围内的耕地、森林、草地、湿地、水面等自然资源。一方面，为全省自然资源基础和专项调查提供基础数据和图件；另一方面，通过关联权属、权利等属性信息为农村全域不动产确权登记提供图形数据基础，推动村庄自然资源与生态环境的整体保护、系统修复、综合治理和开发利用。

10.2　乡村转型与土地利用的耦合研究框架

土地利用是解决可持续发展相关问题的核心(Turner et al., 2007；Lunstrum and Bose, 2022；Meyfroidt et al., 2022)。但是，就土地论土地的研究是没有意义的，因为土地本身只是生产要素和空间载体，其最大的价值在于为人类社会服务，并且在城市与乡村都是这样(Foley et al., 2011；Forman and Wu, 2016；O'Connor et al., 2021)。所以人地关系地域系统的核心是人，任何的开发与保护行为都应该坚持以人为本的基本原则，土地利用转型研究也是为了更全面地揭示和刻画人类社会发展转型的问题和规律(Foley et al., 2005)。遵循这一基本逻辑，开展乡村转型与土地利用的耦合研究，亟须突破乡村发展状态与土地利用形态演变格局刻画的静态思维窠臼，深化乡村转型发展的路径过程与特征机制研究，以土地利用格局研究揭示乡村转型发展过程机制，形成对乡村地域系统演变的系统科学理解。

10.2.1　乡村转型的动态过程研究前沿

乡村转型发展是指在快速工业化和城镇化进程中，城乡人口流动和经济社会发展要素重组与交互作用，并由当地参与者对这些作用与变化做出响应与调整而导致的农村地区社会经济形态和地域空间格局的重构，主要涉及村镇空间组织结构、农村产业发展模式、就业方式、消费结构、工农关系、城乡关系和城乡差别等方面的转变(Long et al., 2011；龙花楼和邹健, 2011)。本质上，乡村转型发展是随着乡村发展内外环境条件变化，不同主体共同参与调整优化乡村发展体制机制、运行模式和发展战略，从而实现发展模式转变的过程(刘彦随, 2007；李裕瑞等, 2012；杨忍等, 2015b)。乡村发展模式的转变必然伴随乡村治理结构的重组和治理模式的转型。因此，理解乡村转型发展的路径模式，离不开对乡村治理结构的研究。

目前学术界对乡村转型发展的理论探讨，多是基于不同时间截面上乡村发展路径模式及其影响因素的静态描述，对不同时期乡村发展模式转变过程的解释仍较欠缺，尤其是对不同层级治理主体在乡村发展模式转变过程中的互动博弈关系和不同治理结构对乡村转型发展实践的影响关注较少。具体地，关于乡村转型发展路径的实证研究，学界一直有外生(exogenous)和内生(endogenous)两大范式之争(Terluin, 2003；Woods, 2011)。其中，外生发展也称现代化范式，认为乡村是"落后"的象征，其转型发展需要来自城市的现代性扩散，在治理政策上强调"自上而下"的干预和"外部导向"的支持(Murton, 2007；Smith, 2014；Bosworth et al., 2016；Aquilino et al., 2021)。内生发展范式则认为乡村发展的动力源于内在驱动和本地资源，不应过分依赖区域外的过程，国家的作用是培育企业家精神，帮助乡村自主发展而非直接领导发展，乡村发展面临的问题可以本地化地解决(Cheshire, 2006；Heyer, 2013；Bosworth et al., 2016)。随着"地方"(local)和"超地方"(extra-local)力量间裂痕的逐渐扩大，西方地理学又开始倡导采取"整体取向"(holistic approach)的理论框架来理解乡村转型的多重本质(Smith, 2014；Georgios et al., 2021)。"新内生发展"(neo-endogenous development)作为一种新的理论思潮，淡化了地域边界在理论构成上的重要性，突出了乡村既扎根地方又面向外部的交互特点，特别强调"上下联动、内外共生"的混合模型（hybrid model），为理解新时代乡村转型发展路径特征提供了新的理论视角（Ray，2001；Marango et al.，2021；Olmedo and O'Shaughnessy，2022；Qu and Zollet，2023）。

关于乡村转型发展的过程特征，现代化范式认为，乡村转型发展涉及农业生产、经济结构、基础设施和社会文化四个维度的现代化（Woods，2011）。在"生产主义"语境下，乡村被视为承担农业生产功能的容器，基于"部门生产"框架的乡村转型主要关注农业和粮食生产的核心问题，以及与之相关的土地、环境和基础设施等周边问题（Wilson，2001；Evans et al.，2002；Roche and Argent，2015；吴越菲，2022）。之后，伴随资本主义利润规则的变化，农业生产的专业化与集约化水平提高，空间需求随之减少，过剩的农业空间供给逐步被以地方景观、风俗体验和休闲旅游商品化为基础的新型消费经济占据，"区域发展"替代"部门生产"成为理解"后生产主义"语境下乡村转型发展的基本框架（McCarthy，2005；Halfacree，2006；Wilson，2008；李红波等，2018）。在此基础上，Holmes（2002，2006）提出"多功能乡村转型"（multifunctional rural transition）的概念，认为伴随经济社会发展的人类需求变化会驱动乡村不断向生产、消费和生态等多元化方向转变。在中国，虽然乡村发展路径与西方国家不同，但也大致经历了从"强调农业生产"到"倡导多元发展"的转型过程（房艳刚和刘继生，2015；杨忍等，2015b；Long et al.，2022）。国内学者根据国家政策和乡村经济形态的演变，对全国及典型地区乡村发展进行阶段划分，证实了中国从以小农经济为主的传统农村不断向以农业专业化、现代化和三产融合等为特征的现代乡村转变的转型过程（刘彦随，2007；龙花楼等，2011；屠爽爽等，2019；张静等，2022）。在具体的路径特征方面，受资源禀赋、区位条件、区域文化、产业基础和政策环境等影响，不同地区乡村转型发展呈现出差异化的路径特征。总之，目前关于乡村转型发展过程的研究同样难脱表象思维窠臼，侧重对不同时期乡村地域"要素-结构-功能"演化的响应分析，缺少对乡村发展模式转换动态过程的刻画，尤其对旧模式"去合法化"（de-legitimation）和新模式"再合法化"（re-legitimation）的演替过程追踪不足。

关于乡村转型的机理与影响因素，现代化范式强调区域外变量对乡村转型发展的作用，认为乡村发展是一个嵌入在以城市为中心的工业化和现代化发展体系中的过程（Woods，2011）。因此，早期研究主要关注工业化、城镇化、技术升级和制度创新等外源性因素对中国乡村转型发展的影响。之后，随着全球化进程的深入推进，学者们关注到全球性力量与乡村地方主体间的互动，认为全球化驱动和国家政策影响是乡村地方重构的两大基本动力，驱动了乡村地域系统内部经济结构、社会阶层与土地利用景观的演替（Long and Woods，2011；Chen et al.，2019；Liu et al.，2022）。按照内生发展范式，乡村转型发展主要受内源性要素的影响，尤其是资源禀赋、地理区位、经济基础、乡贤能人、社会资本等直接决定了乡村转型的成败，而制度环境和技术进步为乡村转型发展提供了外部支撑（李裕瑞等，2020；Zhou et al.，2021；Gao et al.，2022b）。基于乡村地域系统的内核和外缘划分，学者认为，乡村转型发展同时受内在因素和外在动力的共同影响，不同地区内外因素的异质作用组合催生了差异化的转型发展模式（龙花楼等，2011；

屠爽爽等，2019；张静等，2022；Qu and Zollet，2023）。也有学者从主体能动性视角出发，认为地方政府、企业资本、村集体和农户等主体，基于乡村发展的客观因素构成，整合乡村地域系统内外要素，共同驱动了乡村转型发展（张富刚和刘彦随，2008；龙花楼和屠爽爽，2018b；杨忍等，2018；杨忍，2019，2021；Zhang et al.，2022）。除此之外，学者们还强调了社区志愿者、乡村规划师和科学家队伍等第三方力量对乡村转型发展的重要促进作用，尤其是在构建乡村外部联系、重塑地方领导力和促进社区参与等方面具有决定性作用（李裕瑞等，2014；Davies et al.，2021；Chen et al.，2022b）。总之，目前关于乡村转型发展机理的研究仍以结构性视角为主，侧重内外部因素对乡村转型发展的影响分析，而对乡村转型发展的深层驱动机制的解析相对欠缺，尤其对乡村转型发展过程中不同主体的行为逻辑及相互间的互动博弈关系探讨依然较少。

关于乡村治理的前沿视角，学者指出，乡村治理是指包括国家政府、乡村社会、其他组织和个人在内的多个主体，对乡村发展等公共事务进行组织、管理和调控的动态过程（Cheshire，2006；Georgios and Barraí，2021）。现有关于乡村治理的研究散落在社会学、管理学、城乡规划和地理学等不同学科领域。其中，社会学研究主要侧重乡村转型发展的治理响应，关注乡村社会变迁带来的治理结构重组与治理模式转变；管理学与城乡规划研究注重乡村转型发展的治理应对，主张通过重构治理体系应对乡村发展模式的转变；地理学则倾向于在乡村转型发展过程中理解不同治理主体间的动态关系，认为乡村治理结构重组属于乡村社会重构的范畴，是乡村转型发展的重要内容。近年，随着治理理论在城市与区域研究中的广泛应用，乡村地理学也开始采用治理框架解释乡村转型发展的驱动机制，认为乡村内外部环境变化导致的治理尺度重构与主体重组是乡村转型发展的重要驱动（Knickel et al.，2018；Wang，2020；Olmedo and O'Shaughnessy，2022；Zhang et al.，2022）。按照西方乡村治理框架，国家政府通常扮演乡村转型发展的推动者角色，为乡村转型发展塑造外部政策环境；而那些有能力构建网络、利用不同尺度资源、促进社区参与和企业家精神的地方行动者，则充当乡村转型发展的催化剂。但在中国政治集权和经济分权的特殊制度背景下，政府在塑造政策环境、推动乡村转型发展的同时，还直接干预乡村建设；而且不同层级政府间的利益诉求差异会形成多样化的主体间互动关系，在一定程度上增加了乡村治理结构的复杂性和乡村转型发展路径的多样性。总之，乡村转型发展是一个多尺度、多主体协同参与的地域系统演进过程，因此对乡村转型发展的研究有必要基于乡村治理的理论视角，应将发展权力调整的尺度重组过程纳入治理主体的行为分析，从而形成对乡村转型发展路径模式的理论解释。

10.2.2 乡村聚落的土地利用研究趋势

作为乡村转型发展的物质空间载体，乡村聚落的形态分布既是乡村地域经济社会活动对自然条件适应的外在表现，又是人类利用各种技术手段和制度工具主动调控的产物，其演进的时空轨迹复杂多样。土地利用作为经济社会发展的"空间投影"，是认知乡村聚落空间分布和内部功能空间分异的重要视角。当前研究通过主体访谈、观察总结、多区域比较、多时序对比和定量测度等手段，揭示了乡村聚落低地和平地指向、交通和水系指向等分布影响因子，阐明了地域文化、社会交往和规模经济导向的集聚分布及建筑形态特征，刻画了城镇化以来人口和收入增长、住房改善、人口外流和农村土地整治共同作用导致的乡村聚落空间"先扩后空再退"的总体特征，以及分布稀疏化和"斑块"大型化的变化趋势。但对于乡村聚落"先扩后空再退"变化趋势未来的延续性和区域分异缺乏深入研究，对于聚落规模等级结构分布的长期变化和区域分化关注不足。

关于聚落分化与功能演进的趋势，通常认为聚落功能与价值是乡村聚落存续和发展的关键指征，与乡村地域系统的经济非农化相对应，聚落功能也呈现多元化演进趋势。现有研究主要从聚落土地利用视角出发，通过分析聚落土地利用类型、结构和模式的时空动态，揭示乡村聚落从"居住+农业生产"主导到"居住+工业制造+农业生产""居住+农业生产+旅游休闲"等功能组合的多样化演变特征，阐明了聚落从传统的多功能混合用地布局向不同功能用地空间分离与重组的趋势。而通过典型专业村的案例剖析讨论聚落功能的多元化发展脉络和转换过程的传统研究，对于乡村聚落功能演化的地域分异缺乏深入探讨，特别是对乡村一二三产业融合发展战略引领下乡村聚落功能演替和空间分化特征的关注不够。

乡村聚落时空演进的动力机制，是乡村聚居活动对地形地貌、气候和自然灾害等"慢节奏"因素被动适应的过程，受到乡村地域文化转型、经济活动演替、城乡人口流动及宏观政策的强烈影响。现有研究强调了农业现代化、工业化和城镇化对中国乡村聚落空间扩张及功能多元化的"推动"作用，证实了乡村活力人群大量流失对聚落空心化的"促进"作用，揭示了农村土地整治行动对乡村聚落空间收缩和功能分化的塑造作用。然而，现有研究对于推动乡村聚落收缩主动力——农村建设用地整治的未来"可持续性"关注不足，对于新阶段影响乡村聚落更新与活化进程的乡村新业态研究较为薄弱，关于农村制度改革及后疫情时代全球经济"振荡"对乡村聚落演替的"扰动"机制研究不够系统和深入。

针对上述议题，未来可聚焦以下三个方向进行探索研究：首先，加强乡村聚落演进动力体系嬗变研究。针对乡村聚落空间转型动力趋于多元复杂的"挑战"，乡村聚落演进动力体系研究需要关注农村建设用地整治的可持续性，系统研究新阶段农村土地整治成本增加和城镇用地需求增长的放缓对乡村聚落空间"收缩"的影响，研究此动力在经济发达和落后地区、城市近郊和远郊地区、生态地区和农产品主产区等不同类型(功能)地区的分化。与此同时，加强促进乡村地方创新与"空废"乡村聚落活化的新动力研究，分析城乡要素流动制度改革和乡村振兴与城乡融合战略实施背景下入乡要素及主体"嵌入"乡村地方、发展新业态面临的挑战，探讨其与农村建设用地整治的协同作用，研究对乡村聚落空间演进的影响。此外，还需要关注后疫情时代全球经济波动对中国乡村经济转型与聚落空间演进的传导机制，研究国际经济与贸易格局(特别是农产品贸易)转变对中国乡村多功能结构及其空间分异的影响、对乡村休闲消费市场培育与城乡人口流动(城市中产入乡、乡村人口回流等)的影响，揭示这些因素复杂耦合对中国乡村聚落空间演进的作用路径。

其次，深化对乡村聚落演替轨迹变迁及其空间分异研究。与乡村聚落演进动力的复杂化更替对应，未来乡村聚落演替轨迹变迁的研究需要重点关注乡村聚落空间收缩与扩张、功能多元与单一化的新趋势。一方面，要加强新阶段农村建设用地整治"动力"弱化背景下乡村聚落空间收缩进程和演进方向变化新趋势的跟踪研究,探究邻近城市郊区和偏远地区、经济发达地区和相对落后地区乡村聚落空间收缩轨迹的差异;另一方面,深入研究城乡要素自由流动和城乡人口充分对流背景下衰退乡村聚落的活化及其对乡村聚落空间收缩轨迹的"修正"可能性,探讨入乡城市中产群体和返乡农村人口的创新创业活动对于衰退乡村聚落的空间重组与功能重塑过程,研究新发展阶段乡村聚落"持续衰退"或"止衰转兴"的空间分化及其功能转换规律,揭示其与新阶段乡村新业态发展、多种功能和多元价值实现的关联关系,探索"后生产主义"乡村发展过程中乡村聚落空间演化的中国特点与机制。

最后,关注乡村聚落活力的跟踪评估研究。乡村聚落的经济社会活力是认知乡村聚落空心化发展趋势和持续性状态的重要维度,但乡村聚落的相关现有研究对此缺乏足够关注。未来需要系统开展乡村聚落经济社会活力的评估监测研究,一是探索建立科学的乡村聚落活力监测指标体系,构建乡村聚落活力的综合评估方法;二是分类、分区域地推进村庄经济社会活力评估研究,既要对"保留类、方向不明类和撤并类"村庄进行活力监测,又需要定期对"集聚类"村庄进行"回头看"的发展状态全面评估研究,精确"描绘"乡村聚落经济社会活力图景的时空演进轨迹;三是通过乡村聚落经济社会活力的时空比较研究,分析乡村聚落经济社会活力衰退、发展、兴盛和维持的影响因素与作用机制,为乡村聚落调控方法制定和公共投资重点的科学调整提供认知基础,支持验证和建立中国背景的乡村聚落空间格局与规模等级分布理论范式。

10.2.3　乡村转型发展的耦合分析框架

乡村转型发展进程中暴露出来的种种社会经济问题均可在土地利用上得到反映,所以对乡村转型发展进程中土地利用形态转变及相应解决方案的研究,是理解乡村转型发展问题的重要途径(龙花楼,2012;杨忍等,2015b)。通常,社会经济演变的时空不可分离性被转移到作为主要社会经济活动载体的土地上,造就了十分复杂的土地利用格局,而该格局的变化又会影响区域自然、生态和社会发展的进程。乡村转型发展促使土地利用转型,而土地利用转型的结果反过来作用于乡村转型发展,土地利用转型与乡村转型发展相互影响且在某种意义上存在一种耦合关系(龙花楼,2012;龙花楼等,2019)。

在城乡转型发展进程中,乡村地域系统结构和功能转型过程构成了土地利用转型与乡村转型发展交互作用的基础(龙花楼等,2019)。土地利用转型研究主要关注土地利用形态非线性变化引致的土地系统结构和地域功能演变特征,而乡村转型发展研究旨在揭示乡村地域系统"要素-结构-功能"的系统演进过程(龙花楼和屠爽爽,2017;陈坤秋和龙花楼,2022;龙花楼,2022)。所以说,土地利用转型是乡村转型发展的表观现象,是人类社会系统和地理环境系统交互作用的集中体现,乡村转型发展才是土地利用转型的内在驱动(Long,2020,2022)。区域土地利用形态格局的冲突与乡村转型发展动力密切相关,乡村人地关系地域格局对二者作用力的响应和反馈过程,构成了土地利用转型与乡村转型发展交互作用及耦合的桥梁(龙花楼等,2019)。

具体地,现有关于土地利用转型的研究成果为理解乡村转型发展格局奠定了良好基础。但是,格局只是认识世界的表观,过程才是理解事物变化的机理,耦合"格局与过程"的综合研究,可为揭示地理现象的发生机制和演变规律提供科学依据(傅伯杰,2014;龙花楼等,2019)。因此,为回答快速城镇化进程中的乡村发展转型综合问题,有必要在土地利用转型格局研究的基础上,耦合乡村地域系统演化的动态过程分析,创新发展人地系统演化的"格局-过程"耦合分析框架,形成对乡村土地利用转型及其背后经济社会发展特征的系统理解。针对这一问题,龙花楼等(2019)已经开展了土地利用转型与乡村转型发展耦合研究框架的探索性构建研究,初步刻画了区域土地利用形态格局冲突下土地利用转型和乡村发展动力导向的乡村转型发展耦合交互作用过程。在此基础上,我们进一步细化相关概念内涵,综合人地关系地域系统的"要素-结构-功能"分析视角和乡村发展路径模式转变的动态演化视角,突破传统的关于乡村转型发展空间表象研究的桎梏,构建乡村转型发展的多维动态响应模型(图 10-1)。

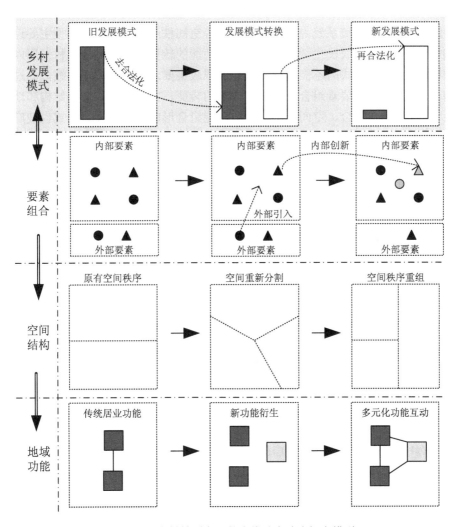

图 10-1 乡村转型发展的多维动态响应概念模型

矩形代表发展模式,圆和三角代表发展要素,方形代表地域功能;深色为旧有,浅色为新生

首先，借鉴演化经济地理学的路径更新概念，将乡村转型发展内涵界定为伴随乡村内外发展环境变化的地方产业路径更新演替过程，具体包括乡村原有产业/行业部门、经济业态、经营/商业模式的衰退萎缩等旧发展模式"去合法化"和新产业、新业态、新模式的培育壮大等新发展模式"再合法化"两个子过程。其中，新产业主要指在新生产技术和消费市场驱动下，乡村地区出现的不同于原有经济结构内的产业类型或经济形态；新业态指伴随新的先锋技术应用，在现有领域中衍生出的新产品类型或新消费活动；新模式主要指通过对原有产业链及价值链的重塑，创造新的商业模式，实现传统产业要素的重新高效组合。

其次，基于乡村地域系统的"要素-结构-功能"分析框架，结合乡村发展模式转换的动态过程特征，分析典型乡村转型发展不同阶段的要素重组、空间重构、功能转型等响应特征。其中，要素重组主要考虑乡村人口、土地等关键发展要素的时空演变；空间重构则主要关注乡村地域系统内部生产、生活等空间秩序重组；功能转型主要追踪乡村地域由传统农业生产和农民生活功能向多元化功能的转型过程。随着乡村发展内外部环境的变化，原有发展模式因不能适应时代需求或政策要求而逐渐衰退萎缩，此过程必然伴随人口、土地等既有要素组合及其利用方式的转变，并驱动地方空间结构和地域功能的重组；当新的要素组合、空间结构和地域功能组合形成后，新发展模式也被广泛接受而实现"再合法化"。乡村转型发展与多维动态响应特征的耦合关系演替将形成差异化的乡村转型地域类型。

10.3　乡村振兴和城乡融合的前沿问题探讨

城乡发展不平衡、乡村发展不充分是现阶段我国社会主要矛盾的重要体现，也是中国式现代化亟待破解的发展难题。改革开放40多年来,中国的城镇化建设成就举世瞩目，但在城镇"空间挤压"和"要素袭夺"的双重作用下，乡村人口老弱化、土地空废化、环境污损化、产业空心化等"乡村病"也日益凸显(Bai et al.，2014；Liu and Li，2017；Liu，2021)。党的十九大审时度势，提出建立健全城乡融合发展体制机制和政策体系，实施乡村振兴战略；党的二十大再次强调，全面建设社会主义现代化国家，最艰巨最繁重的任务仍然在农村，要全面推进乡村振兴，坚持城乡融合发展。因此，从融合发展的视角出发，探究城乡发展转型的过程机制和乡村地域系统演化的规律特征，是地理学研究面向国家重大战略需求的前沿课题。

学界关于城乡关系的研究一直受城市中心主义的桎梏，认为社会演化具有平行线特征，即所有社会都会从非理性和落后的传统社会，通过技术革新、消费升级、社会文化改进等，演化成理性和发达的现代社会(van der Ploeg et al.，2000；Woods，2011)。在地域类型上，城市代表着"现代"，乡村代表着"落后"，乡村的现代化进程通常与城市化融合在一起。受这一思潮的影响，乡村研究在欧美国家曾经急剧衰退，甚至一度被边缘化为一潭死水(Cloke，1997)。实践中，现代化范式为乡村发展提供了可应用的"蓝图"，但是城乡关系的这种单向和二元认识论阻碍了乡村接受更大胆和更多样化的发展机会(Long and Woods，2011；房艳刚和刘继生，2015)。城乡二分法虽然一直以来都饱受诟病,但这种过时的认识论仍然在学术和政策叙事中明确或隐含地存在(Gillen et al., 2022; Ortega, 2022)。乡村不可避免地沦为一个残余的、逐渐衰败的地方,几乎没有概念和实际价值,在必要时会被牺牲和抛弃(申明锐等,2015; Gao et al., 2023)。

具体到中国城市与乡村的地域分异,其特殊性在于城乡二元制度分割,从人口户籍制度到城乡行政管理体制,学者们从历史演化的视角出发,对中国城乡关系演进的阶段特征进行研究,得到的结论大同小异:从分化到融合是城乡关系发展的客观规律,其演化过程一般分为城乡分化、城乡对立、城乡一体和城乡融合(陈宏胜等,2016; 曹智等,2019; 张英男等,2019; 杜国明和刘美,2021)。基于要素视角的城乡地域分异研究固然重要,但是作为特殊的人地关系地域系统,城市与乡村之间的根本分歧不在于要素禀赋及其组合类型的差异,本质上是城乡人地关系的一种综合表征,体现在不同发展阶段的城乡之间要素作用形式、资源配置方式、产业发展模式等方面(刘彦随等,2021)。尤其是随着先锋技术的发展,城市与乡村间的要素流动日益频繁,基于要素的城乡分异研究愈发不能适应时代的要求,城乡融合系统内部的地域功能分异研究受到越来越多学者的青睐(申明锐和张京祥,2015; 刘彦随,2018)。

换言之,乡村实体论者的城乡关系研究愈发困难,所谓“都市以外地区”的边界日益模糊,原本以农业为主体而把土地、居民和生活捆绑成一体的传统乡村结构在工业革命之后发生了剧烈变化(Phillips et al., 2022; Yang and Xu, 2022)。特别是资本主义和农业商品化进程中,农业结构发生了质变,乡村逐渐失去或弱化了以农业为基础的空间含义(胡晓亮等,2020)。面对乡村特征的持续变化或被瓦解,研究者在实体乡村的概念修正上陷入了两种苦恼:一是很难找到普遍接受的概念用以涵盖变化着的、多样化的乡村,即便用“乡村”抽象具体场所的共性特征,也仅仅是在效用上区分出乡村和非乡村的环境,而且有人为把乡村视为孤立实体之嫌;二是一旦在乡村界定上淡化传统乡村与城市的要素差异,又势必会“抹杀”乡村(毛丹和王萍,2014; Liu et al., 2016)。由此,实体乡村的概念化努力及其效应变得备受质疑,取而代之的是“建构主义”的乡村研究,也即乡村作为一种“场所”或许逐渐幻灭,但它作为社会类型的意义仍处于发展中,也就是 Woods(2011)所谓的“想象乡村”或是 Halfacree(2006)乡村三元论中的“乡村表征”。把乡村作为一种社会建构,意味着把注意力转向了乡村的感知(perception)和表征(representation)的范畴,以及乡村完成(performed)和构成(constituted)的方式(Woods, 2005)。

从乡村转型与振兴的视角来看,欧美国家的乡村转型发展基本遵循着从“生产主义”到“后生产主义”再到“多功能乡村”的演化路径(Wilson, 2001; Argent, 2002; Evans et al., 2002; Holmes, 2002, 2006; Stobbelaar et al., 2009)。从强调以粮食生产为主到对消费导向的重视,再到对于乡村多元价值的认识,乡村发展经历了一个不断反思的非线性过程(Roche and Argent, 2015; Shucksmith, 2018)。但是中国的乡村长期处在一个注重生产、不断追赶(catching-up)城市的发展认知中,过分追求城乡之间的同样化而忽视了对乡村本身特质的探讨(申明锐等,2015)。在此基础上形成的乡村转型发展范式更加强调城镇化、工业化的视角,把乡村视为现代化进程中的落后者,较多地关注乡村的“竞次增长”,而对乡村转型发展过程中乡村本体的意义思考不多,这与长期以来的“乡村工业化"思潮和"无工不富"观念不无关系。但是,遵循追赶城市、追求增长的线性转型路径,乡村振兴将不可避免地出现所谓的"现代化悖论"(modernization paradox),即向往田园牧歌式的乡村生活的城市人加速涌入乡村,势必改变原本的乡村田园诗的面貌,最终背离其初心本意(Woods,2011)。因此,能否超越传统的乡村线性转型路径,实现城乡融合发展,成为当前学术界探讨的热点问题。

城乡之间要素禀赋存在着差异,其各自价值彰显的渠道也有所不同,不能简单地通过经济增加值一把尺子去衡量。"乡村振兴"强调的是在现代语境下重塑乡村耐人寻味、不可或缺的文化传统与独特价值,而不是沦为城市的简单附庸(申明锐和张京祥,2015)。在这一概念框架下,乡村的发展并不是要追求类同于城市的经济规模总量,而是要在城乡要素自由配置、市场充分共享的情况下,发挥其有别于城市的农业、腹地、家园价值(申明锐等,2015)。在全球化、信息化、生态化等助力之下,中国的乡村发展完全可以避免因循工业化轨迹的追赶发展模式,走出一条超越线性转型的复兴之路。但是,如何超越既往路径,找到一条站在中国乡村传统之上、在新的社会背景下的"中国道路",依然是乡村发展研究的重大命题。

城乡融合发展的物质基础是乡村空间,城乡融合需要破解的难题多与乡村空间承载的社会经济和权属组织等关系密切相关。但是,囿于城乡二元认识论和城市中心主义的长期桎梏,已有研究倾向于将城镇化和城乡联系作为乡村发展的外生变量,割裂地看待城市和乡村地域系统的转型发展问题(Cattaneo et al.,2021;Gillen et al.,2022)。本质上,城市和乡村是统一的有机体,在地域功能上具有协同演化特征,城乡关系是区域人地关系的综合表征(Woods,2009;刘彦随等,2021)。按照人地关系地域系统的耦合分析框架,城市发展方式的转变通常也伴随乡村地域的土地利用转型和发展路径转换,表现为不同层级主体对跨尺度影响因素的系统响应(Lambin and Meyfroidt,2011;Seto et al.,2012)。因此,要深刻理解城乡发展转型的过程机制,亟须摆脱城乡二元分割的传统惯性思维,采用星球化思维(planetary thinking),将城市与乡村纳入统一的人地耦合分析框架中,破除城镇化与乡村转型模拟的"内生性"问题,从理论上厘清不同主体在城乡地域系统演化过程中的作用机制,实现对城乡发展转型过程的科学解释(Brenner and Schmid,2015;He and Zhang,2022)。

土地作为区域发展最重要的要素之一,其利用状态与效率的空间分异是关系城乡融合及乡村地域可持续发展的关键。土地利用问题的本质是经济社会快速发展对土地利用的增长需求与限制土地利用有效供给的生态、经济、社会诸要素间存在的矛盾关系(刘彦随和陈百明,2002)。本书从土地要素切入,通过农村建设用地响应过程揭示乡村转型发展的格局特征,并试图揭示其背后的驱动与影响因素,尤其是从利用状态和效率的视角对宅基地隐性转型的探索性研究具有一定创新。在研究思路的特色上,遵循通过土地利用反映经济社会发展的思路,建立农村建设用地转型数据库,进行不同功能用地转型格局及其耦合协同关系的分析,进而识别乡村振兴战略实施中的土地利用问题,将对乡村发展的研究建立在对土地利用转型进行深入剖析的基础上。在理论创新的特色上,立足中国特殊的产权制度安排和乡村振兴背景,将西方话语中的"后生产主义"概念纳入具有中国特色的制度分析中,探讨了土地利用不足背后的推动力,为新兴的土地使用转型研究提供实证素材，有利于丰富和拓展土地利用转型分析的相关领域。

　　在中国城乡二元体制下，农村建设用地转型涉及的权利主体繁多、利益关系复杂，增加了学术研究的难度，我们作为初入乡村地理研究的青年学者，水平、能力和时间均有所局限，同时受到资料获取和篇幅限制，书中还有许多重要的问题需进一步研究和探讨。首先，研究案例区域需要进一步聚焦。虽然本书的主体研究工作主要在江苏省内开展，但是出于对不同研究内容重要性和案例典型性的考虑，在整个研究过程中所采用的研究区域和对象并未进行统一。从江苏省域到苏南区域，再到徐州市域和江北新区，空间尺度始终参差，影响了结论的延续性和连续性，后续研究需要聚焦特定研究区域，以开展更加系统性的研究。其次，农村宅基地转型理论总结需要进一步深化。农村宅基地的功能转型不可避免地带来其利用状态与效率的变化，本书采用不同利用状态来定量表征农村宅基地的功能转型特征，对于理解农村宅基地的隐性转型有一定价值。但要更深入揭示农村宅基地的转型过程，还需要进一步综合宅基地的实际功能及产权人的处置动机，以完善相关理论假设。另外，基于苏南发达地区提出了农村宅基地转型的一般假设，其适用性与科学性仍需在更大的时空尺度下检验。尤其是在乡村振兴背景下，在尚未经历快速城镇化与工业化的传统农区，农村宅基地的功能转型可能会有不同的空间路径，需要在后续研究中进行比较分析。

　　此外，关于农村宅基地的转型机理分析需要进一步细化。本书将空置和废弃统一界定为利用不足，未能对空置和废弃进行更有针对性的比较研究。但在实践中，宅基地空置和废弃的决定因素并不完全一致，权利人的利益诉求和决策动机存在一定差异。而且，目前已有研究试图探究城市地区短期和长期空置的差异性诱因。因此，下一步研究需要考虑不同类型的未充分利用，进一步增进我们对宅基地转型的理解，同时提出更有效的应对策略。此外，在不同的政治经济背景中，土地利用转型的模式和动力也存在一定差异。因此，为了进一步检验宅基地未充分利用与土地利用转型间的联系，需要补充更多足以代表乡村重构过程的事实证据和素材。最后，乡村居业协同测度的科学性仍待进一步检验。本书中将居住与就业用地比值为 1 设定为协同状态，但不同地区在不同发展阶段的协同状态下，居住与就业结构是否应该有区别地衡量，仍待进一步深入研究。此外，本书在分析居业协同时，基于建设用地调查数据没有考虑农业发展的情况，也是一个不足之处。后续研究可以考虑拓展，尤其是随着农业产业化，乡村土地利用逐渐转型，非农用地被高效益的农用地取代，农用地将承载更多乡村农业就业机会，成为振兴乡村的重要载体。

参考文献

艾希. 2015. 农村宅基地闲置原因及对策研究. 中国人口·资源与环境, 25(S1): 74-77.

蔡俊, 章磊, 袁宏伟, 等. 2022. 基于改进 TAM 框架的农户宅基地退出行为意愿影响因素研究. 资源科学, 44(5): 899-912.

蔡运龙. 1996. 人地关系研究范型: 全球实证. 人文地理, 11(3): 3-8.

曹智, 李裕瑞, 陈玉福. 2019. 城乡融合背景下乡村转型与可持续发展路径探析. 地理学报, 74(12): 2560-2571.

陈百明, 刘新卫, 杨红. 2003. LUCC 研究的最新进展评述. 地理科学进展, 22(1): 22-29.

陈诚, 金志丰. 2015. 经济发达地区乡村聚落用地模式演变: 以无锡市惠山区为例. 地理研究, 34(11): 2155-2164.

陈宏胜, 李志刚, 王兴平. 2016. 中央—地方视角下中国城乡二元结构的建构——"一五计划"到"十二五规划"中国城乡演变分析. 国际城市规划, 31(6): 62-67+88.

陈坤秋, 龙花楼. 2022. 土地系统优化助推乡村发展转型研究进展与展望. 地理研究, 41(11): 2932-2945.

陈培培, 张敏. 2015. 从美丽乡村到都市居民消费空间——行动者网络理论与大世凹村的社会空间重构. 地理研究, 34(8): 1435-1446.

陈霞, 李哲敏, 王玉庭. 2022. 农户社会资本与宅基地退出意愿——基于抗险能力的中介效应分析. 中国农业资源与区划, 43(10): 232-245.

陈霄. 2012. 农民宅基地退出意愿的影响因素——基于重庆市"两翼"地区 1012 户农户的实证分析. 中国农村观察, (3): 26-36+96.

陈晓华. 2008. 乡村转型与城乡空间整合研究: 基于苏南模式到新苏南模式过程的分析. 合肥: 安徽人民出版社.

陈玉福, 刘彦随, 龙花楼, 等. 2010a. 苏南地区农村发展进程及其动力机制——以苏州市为例. 地理科学进展, 29(1): 123-128.

陈玉福, 孙虎, 刘彦随. 2010b. 中国典型农区空心村综合整治模式. 地理学报, 65(6): 727-735.

陈振, 郭杰, 欧名豪, 等. 2018. 资本下乡过程中农地流转风险识别、形成机理与管控策略. 长江流域资源与环境, 27(5): 988-995.

程连生, 冯文勇, 蒋立宏. 2001. 太原盆地东南部农村聚落空心化机理分析. 地理学报, 56(4): 437-446.

戴柳燕, 焦华富, 肖林. 2013. 国内外城市职住空间匹配研究综述. 人文地理, 28(2): 27-31+66.

杜国明, 刘美. 2021. 基于要素视角的城乡关系演化理论分析. 地理科学进展, 40(8): 1298-1309.

段小微, 李小建. 2018. 山区县域聚落演化的空间分异特征及其影响因素: 以豫西山地嵩县为例. 地理研究, 37(12): 2459-2474.

范建红, 莫悠, 谢涤湘. 2018. 资本循环视角下的中国城乡转型思考. 热带地理, 38(5): 699-706.

房艳刚, 刘继生. 2015. 基于多功能理论的中国乡村发展多元化探讨——超越现代化发展范式. 地理学报, 70(2): 257-270.

费孝通. 1998. 乡土中国生育制度. 北京: 北京大学出版社.

冯文兰, 周万村, 李爱农, 等. 2008. 基于 GIS 的岷江上游乡村聚落空间聚集特征分析: 以茂县为例. 长江流域资源与环境, 17(1): 57-61.

冯应斌, 龙花楼. 2020. 中国山区乡村聚落空间重构研究进展与展望. 地理科学进展, 39(5): 866-879.

傅伯杰. 2014. 地理学综合研究的途径与方法: 格局与过程耦合. 地理学报, 69(8): 1052-1059.

高金龙, 陈江龙, 苏曦. 2013. 中国城市扩张态势与驱动机理研究学派综述. 地理科学进展, 32(5): 743-754.

高金龙, 刘彦随, 陈江龙. 2021. 苏南地区农村宅基地转型研究: 基于利用状态的视角. 自然资源学报, 36(11): 2878-2891.

高丽, 李红波, 张小林. 2020. 中国乡村生活空间研究溯源及展望. 地理科学进展, 39(4): 660-669.

戈大专, 龙花楼. 2020. 论乡村空间治理与城乡融合发展. 地理学报, 75(6): 1272-1286.

关小克, 张凤荣, 刘春兵, 等. 2013. 平谷区农村居民点用地的时空特征及优化布局研究. 资源科学, 35(3): 536-544.

郭晓东. 2007. 黄土丘陵区乡村聚落发展及其空间结构研究. 兰州: 兰州大学.

海贝贝, 李小建. 2013. 1990 年以来我国乡村聚落空间特征研究评述. 河南大学学报(自然科学版), 43(6): 635-642.

韩茂莉. 2017. 十里八邨: 近代山西乡村社会地理研究. 北京: 生活·读书·新知三联书店.

贺艳华, 曾山山, 唐承丽, 等. 2013. 中国中部地区农村聚居分异特征及形成机制. 地理学报, 68(12): 1643-1656.

胡航军, 张京祥. 2022. "超越精明收缩"的乡村规划转型与治理创新——国际经验与本土化建构. 国际城市规划, 37(3): 50-58.

胡小芳, 李小雅, 王天宇, 等. 2020. 民宿空间分布的集聚模式与影响因素研究: 基于杭州、湖州、恩施的比较. 地理科学进展, 39(10): 1698-1707.

胡晓亮, 李红波, 张小林, 等. 2020. 乡村概念再认知. 地理学报, 75(2): 398-409.

胡智超, 彭建, 杜悦悦, 等. 2016. 基于供给侧结构性改革的空心村综合整治研究. 地理学报, 71(12): 2119-2128.

黄鹤. 2011. 精明收缩: 应对城市衰退的规划策略及其在美国的实践. 城市与区域规划研究, 157-168.

黄万状, 石培基. 2021. 河湟地区乡村聚落位序累积规模模型的实证研究. 地理学报, 76(6): 1489-1503.

黄亚平, 郑有旭. 2021. 江汉平原乡村聚落形态类型及空间体系特征. 地理科学, 41(1): 121-128.

霍仁龙, 杨煜达, 满志敏. 2016. 云南省掌鸠河流域近 300 年来聚落空间演变. 地理研究, 35(9): 1647-1658.

蒋伟萱, 高金龙, 陈江龙, 等. 2020. 基于土地利用视角的乡村居业协同多尺度分析: 以徐州市为例. 自然资源学报, 35(8): 2002-2013.

金其铭. 1988a. 我国农村聚落地理研究历史及近今趋向. 地理学报, 43(4): 311-317.

金其铭. 1988b. 农村聚落地理. 北京: 科学出版社.

晋洪涛, 郭秋实, 史清华. 2022. 村庄里的"家"与"面子": 农户为何不愿退出宅基地——基于非正式制度嵌入性的一个解释. 中国农村观察, (4): 42-57.

孔雪松. 2022. 乡村聚落空间重构——动态模拟与智能优化. 北京: 科学出版社.

李红波, 胡晓亮, 张小林, 等. 2018. 乡村空间辨析. 地理科学进展, 37(5): 591-600.

李红波, 刘美豆, 胡晓亮, 等. 2020. 精明收缩视角下乡村人居空间变化特征及类型划分——以江苏省常熟市为例. 地理研究, 39(4): 939-955.

李红波, 张小林, 吴启焰, 等. 2015. 发达地区乡村聚落空间重构的特征与机理研究——以苏南为例. 自然资源学报, 30(4): 591-603.

李琳娜, 璩路路, 刘彦随. 2019. 乡村地域多体系统识别方法及应用研究. 地理研究, 38(3): 563-577.

李平星, 陈雯, 孙伟. 2014. 经济发达地区乡村地域多功能空间分异及影响因素——以江苏省为例. 地理学报, 69(6): 797-807.

李婷婷, 龙花楼. 2015. 基于"人口—土地—产业"视角的乡村转型发展研究——以山东省为例. 经济地理, 35(10): 149-155+138.

李婷婷, 龙花楼, 王艳飞. 2019. 中国农村宅基地闲置程度及其成因分析. 中国土地科学, 33(12): 64-71.

李婷婷, 龙花楼, 王艳飞, 等. 2020. 黄淮海平原农区宅基地扩展时空特征及整治潜力分析——以禹城市 5 个村庄为例. 自然资源学报, 35(9): 2241-2253.

李小建, 等. 2019. 欠发达区乡村聚落空间演变. 北京: 科学出版社.

李小建, 胡雪瑶, 史焱文, 等. 2021. 乡村振兴下的聚落研究——来自经济地理学视角. 地理科学进展, 40(1): 3-14.

李小建, 杨慧敏. 2017. 乡村聚落变化及发展型式展望. 经济地理, 37(12): 1-8.

李秀彬. 1996. 全球环境变化研究的核心领域——土地利用/土地覆被变化的国际研究动向. 地理学报, 51(6): 553-558.

李秀彬. 2002. 土地利用变化的解释. 地理科学进展, 21(3): 195-203.

李阳兵, 李睿康, 罗光杰, 等. 2018. 贵州典型峰丛洼地区域近 50 年村落演变规律及驱动机制. 生态学报, 38(7): 2523-2535.

李玉恒, 阎佳玉, 武文豪, 等. 2018. 世界乡村转型历程与可持续发展展望. 地理科学进展, 37(5): 627-635.

李裕瑞, 卜长利, 曹智, 等. 2020. 面向乡村振兴战略的村庄分类方法与实证研究. 自然资源学报, 35(2): 243-256.

李裕瑞, 常贵蒋, 曹丽哲, 等. 2020. 论乡村能人与乡村发展. 地理科学进展, 39(10): 1632-1642.

李裕瑞, 刘彦随, 龙花楼. 2012. 黄淮海典型地区村域转型发展的特征与机理. 地理学报, 67(6): 771-782.

李裕瑞, 刘彦随, 龙花楼, 等. 2014. 参与式村域发展综合诊断的技术方法与实证应用. 地理研究, 33(2): 372-384.

林金萍, 雷军, 吴世新, 等. 2020. 新疆绿洲乡村聚落空间分布特征及其影响因素. 地理研究, 39(5): 1182-1199.

林若琪, 蔡运龙. 2012. 转型期乡村多功能性及景观重塑. 人文地理, 27(2): 45-49.

刘鲁, 吴必虎. 2021. "城市-景区"双驱动型乡村发展: 路径选择及其动态演化过程. 地理科学, 41(11): 1897-1906.

刘守英. 2015. 农村宅基地制度的特殊性与出路. 国家行政学院学报, (3): 18-24+43.

刘守英, 王一鸽. 2018. 从乡土中国到城乡中国——中国转型的乡村变迁视角. 管理世界, 34(10): 128-146+232.

刘守英, 熊雪锋. 2018a. 我国乡村振兴战略的实施与制度供给. 政治经济学评论, (4): 80-96.

刘守英, 熊雪锋. 2018b. 经济结构变革、村庄转型与宅基地制度变迁——四川省泸县宅基地制度改革案例研究. 中国农村经济, (6): 2-20.

刘亚香, 李阳兵. 2020. 乡村转型背景下贵州坝子土地利用生产功能的空间演变. 地理研究, 39(2):

430-446.

刘彦随. 2001. 山地土地类型的结构分析与优化利用——以陕西秦岭山地为例. 地理学报, 56(4): 426-436.

刘彦随. 2007. 中国东部沿海地区乡村转型发展与新农村建设. 地理学报, 62(6): 563-570.

刘彦随. 2018. 中国新时代城乡融合与乡村振兴. 地理学报, 73(4): 637-650.

刘彦随. 2019. 新时代乡村振兴地理学研究. 地理研究, 38(3): 461-466.

刘彦随. 2020a. 中国乡村振兴规划的基础理论与方法论. 地理学报, 75(6): 1120-1133.

刘彦随. 2020b. 现代人地关系与人地系统科学. 地理科学, 40(8): 1221-1234.

刘彦随, 陈百明. 2002. 中国可持续发展问题与土地利用/覆被变化研究. 地理研究, 21(3): 324-330.

刘彦随, 刘玉. 2010. 中国农村空心化问题研究的进展与展望. 地理研究, 29(1): 35-42.

刘彦随, 刘玉, 陈玉福. 2011. 中国地域多功能性评价及其决策机制. 地理学报, 66(10): 1379-1389.

刘彦随, 刘玉, 翟荣新. 2009. 中国农村空心化的地理学研究与整治实践. 地理学报, 64(10): 1193-1202.

刘彦随, 龙花楼, 李裕瑞. 2021. 全球乡城关系新认知与人文地理学研究. 地理学报, 76(12): 2869-2884.

刘彦随, 鲁奇. 1998. 苏南现代化进程中的土地问题及对策. 地理科学进展, 17(2): 80-85.

刘彦随, 严镶, 王艳飞. 2016. 新时期中国城乡发展的主要问题与转型对策. 经济地理, 36(7): 1-8.

刘彦随, 杨忍. 2015. 中国环渤海地区城乡发展转型格局测度. 地理学报, 70(2): 248-256.

刘彦随, 周扬, 李玉恒. 2019. 中国乡村地域系统与乡村振兴战略. 地理学报, 74(12): 2511-2528.

刘永强, 龙花楼. 2016. 黄淮海平原农区土地利用转型及其动力机制. 地理学报, 71(4): 666-679.

刘志林, 王茂军, 柴彦威. 2010. 空间错位理论研究进展与方法论评述. 人文地理, 25(1): 1-6.

刘志林, 张艳, 柴彦威. 2009. 中国大城市职住分离现象及其特征——以北京市为例. 城市发展研究, 16(9): 110-117.

龙花楼. 2001. 长江沿线样带土地利用变化与土地可持续利用. 北京: 中国科学院地理科学与资源研究所.

龙花楼. 2003a. 土地利用转型——土地利用/覆被变化综合研究的新途径. 地理与地理信息科学, 19(1): 87-90.

龙花楼. 2003b. 区域土地利用转型与土地整理. 地理科学进展, 22(2): 133-140.

龙花楼. 2006. 中国农村宅基地转型的理论与证实. 地理学报, 61(10): 1093-1100.

龙花楼. 2012. 论土地利用转型与乡村转型发展. 地理科学进展, 31(2): 131-138.

龙花楼. 2013. 论土地整治与乡村空间重构. 地理学报, 68(8): 1019-1028.

龙花楼. 2015. 论土地利用转型与土地资源管理. 地理研究, 34(9): 1607-1618.

龙花楼. 2018. 乡村重构专辑序言. 地理科学进展, 37(5): 579-580.

龙花楼. 2022. 土地利用转型的解释. 中国土地科学, 36(4): 1-7.

龙花楼, 陈坤秋. 2021. 基于土地系统科学的土地利用转型与城乡融合发展. 地理学报, 76(2): 295-309.

龙花楼, 戈大专, 王介勇. 2019. 土地利用转型与乡村转型发展耦合研究进展及展望. 地理学报, 74(12): 2546-2559.

龙花楼, 李婷婷. 2012. 中国耕地和农村宅基地利用转型耦合分析. 地理学报, 67(2): 201-210.

龙花楼, 李婷婷, 邹健. 2011. 我国乡村转型发展动力机制与优化对策的典型分析. 经济地理, 31(12): 2080-2085.

龙花楼, 李秀彬. 2002. 区域土地利用转型分析——以长江沿线样带为例. 自然资源学报, 17(2): 144-149.

龙花楼, 李裕瑞, 刘彦随. 2009. 中国空心化村庄演化特征及其动力机制. 地理学报, 64(10): 1203-1213.

龙花楼, 屠爽爽. 2017. 论乡村重构. 地理学报, 72(4): 563-576.

龙花楼, 屠爽爽. 2018a. 乡村重构的理论认知. 地理科学进展, 37(5): 581-590.

龙花楼, 屠爽爽. 2018b. 土地利用转型与乡村振兴. 中国土地科学, 32(7): 1-6.

龙花楼, 张英男, 屠爽爽. 2018. 论土地整治与乡村振兴. 地理学报, 73(10): 1837-1849.

龙花楼, 邹健. 2011. 我国快速城镇化进程中的乡村转型发展. 苏州大学学报: 哲学社会科学版, 32(4): 97-100.

龙瀛, 张宇, 崔承印. 2012. 利用公交刷卡数据分析北京职住关系和通勤出行. 地理学报, 67(10): 1339-1352.

陆大道, 郭来喜. 1998. 地理学的研究核心: 人地关系地域系统——论吴传钧院士的地理学思想与学术贡献. 地理学报, 53(2): 97-105.

陆林, 任以胜, 朱道才, 等. 2019. 乡村旅游引导乡村振兴的研究框架与展望. 地理研究, 38(1): 102-118.

罗震东, 周洋岑. 2016. 精明收缩: 乡村规划建设转型的一种认知. 乡村规划建设, (1): 30-38.

吕晓, 黄贤金, 张全景. 2015. 城乡建设用地转型研究综述. 城市规划, 39(4): 105-112.

马丽, 金凤君, 刘毅. 2012. 中国经济与环境污染耦合度格局及工业结构解析. 地理学报, 67(10): 1299-1307.

马晓冬, 李全林, 沈一. 2012. 江苏省乡村聚落的形态分异及地域类型. 地理学报, 67(4): 516-525.

毛丹, 王萍. 2014. 英语学术界的乡村转型研究. 社会学研究, (1): 194-216+245.

孟斌. 2009. 北京城市居民职住分离的空间组织特征. 地理学报, 64(12): 1457-1466.

宁志中, 张琦. 2020. 乡村优先发展背景下城乡要素流动与优化配置. 地理研究, 39(10): 2201-2213.

钱家乘, 张佰林, 刘虹吾, 等. 2020. 东部旅游特色山区乡村发展分化及其驱动力: 以浙江省平阳县为例. 地理科学进展, 39(9): 1460-1472.

乔陆印, 刘彦随, 杨忍. 2015. 中国农村居民点用地变化类型及调控策略. 农业工程学报, 31(7): 1-8.

乔伟峰, 戈大专, 高金龙, 等. 2019. 江苏省乡村地域功能与振兴路径选择研究. 地理研究, 38(3): 522-534.

邱杰华, 何冬华, 赵颖. 2018. 广州乡村地区发展的土地依赖与模式转型. 规划师, 34(10): 106-112.

曲福田, 陈江龙, 陈雯. 2005. 农地非农化经济驱动机制的理论分析与实证研究. 自然资源学报, 20(2): 231-241.

曲福田, 田光明. 2011. 城乡统筹与农村集体土地产权制度改革. 管理世界, (6): 34-46+187.

曲福田, 吴丽梅. 2004. 经济增长与耕地非农化的库兹涅茨曲线假说及验证. 资源科学, 26(5): 61-67.

曲衍波. 2020. 论乡村聚落转型. 地理科学, 40(4): 572-580.

曲衍波, 姜广辉, 张佰林, 等. 2017. 山东省农村居民点转型的空间特征及其经济梯度分异. 地理学报, 72(10): 1845-1858.

曲艺, 龙花楼. 2017. 基于开发利用与产出视角的区域土地利用隐性形态综合研究——以黄淮海地区为例. 地理研究, 36(1): 61-73.

单勇兵, 马晓冬, 仇方道. 2012. 苏中地区乡村聚落的格局特征及类型划分. 地理科学, 32(11): 1340-1347.

邵景安, 陈兰, 李阳兵, 等. 2008. 未来区域土地利用驱动力研究的重要命题: 尺度依赖. 资源科学, 30(1): 58-63.

申明锐, 沈建法, 张京祥, 等. 2015. 比较视野下中国乡村认知的再辨析: 当代价值与乡村复兴. 人文地理, 30(6): 53-59.

申明锐, 张京祥. 2015. 新型城镇化背景下的中国乡村转型与复兴. 城市规划, 39(1): 30-34.

宋伟, 程叶青, 林丹, 等. 2020. 快速城镇化背景下乡村居民点时空演变及其驱动因素——以海口市为例. 经济地理, 40(10): 183-190.

宋小青. 2017. 论土地利用转型的研究框架. 地理学报, 72(3): 471-487.

孙婧雯, 刘彦随, 戈大专, 等. 2022. 平原农区土地综合整治与乡村转型发展协同机制. 地理学报, 77(8): 1971-1986.

汤国安, 赵牡丹. 2000. 基于 GIS 的乡村聚落空间分布规律研究: 以陕北榆林地区为例. 经济地理, 20(5): 1-4.

陶然, 汪晖. 2010. 中国尚未完成之转型中的土地制度改革: 挑战与出路. 国际经济评论, (2): 5, 93-123.

田秀琴, 高金龙, 陈雯, 等. 2018. 乡村人口收缩背景下经济发达地区村庄用地演变研究: 以江苏省常熟市为例. 中国科学院大学学报, 35(5): 645-653.

屠爽爽, 龙花楼, 刘永强, 等. 2015. 农村居民点整治潜力测算方法研究进展与展望. 自然资源学报, 30(11): 1956-1968.

屠爽爽, 龙花楼, 张英男, 等. 2019. 典型村域乡村重构的过程及其驱动因素. 地理学报, 74(2): 323-339.

王成新, 姚士谋, 陈彩虹. 2005. 中国农村聚落空心化问题实证研究. 地理科学, 25(3): 257-262.

王亚辉, 李秀彬, 辛良杰, 等. 2018. 中国土地流转的区域差异及其影响因素——基于 2003—2013 年农村固定观察点数据. 地理学报, 73(3): 487-502.

王勇, 李广斌. 2011. 苏南乡村聚落功能三次转型及其空间形态重构——以苏州为例. 城市规划, 35(7): 54-60.

王勇, 李广斌, 王传海. 2012. 基于空间生产的苏南乡村空间转型及规划应对. 规划师, 28(4): 110-114.

王勇, 周雪, 李广斌. 2019. 苏南不同类型传统村落乡村性评价及特征研究——基于苏州 12 个传统村落的调查. 地理研究, 38(6): 1311-1321.

王雨村, 王影影, 屠黄桔. 2017. 精明收缩理论视角下苏南乡村空间发展策略. 规划师, (1): 39-44.

翁一峰, 吕斌, 鲁晓军. 2014. 产权关系视角下的乡村空间发展探究——以无锡市阳山镇为例. 城市规划, 38(10): 51-58.

邬轶群, 王竹, 于慧芳, 等. 2022. 乡村"产居一体"的演进机制与空间图谱解析——以浙江碧门村为例. 地理研究, 41(2): 325-340.

吴传钧. 1991. 论地理学的研究核心——人地关系地域系统. 经济地理, 11(3): 1-6.

吴孔森, 芮旸, 陈佳, 等. 2020. 旅游驱动下乡村转型发展的微尺度研究: 以西安市上王村为例. 地理科学进展, 39(6): 1047-1059.

吴越菲. 2022. 从部门生产到区域繁荣: 面向农村新内生发展的政策转型及其反思. 贵州社会科学, (5): 158-168.

武廷海. 2013. 建立新型城乡关系走新型城镇化道路——新马克思主义视野中的中国城镇化. 城市规划, 37(11): 9-19.

席建超, 王首琨, 张瑞英. 2016. 旅游乡村聚落生产-生活-生态空间重构与优化: 河北野三坡旅游区苟各庄村的案例实证. 自然资源学报, 31(3): 425-435.

夏敏, 林庶民, 郭贯成. 2016. 不同经济发展水平地区农民宅基地退出意愿的影响因素——以江苏省 7 个市为例. 资源科学, 38(4): 728-737.

徐大伟, 段姗姗, 刘春燕. 2012. 三化同步发展的内在机制与互动关系研究——基于协同学和机制设计理论. 农业经济问题, 33(2): 8-13+110.

徐冠华, 葛全胜, 宫鹏, 等. 2013. 全球变化和人类可持续发展: 挑战与对策. 科学通报, 58(21): 2100-2106.

许恒周, 殷红春, 石淑芹. 2013. 代际差异视角下农民工乡城迁移与宅基地退出影响因素分析——基于推拉理论的实证研究. 中国人口•资源与环境, 23(8): 75-80.

闫庆武, 马晓冬, 卞正富. 2007. 基于地统计的徐州市人口密度空间分布研究. 云南地理环境研究, (4): 13-18.

杨忍. 2019. 广州市城郊典型乡村空间分化过程及机制. 地理学报, 74(8): 1622-1636.

杨忍. 2021. 珠三角地区典型淘宝村重构过程及其内在逻辑机制. 地理学报, 76(12): 3076-3089.

杨忍, 陈燕纯, 龚建周. 2019. 转型视阈下珠三角地区乡村发展过程及地域模式梳理. 地理研究, 38(3): 725-740.

杨忍, 刘彦随, 龙花楼. 2015a. 中国环渤海地区人口—土地—产业非农化转型协同演化特征. 地理研究, 34(3): 475-486.

杨忍, 刘彦随, 龙花楼, 等. 2015b. 中国乡村转型重构研究进展与展望——逻辑主线与内容框架. 地理科学进展, 34(8): 1019-1030.

杨忍, 徐茜, 周敬东, 等. 2018. 基于行动者网络理论的逢简村传统村落空间转型机制解析. 地理科学, 38(11): 1817-1827.

杨忍, 张菁, 陈燕纯. 2021. 基于功能视角的广州都市边缘区乡村发展类型分化及其动力机制. 地理科学, 41(2): 232-242.

杨兴柱, 杨周, 朱跃. 2020. 世界遗产地乡村聚落功能转型与空间重构——以汤口、寨西和山岔为例. 地理研究, 39(10): 2214-2232.

杨绪红, 金晓斌, 项晓敏, 等. 2019. 近 300 年中国耕地开垦导致的碳排放估算. 中国科学: 地球科学, 49(3): 554-568.

杨亚楠, 陈利根, 龙开胜. 2014. 中西部地区农村宅基地闲置的影响因素分析——基于河南、甘肃的实证研究. 经济体制改革, (2): 84-88.

杨玉珍. 2015a. 农户闲置宅基地退出的影响因素及政策衔接——行为经济学视角. 经济地理, 35(7): 140-147.

杨玉珍. 2015b. 农户缘何不愿意进行宅基地的有偿腾退. 经济学家, (5): 68-77.

杨志鹏, 许嘉巍, 王士君. 2021. 东北地区农村宅基地闲置特征及影响因素研究——基于公主岭市 6 乡镇实地调研数据. 中国农业资源与区划, 42(7): 84-92.

叶超. 2008. 基于斯密框架的中国城乡关系研究. 北京: 中国科学院地理科学与资源研究所.

叶超, 曹志冬. 2008. 城乡关系的自然顺序及其演变——亚当•斯密的城乡关系理论解析. 经济地理, 28(1): 79-82+95.

叶超, 陈明星. 2008. 国外城乡关系理论演变及其启示. 中国人口•资源与环境, 18(1): 34-39.

余斌, 卢燕, 曾菊新, 等. 2017. 乡村生活空间研究进展及展望. 地理科学, 37(3): 375-385.

曾国军, 徐雨晨, 王龙杰, 等. 2021. 从在地化、去地化到再地化: 中国城镇化进程中的人地关系转型. 地理科学进展, 40(1): 28-39.

张佰林, 高江波, 高阳, 等. 2018. 中国山区农村土地利用转型解析. 地理学报, 73(3): 503-517.

张富刚, 刘彦随. 2008. 中国区域农村发展动力机制及其发展模式. 地理学报, 63(2): 115-122.

张涵, 李阳兵. 2020. 城郊土地利用功能演变——以贵州省惠水县乡村旅游度假区好花红村为例. 地理科学进展, 39 (12): 1999-2012.

张京祥, 申明锐, 赵晨. 2014. 乡村复兴: 生产主义和后生产主义下的中国乡村转型. 国际城市规划, 29 (5): 1-7.

张静, 余灏哲, 谯伟, 等. 2022. 国内村域尺度乡村转型发展与重构的现状述评及展望. 地理科学进展, 41 (5): 896-904.

张艳, 刘志林. 2018. 市场转型背景下北京市中低收入居民的住房机会与职住分离研究. 地理科学, 38 (1): 11-19.

张英男, 龙花楼, 马历, 等. 2019. 城乡关系研究进展及其对乡村振兴的启示. 地理研究, 38 (3): 578-594.

赵晖, 杨军, 刘常平, 等. 2011. 职住分离的度量方法与空间组织特征——以北京市轨道交通对职住分离的影响为例. 地理科学进展, 30 (2): 198-204.

赵民, 游猎, 陈晨. 2015. 论农村人居空间的"精明收缩"导向和规划策略. 城市规划, 39 (7): 9-18+24.

折晓叶, 陈婴婴. 2000. 社区的实践: 超级村庄的发展历程. 杭州: 浙江人民出版社.

周国华, 贺艳华, 唐承丽, 等. 2011. 中国农村聚居演变的驱动机制及态势分析. 地理学报, 66 (4): 515-524.

周江评, 陈晓键, 黄伟, 等. 2013. 中国中西部大城市的职住平衡与通勤效率——以西安为例. 地理学报, 68 (10): 1316-1330.

周扬, 黄晗, 刘彦随. 2020. 中国村庄空间分布规律及其影响因素. 地理学报, 75 (10): 2206-2223.

周洋岑, 罗震东, 耿磊. 2016. 基于"精明收缩"的山地乡村居民点集聚规划——以湖北省宜昌市龙泉镇为例. 规划师, 32 (6): 86-91.

朱新华. 2014. 户籍制度对农户宅基地退出意愿的影响. 中国人口·资源与环境, 24 (10): 129-134.

Accordino J, Johnson G T. 2000. Addressing the vacant and abandoned property problem. Journal of Urban Affairs, 22 (3): 301-315.

Aquilino L, Harris J, Wise N. 2021. A sense of rurality: Events, placemaking and community participation in a small Welsh town. Journal of Rural Studies, 83: 138-145.

Argent N. 2002. From Pillar to Post? In search of the post-productivist countryside in Australia. Australian Geographer, 33 (1): 97-114.

Argent N, Tonts M, Jones R, et al. 2014. The amenity principle, internal migration, and rural development in Australia. Annals of the Association of American Geographers, 104 (2): 305-318.

Bai X, Shi P, Liu Y. 2014. Realizing China's urban dream. Nature, 509: 158-160.

Beel D, Jones M, Plows A. 2020. Urban growth strategies in rural regions: Building the North Wales Growth Deal. Regional Studies, 54 (5): 719-731.

Bosworth G, Annibal I, Carroll T, et al. 2016. Empowering local action through neo-endogenous development: The case of LEADER in England. Sociologia Ruralis, 56 (3): 427-449.

Bowman A O M, Pagano M A. 2000. Transforming America's cities: Policies and conditions of vacant land. Urban Affairs Review, 35 (4): 559-581.

Brandt L, Whiting S H, Zhang L, et al. 2017. Changing property-rights regimes: A study of rural land tenure in China. The China Quarterly, 232: 1026-1049.

Brenner N, Schmid C. 2015. Towards a new epistemology of the urban? City, 19 (2-3): 151-182.

Cao Q, Sarker M N I, Sun J. 2019. Model of the influencing factors of the withdrawal from rural homesteads in China: Application of grounded theory method. Land Use Policy, 85: 285-289.

Cattaneo A, Nelson A, McMenomy T. 2021. Global mapping of urban–rural catchment areas reveals unequal access to services. Proceedings of the National Academy of Sciences, 118 (2): e2011990118.

Chen C. 2019. Why migrant workers in China continue to build large houses in home villages: A case study of a migrant-sending village in Anhui. Modern China, 46(5): 521-554.

Chen C, Gao J, Chen J. 2017. Institutional changes, land use dynamics, and the transition of rural settlements in suburban China: A case study of Huishan District in Wuxi city. Habitat International, 70: 24-33.

Chen C, Gao J, Chen J. 2022a. Behavioral logics of local actors enrolled in the restructuring of rural China: A case study of Haoqiao Village in northern Jiangsu. Journal of Rural Studies, 93: 223-233.

Chen C, Woods M, Chen J, et al. 2019. Globalization, state intervention, local action and rural locality reconstitution-A case study from rural China. Habitat International, 93: 102052.

Chen C, Yang J, Gao J, et al. 2022b. An observation over the rural-urban re-connecting process based on the Alternative Food Network (AFN) in China—From the perspective of 'social capital'. Habitat International, 130: 102708.

Chen R, Ye C, Cai Y, et al. 2014. The impact of rural out-migration on land use transition in China: Past, present and trend. Land Use Policy, 40: 101-110.

Cheshire L. 2006. Governing Rural Development: Discourses and Practices of Self-help in Australian Rural Policy. London: Routledge.

Chien S. 2007. Institutional innovations, asymmetric decentralization, and local economic development: A case study of Kunshan, in post-Mao China. Environment and Planning C: Politics and Space, 25 (2): 269-290.

Cloke P. 1997. Country backwater to virtual village? Rural studies and 'the cultural turn'. Journal of Rural Studies, 13 (4): 367-375.

Coenen L, Raven R, Verbong G. 2010. Local niche experimentation in energy transitions: A theoretical and empirical exploration of proximity advantages and disadvantages. Technology in Society, 32(4): 295-302.

Couch C, Cocks M. 2013. Housing vacancy and the shrinking city: Trends and policies in the UK and the city of Liverpool. Housing Studies, 28 (3): 499-519.

Cowell M, Eckerd A, Smart H. 2020. The rural identity and the encroaching city: Governance, policy and development in Northern Virginia's Wine Country. Growth and Change, 51 (1): 79-101.

Daly G, Kitchin R. 2013. Shrink smarter? Planning for spatial selectivity in population growth in Ireland. Administration, 60 (3): 159-186.

Darling E. 2005. The city in the country: Wilderness gentrification and the rent gap. Environment and Planning A: Economy and Space, 37 (6): 1015-1032.

Davies A, Lockstone-Binney L, Holmes K. 2021. Recognising the value of volunteers in performing and supporting leadership in rural communities. Journal of Rural Studies, 86: 136-144.

Démurger S, Xu H. 2011. Return migrants: The rise of new entrepreneurs in rural China. World Development, 39(10): 1847-1861.

Deng C, Ma J. 2015. Viewing urban decay from the sky: A multi-scale analysis of residential vacancy in a shrinking U. S. city. Landscape and Urban Planning, 141: 88-99.

Deng X, Huang J, Rozelle S, et al. 2008. Growth, population and industrialization, and urban land expansion of China. Journal of Urban Economics, 63 (1): 96-115.

Dubeaux S, Sabot E C. 2018. Maximizing the potential of vacant spaces within shrinking cities, a German approach. Cities, 75: 6-11.

Epstein T S, Jezeph D. 2001. Development—There is another way: A rural-urban partnership development paradigm. World Development, 29 (8): 1443-1454.

Esparza A X, Carruthers J I. 2000. Land use planning and exurbanization in the rural mountain west: Evidence from Arizona. Journal of Planning Education and Research, 20 (1): 23-36.

Evans N, Morris C, Winter M. 2002. Conceptualizing agriculture: A critique of post-productivism as the new orthodoxy. Progress in Human Geography, 26 (3): 313-332.

Fan W, Zhang L. 2019. Does cognition matter? Applying the push-pull-mooring model to Chinese farmers' willingness to withdraw from rural homesteads. Papers in Regional Science, 98 (6): 2355-2369.

Foley J A, DeFries R, Asner G P, et al. 2005. Global consequences of land use. Science, 309 (22): 570-574.

Foley J A, Ramankutty N, Brauman K A, et al. 2011. Solutions for a cultivated planet. Nature, 478 (7369): 337-342.

Foo K, Martin D, Wool C et al. 2013. The production of urban vacant land: Relational placemaking in Boston, MA neighborhoods. Cities, 35: 156-163.

Forman R T, Wu J. 2016. Where to put the next billion people. Nature, 537 (7622): 608-611.

Gallent N, Tewdwr-Jones M. 2018. Rural Second Homes in Europe: Examining Housing Supply and Planning Control. London: Routledge.

Gao J, Cai Y, Liu Y, et al. 2022a. Understanding the underutilization of rural housing land in China: A multi-level modeling approach. Journal of Rural Studies, 89: 73-81.

Gao J, Hu X, Li Y, et al. 2022b. Entrepreneurial agents, asset modification and new path development in rural China: The study of Gengche model, Jiangsu Province. Journal of Rural Studies, 95: 482-494.

Gao J, Jiang W, Chen J, et al. 2020c. Housing-industry symbiosis in rural China: A multi-scalar analysis through the lens of land use. Applied Geography, 124: 102281.

Gao J, Li S. 2011. Detecting spatially non-stationary and scale-dependent relationships between urban landscape fragmentation and related factors using geographically weighted regression. Applied Geography, 31: 292-302.

Gao J, Liu Y, Chen J. 2020b. China's initiatives towards rural land system reform. Land Use Policy, 94: 104567.

Gao J, Wei Y D, Chen W, et al. 2014. Economic transition and urban land expansion in Provincial China. Habitat International, 44: 461-473.

Gao J, Wu Z, Chen J, et al. 2020a. Beyond the bid-rent: Two tales of land use transition in contemporary China. Growth and Change, 51 (3): 1336-1356.

Gao J, Yang J, Chen C, et al. 2023. From 'forsaken site' to 'model village': Unraveling the multi-scalar process of rural revitalization in China. Habitat International, 133: 102766.

Gao X, Xu A, Liu L, et al. 2017. Understanding rural housing abandonment in China's rapid urbanization. Habitat International, 67: 13-21.

Georgios C, Barraí H. 2021. Social innovation in rural governance: A comparative case study across the marginalised rural EU. Journal of Rural Studies, 99: 193-203.

Georgios C, Nikolaos N, Michalis P. 2021. Neo-endogenous rural development: A path toward reviving rural Europe. Rural Sociology, 86(4): 911-937.

Gillen J, Bunnell T, Rigg J. 2022. Beyond binaries? Spatial possibilities in Southeast Asia. Dialogues in Human Geography, 12(2): 227-231.

Gkartzios M, Norris M. 2011. 'If you build it, they will come': Governing property-led rural regeneration in Ireland. Land Use Policy, 28(3): 486-494.

Glaeser E, Huang W, Ma Y, et al. 2017. A real estate boom with Chinese characteristics. Journal of Economic Perspectives, 31(1): 93-116.

Grainger A. 1995a. National land use morphology: Patterns and possibilities. Geography, 80(3): 235-245.

Grainger A. 1995b. The forest transition: An alternative approach. Area, 27(3): 242-251.

Gu H, Ling Y, Shen T, et al. 2020. How does rural homestead influence the hukou transfer intention of rural-urban migrants in China? Habitat International, 105: 102267.

Haase A, Rink D, Grossmann K, et al. 2014. Conceptualizing urban shrinkage. Environment and Planning A: Economy and Space, 46(7): 1519-1534.

Halfacree K. 2006. Rural space: Constructing a three-fold architecture// Cloke P, Marsden T, Mooney P. The Handbook of Rural Studies. London: SAGE: 44-62.

Halfacree K. 2012. Heterolocal identities? Counter-urbanisation, second homes, and rural consumption in the era of mobilities. Population, Space and Place, 18(2): 209-224.

Hao P, Tang S. 2015. Floating or settling down: The effect of rural landholdings on the settlement intention of rural migrants in urban China. Environment and Planning A: Economy and Space, 47(9): 1979-1999.

Harrison J, Gu H. 2021. Planning megaregional futures: Spatial imaginaries and megaregion formation in China. Regional Studies, 55(1): 77-89.

Harvey D, Scott C. 1999. Marketing Channels and Marketing Practices: A Pilot Survey. Newcastle: School of Agriculture, Food and Rural Development, University of Newcastle.

Hassink R, Isaksen A, Trippl M. 2019. Towards a comprehensive understanding of new regional industrial path development. Regional Studies, 53(11): 1636-1645.

He S, Zhang Y. 2022. Reconceptualising the rural through planetary thinking: A field experiment of sustainable approaches to rural revitalisation in China. Journal of Rural Studies, 96: 42-52.

Heyer J. 2013. Integration into a global production network: Impacts on labour in Tiruppur's rural hinterlands. Oxford Development Studies, 41(3): 307-321.

Ho S P S, Lin G C S. 2004. Non-agricultural land use in post-reform China. The China Quarterly, 179(1): 758-781.

Holmes J. 2002. Diversity and change in Australia's rangelands: A post-productivist transition with a difference? Transactions of the Institute of British Geographers, 27(3): 362-384.

Holmes J. 2006. Impulses towards a multifunctional transition in rural Australia: Gaps in the research agenda. Journal of Rural Studies, 22(2): 142-160.

Holmes J, Argent N. 2016. Rural transitions in the Nambucca Valley: Socio-demographic change in a disadvantaged rural locale. Journal of Rural Studies, 48: 129-142.

Huang J, Levinson D, Wang J, et al. 2019. Job-worker spatial dynamics in Beijing: Insights from Smart Card

Data. Cities, 86: 83-93.

Huang W J. 2022. Repositioning the rural in city-regionalism through a locally based functional analysis. Regional Studies, 56(5): 770-781.

Huang X, Li H, Zhang X, et al. 2018. Land use policy as an instrument of rural resilience – The case of land withdrawal mechanism for rural homesteads in China. Ecological Indicators, 87: 47-55.

Jedwab R, Christiaensen L, Gindelsky M. 2017. Demography, urbanization and development: Rural push, urban pull and … urban push? Journal of Urban Economics, 98: 6-16.

Jiang G, He X, Qu Y et al. 2016. Functional evolution of rural housing land: A comparative analysis across four typical areas representing different stages of industrialization in China. Land Use Policy, 57: 645-654.

Jiang L, Deng X, Seto K C. 2012. Multi-level modeling of urban expansion and cultivated land conversion for urban hotspot counties in China. Landscape and Urban Planning, 108(2): 131-139.

Kain J F. 1968. Housing segregation, negro employment, and metropolitan decentralization. The Quarterly Journal of Economics, 82(2): 175-197.

Kan K. 2019. Accumulation without dispossession? Land commodification and rent extraction in peri-urban China. International Journal of Urban and Regional Research, 43(4): 633-648.

Kan K. 2021. Creating land markets for rural revitalization: Land transfer, property rights and gentrification in China. Journal of Rural Studies, 81: 68-77.

Kan K, Chen X. 2021. Land speculation by villagers: Territorialities of accumulation and exclusion in peri-urban China. Cities, 119: 103394.

Kates R W, Parris T M. 2003. Long-term trends and a sustainability transition. Proceedings of the National Academy of Sciences, 100(14): 8062-8067.

Kim G, Miller P A, Nowak D J. 2018. Urban vacant land typology: A tool for managing urban vacant land. Sustainable Cities and Society, 36: 144-156.

Knickel K, Redman M, Darnhofer I, et al. 2018. Between aspirations and reality: Making farming, food systems and rural areas more resilient, sustainable and equitable. Journal of Rural Studies, 59: 197-210.

Kong X, Liu Y, Jiang P, et al. 2018. A novel framework for rural homestead land transfer under collective ownership in China. Land Use Policy, 78: 138-146.

Kremer P, Hamstead Z A, McPhearson T. 2013. A social-ecological assessment of vacant lots in New York City. Landscape and Urban Planning, 120: 218-233.

Lambin E F, Geist H J, Lepers E. 2003. Dynamics of land-use and land-cover change in tropical regions. Annual Review of Environment and Resources, 28(1): 205-241.

Lambin E F, Meyfroidt P. 2010. Land use transitions: Socio-ecological feedback versus socio-economic change. Land Use Policy, 27(2): 108-118.

Lambin E F, Meyfroidt P. 2011. Global land use change, economic globalization, and the looming land scarcity. Proceedings of the National Academy of Sciences, 108(9): 3465-3472.

Lang W, Long Y, Chen T. 2018. Rediscovering Chinese cities through the lens of land-use patterns. Land Use Policy, 79: 362-374.

Li G, Fang C, Pang B. 2014b. Quantitative measuring and influencing mechanism of urban and rural land intensive use in China. Journal of Geographical Sciences, 24(5): 858-874.

Li H, Yuan Y, Zhang X, et al. 2022. Evolution and transformation mechanism of the spatial structure of rural settlements from the perspective of long-term economic and social change: A case study of the Sunan region, China. Journal of Rural Studies, 93: 234-243.

Li J, Guo M, Lo K. 2019. Estimating housing vacancy rates in rural China using power consumption data. Sustainability, 11 (20): 5722.

Li L, Liu Y. 2020. Understanding the gap between de facto and de jure urbanization in China: A perspective from rural migrants' settlement intention. Population Research and Policy Review, 39 (2): 311-338.

Li T, Long H, Liu Y, et al. 2015. Multi-scale analysis of rural housing land transition under China's rapid urbanization: The case of Bohai Rim. Habitat International, 48: 227-238.

Li Y, Liu Y, Long H, et al. 2014a. Community-based rural residential land consolidation and allocation can help to revitalize hollowed villages in traditional agricultural areas of China: Evidence from Dancheng County, Henan Province. Land Use Policy, 39: 188-198.

Li Y, Westlund H, Liu Y. 2019. Why some rural areas decline while some others not: An overview of rural evolution in the world. Journal of Rural Studies, 68: 135-143.

Li Y, Westlund H, Zheng X, et al. 2016. Bottom-up initiatives and revival in the face of rural decline: Case studies from China and Sweden. Journal of Rural Studies, 47: 506-513.

Lin G C S. 1999. State policy and spatial restructuring in post-reform China, 1978-95. International Journal of Urban and Regional Research, 23 (4): 670-696.

Lin G C S, Ho S P S. 2003. China's land resources and land-use change: Insights from the 1996 land survey. Land Use Policy, 20 (2): 87-107.

Lipton M. 1977. Why Poor People Stay Poor: Urban Bias in World Development. Cambridge: Harvard University Press.

Liu J, Zhan J, Deng X. 2005. Spatio-temporal patterns and driving forces of urban land expansion in China during the economic reform era. AMBIO: A Journal of the Human Environment, 34 (6): 450-455.

Liu R, Jiang J, Yu C, et al. 2020b. The endowment effect accompanying villagers' withdrawal from rural homesteads: Field evidence from Chengdu, China. Land Use Policy, 101: 10510.

Liu R, Yu C, Jiang J, et al. 2020c. Farmer differentiation, generational differences and farmers' behaviors to withdraw from rural homesteads: Evidence from Chengdu, China. Habitat International, 103: 102231.

Liu Y. 2021. Urban-Rural Transformation Geography. Singapore: Springer.

Liu Y, Dai L, Long H, et al. 2022. Rural vitalization promoted by industrial transformation under globalization: The case of Tengtou village in China. Journal of Rural Studies, 95: 241-255.

Liu Y, Fang F, Li Y. 2014a. Key issues of land use in China and implications for policy making. Land Use Policy, 40: 6-12.

Liu Y, Li Y. 2017. Revitalize the world's countryside. Nature, 548 (7667): 275-277.

Liu Y, Liu Y, Chen Y, et al. 2010a. The process and driving forces of rural hollowing in China under rapid urbanization. Journal of Geographical Sciences, 20 (6): 876-888.

Liu Y, Long H, Chen Y, et al. 2016. Progress of research on urban-rural transformation and rural development in China in the past decade and future prospects. Journal of Geographical Sciences, 26 (8): 1117-1132.

Liu Y, Long H, Li T, et al. 2015. Land use transitions and their effects on water environment in Huang-Huai-Hai Plain, China. Land Use Policy, 47: 293-301.

Liu Y, Lu S, Chen Y. 2013. Spatio-temporal change of urban-rural equalized development patterns in China and its driving factors. Journal of Rural Studies, 32: 320-330.

Liu Y, Wang L, Long H. 2008. Spatio-temporal analysis of land-use conversion in the eastern coastal China during 1996–2005. Journal of Geographical Sciences, 18(3): 274-282.

Liu Y, Wang J, Long H. 2010b. Analysis of arable land loss and its impact on rural sustainability in Southern Jiangsu Province of China. Journal of Environmental Management, 91(3): 646-653.

Liu Y, Yang R, Long H, et al. 2014b. Implications of land-use change in rural China: A case study of Yucheng, Shandong province. Land Use Policy, 40: 111-118.

Liu Y, Zang Y, Yang Y. 2020a. China's rural revitalization and development: Theory, technology and management. Journal of Geographical Sciences, 30(12): 1923-1942.

Liu Z, Robinson G M. 2016. Residential development in the peri-urban fringe: The example of Adelaide, South Australia. Land Use Policy, 57: 179-192.

Long H. 2014a. Land consolidation: An indispensable way of spatial restructuring in rural China. Journal of Geographical Sciences, 24(2): 211-25.

Long H. 2014b. Land use policy in China: Introduction. Land Use Policy, 40: 1-5.

Long H. 2020. Land Use Transitions and Rural Restructuring in China. Singapore: Springer.

Long H. 2022. Theorizing land use transitions: A human geography perspective. Habitat International, 128: 102669.

Long H, Heilig G K, Li X, et al. 2007. Socio-economic development and land-use change: Analysis of rural housing land transition in the Transect of the Yangtse River, China. Land Use Policy, 24(1): 141-153.

Long H, Li Y, Liu Y, et al. 2012. Accelerated restructuring in rural China fueled by 'increasing vs. decreasing balance' land-use policy for dealing with hollowed villages. Land Use Policy, 29(1): 11-22.

Long H, Liu Y. 2016. Rural restructuring in China. Journal of Rural Studies, 47(Part B): 387-391.

Long H, Liu Y, Hou X, et al. 2014. Effects of land use transitions due to rapid urbanization on ecosystem services: Implications for urban planning in the new developing area of China. Habitat International, 44: 536-544.

Long H, Liu Y, Li X, et al. 2010. Building new countryside in China: A geographical perspective. Land Use Policy, 27(2): 457-470.

Long H, Liu Y, Wu X, et al. 2009. Spatio-temporal dynamic patterns of farmland and rural settlements in Su–Xi–Chang region: Implications for building a new countryside in coastal China. Land Use Policy, 26(2): 322-333.

Long H, Ma L, Zhang Y, et al. 2022. Multifunctional rural development in China: Pattern, process and mechanism. Habitat International, 121: 102530.

Long H, Tu S, Ge D, et al. 2016. The allocation and management of critical resources in rural China under restructuring: Problems and prospects. Journal of Rural Studies, 47: 392-412.

Long H, Woods M. 2011. Rural restructuring under globalization in eastern coastal China: What can be learned from Wales? Journal of Rural and Community Development, 6(1): 70-94.

Long H, Zou J, Pykett J, et al. 2011. Analysis of rural transformation development in China since the turn of the new millennium. Applied Geography, 31(3): 1094-1105.

Looney K E. 2015. China's campaign to build a new socialist countryside: Village modernization, peasant councils, and the Ganzhou model of rural development. The China Quarterly, 224: 909-932.

Lorenzen M. 2021. Rural gentrification, touristification, and displacement: Analysing evidence from Mexico. Journal of Rural Studies, 86: 62-75.

Lu M, Wei L, Ge D, et al. 2020. Spatial optimization of rural settlements based on the perspective of appropriateness–domination: A case of Xinyi City. Habitat International, 98: 102148.

Lunstrum E, Bose P S. 2022. Environmental displacement in the anthropocene. Annals of the American Association of Geographers, 112(3): 644-653.

Ma L J, Fan M. 1994. Urbanisation from below: The growth of towns in Jiangsu, China. Urban Studies, 31(10): 1625-1645.

Ma W, Jiang G, Li W, et al. 2018b. How do population decline, urban sprawl and industrial transformation impact land use change in rural residential areas? A comparative regional analysis at the peri-urban interface. Journal of Cleaner Production, 205: 76-85.

Ma W, Jiang G, Wang D, et al. 2018a. Rural settlements transition (RST) in a suburban area of metropolis: Internal structure perspectives. Science of the Total Environment, 615: 672-680.

Ma X, Qiu F, Li Q, et al. 2013. Spatial pattern and regional types of rural settlements in Xuzhou City, Jiangsu Province, China. Chinese Geographical Science, 23(4): 482-491.

MacKinnon D, Kempton L, O'Brien P, et al. 2022. Reframing urban and regional 'development' for 'left behind' places. Cambridge Journal of Regions, Economy and Society, 15(1): 39-56.

Maharjan A, Kochhar I, Chitale V S, et al. 2020. Understanding rural outmigration and agricultural land use change in the Gandaki Basin, Nepal. Applied Geography, 124: 102278.

Marango S, Bosworth G, Curry N. 2021. Applying neo-endogenous development theory to delivering sustainable local nature conservation. Sociologia Ruralis, 61(1): 116-140.

Marcouiller D W, Clendenning J G, Kedzior R. 2002. Natural amenity-led development and rural planning. Journal of Planning Literature, 16(4): 515-542.

Marcouiller D W, Lapping M L, Furuseth O. 2011. Rural Housing, Exurbanization, and Amenity-Driven Development: Contrasting the "Haves" and the "Have Nots". Surrey, UK: Ashgate Publishing.

Mather A S, Hil G, Nijnik M. 2006. Post-productivism and rural land use: Cul de sac or challenge for theorization? Journal of Rural Studies, 22(4): 441-455.

McCarthy J. 2005. Rural geography: Multifunctional rural geographies-reactionary or radical? Progress in Human Geography, 29(6): 773-782.

Meijer M. 2020. When it goes wrong … learning from challenged (and revived) community initiatives. Journal of Rural Studies, 74: 1-9.

Meyfroidt P, de Bremond A, Ryan C M, et al. 2022. Ten facts about land systems for sustainability. Proceedings of the National Academy of Sciences, 119(7): e2109217118.

Meyfroidt P, Roy Chowdhury R, de Bremond A, et al. 2018. Middle-range theories of land system change. Global Environmental Change, 53: 52-67.

Milbourne P, Kitchen L. 2014. Rural mobilities: Connecting movement and fixity in rural places. Journal of Rural Studies, 34: 326-336.

Molloy R. 2016. Long-term vacant housing in the United States. Regional Science and Urban Economics, 59: 118-129.

Monkkonen P. 2019. Empty houses across North America: Housing finance and Mexico's vacancy crisis. Urban Studies, 56(10): 2075-2091.

Morckel V C. 2014. Spatial characteristics of housing abandonment. Applied Geography, 48: 8-16.

Murton J. 2007. Creating a Modern Countryside: Liberalism and Land Resettlement in British Columbia. Vancouver: University of British Columbia Press.

Newland S A. 2018. Innovators and implementers: The multilevel politics of civil society governance in rural China. The China Quarterly, 233: 22-42.

Newman G D, Bowman A O M, Jung Lee R et al. 2016. A current inventory of vacant urban land in America. Journal of Urban Design, 21(3): 302-319.

Norris M, Winston N. 2009. Rising second home numbers in rural Ireland: Distribution, drivers and implications. European Planning Studies, 17(9): 1303-1322.

O'Connor L M J, Pollock L J, Renaud J, et al. 2021. Balancing conservation priorities for nature and for people in Europe. Science, 372(6544): 856-860.

Oi J C. 1999. Rural China Takes Off: Institutional Foundations of Economic Reform. Berkeley: University of California Press.

Olmedo L, O'Shaughnessy M. 2022. Community-based social enterprises as actors for neo-endogenous rural development: A multi-Stakeholder approach. Rural Sociology, 87(4): 1191-1218.

Ortega A A. 2022. Beyond the rural–urban aporia. Dialogues in Human Geography, 12(2): 223-226.

Pallagst K. 2007. The end of the growth machine. Berliner Debatte, 18.1: 4-13.

Pallagst K. 2010. The planning research agenda: Shrinking cities—A challenge for planning cultures. Town Planning Review, 81(5): 1-4.

Parker D C, Manson S M, Janssen M A, et al. 2003. Multi-agent systems for the simulation of land-use and land-cover change: A review. Annals of the Association of American Geographers, 93(2): 314-337.

Pearsall H, Christman Z. 2012. Tree-lined lanes or vacant lots? Evaluating non-stationarity between urban greenness and socio-economic conditions in Philadelphia, Pennsylvania, USA at multiple scales. Applied Geography, 35(1): 257-264.

Phillips M, Smith D, Brooking H, et al. 2021. Re-placing displacement in gentrification studies: Temporality and multi-dimensionality in rural gentrification displacement. Geoforum, 118: 66-82.

Phillips M, Smith D, Brooking H, et al. 2022. The gentrification of a post-industrial English rural village: Querying urban planetary perspectives. Journal of Rural Studies, 91: 108-125.

Popp A, Rose S K, Calvin K, et al. 2014. Land-use transition for bioenergy and climate stabilization: Model comparison of drivers, impacts and interactions with other land use based mitigation options. Climatic Change, 123(3): 495-509.

Popper D E, Popper F J. 2002. Small can be beautiful: Coming to terms with decline. Planning, 68(7): 20-23.

Qu M, Zollet S. 2023. Neo-endogenous revitalisation: Enhancing community resilience through art tourism and rural entrepreneurship. Journal of Rural Studies, 97: 105-114.

Qu Y, Jiang G, Tian Y, et al. 2019. Urban-rural construction land transition (URCLT) in Shandong Province of China: Features measurement and mechanism exploration. Habitat International, 86: 101-115.

Qu Y, Jiang G, Zhao Q, et al. 2017. Geographic identification, spatial differentiation, and formation mechanism of multifunction of rural settlements: A case study of 804 typical villages in Shandong

Province, China. Journal of Cleaner Production, 166: 1202-1215.

Ray C. 2001. Culture Economies: A perspective on Local Rural Development in Europe. Newcastle: Centre for Rural Economy, Newcastle University.

Rhodes J, Russo J. 2013. Shrinking 'smart'? Urban redevelopment and shrinkage in Youngstown, Ohio. Urban Geography, 34(3): 305-326.

Rindfuss R R, Walsh S J, Turner B L, et al. 2004. Developing a science of land change: Challenges and methodological issues. Proceedings of the National Academy of Sciences, 101(39): 13976-13981.

Roberts R. 1996. Introduction: Critical rural geography. Economic Geography, 72(4): 359-360.

Robinson G M, Song B. 2018. Transforming the peri-urban fringe in China: The example of Xi'an-Xianyang. Sustainability, 10(11): 3932.

Roche M, Argent N. 2015. The fall and rise of agricultural productivism? An Antipodean viewpoint. Progress in Human Geography, 39(5): 621-635.

Sargeson S. 2002. Subduing "the rural house-building craze": Attitudes towards housing construction and land-use controls in four Zhejiang villages. The China Quarterly, 172: 927-955.

Schilling J, Logan J. 2008. Greening the rust belt: A green infrastructure model for right sizing America's shrinking cities. Journal of the American Planning Association, 74(4): 451-466.

Seto K C, Fragkias M, Güneralp B, et al. 2011. A meta-analysis of global urban land expansion. PLOS ONE, 6(8): e23777.

Seto K C, Güneralp B, Hutyra L R. 2012. Global forecasts of urban expansion to 2030 and direct impacts on biodiversity and carbon pools. Proceedings of the National Academy of Sciences, 109(40): 16083-16088.

Shan Z, Feng C. 2018. The redundancy of residential land in rural China: The evolution process, current status and policy implications. Land Use Policy, 74: 179-186.

Shen J, Chou R J. 2022. Rural revitalization of Xiamei: The development experiences of integrating tea tourism with ancient village preservation. Journal of Rural Studies, 90: 42-52.

Shucksmith M. 2018. Re-imagining the rural: From rural idyll to Good Countryside. Journal of Rural Studies, 59: 163-172.

Siciliano G. 2012. Urbanization strategies, rural development and land use changes in China: A multiple-level integrated assessment. Land Use Policy, 29(1): 165-178.

Smith N R. 2014. Beyond top-down/bottom-up: Village transformation on China's urban edge. Cities, 41: 209-220.

Song W, Chen B, Zhang Y, et al. 2012. Establishment of rural housing land standard in China. Chinese Geographical Science, 22(4): 483-495.

Sonis M, Grossman D. 1984. Rank- size rule for rural settlements. Socio-Economic Planning Sciences, 18(6): 373-380.

Sousa S, Pinho P. 2015. Planning for shrinkage: Paradox or paradigm. European Planning Studies, 23(1): 12-32.

Stobbelaar D J, Groot J C J, Makowski D, et al. 2009. Multifunctional agriculture – From farm diagnosis to farm design and institutional innovation. Journal of Environmental Management, 90: S109-S111.

Stokes E C, Seto K C. 2018. Tradeoffs in environmental and equity gains from job accessibility. Proceedings of the National Academy of Sciences, 115(42): E9773-E9781.

Sulak B, Türk E. 2022. Rural dynamics of second home trends in the Eastern Black Sea Region. Journal of Rural Studies, 89: 35-44.

Tacoli C. 1998. Rural-urban interactions: A guide to the literature. Environment and Urbanization, 10(1): 147-166.

Tan M, Li X. 2013. The changing settlements in rural areas under urban pressure in China: Patterns, driving forces and policy implications. Landscape and Urban Planning, 120: 170-177.

Tang P, Chen J, Gao J, et al. 2020. What role(s) do village committees play in the withdrawal from rural homesteads? Evidence from Sichuan Province in western China. Land, 9(12): 477.

Terluin I J. 2003. Differences in economic development in rural regions of advanced countries: An overview and critical analysis of theories. Journal of Rural Studies, 19(3): 327-344.

Tian G, Qiao Z, Gao X. 2014. Rural settlement land dynamic modes and policy implications in Beijing metropolitan region, China. Habitat International, 44: 237-246.

Tu S, Long H. 2017. Rural restructuring in China: Theory, approaches and research prospect. Journal of Geographical Sciences, 27(10): 1169-1184.

Tuan Y F. 1971. Geography, phenomenology, and the study of human nature. Canadian Geographer, 15(3): 181-192.

Tuan Y F. 1974. Topophilia: A Study of Environmental Perception, Attitudes and Values. New York: Columbia University Press.

Turner B, Meyer W B, Skole D L. 1994. Global land-use/land-cover change: Towards an integrated study. AMBIO: A Journal of the Human Environment, 23(1): 91-95.

Turner B L, Lambin E F, Reenberg A. 2007. The emergence of land change science for global environmental change and sustainability. Proceedings of the National Academy of Sciences, 104(52): 20666-20671.

Turner V K, Kaplan D H. 2019. Geographic perspectives on urban sustainability: Past, current, and future research trajectories. Urban Geography, 40(3): 267-278.

Valujeva K, Debernardini M, Freed E K, et al. 2022. Abandoned farmland: Past failures or future opportunities for Europe's Green Deal? A Baltic case-study. Environmental Science & Policy, 128: 175-184.

van der Ploeg J D, Renting H, Brunori G, et al. 2000. Rural development: From practices and policies towards theory. Sociologia Ruralis, 40(4): 391-408.

Veeck G, Pannell C W. 1989. Rural economic restructuring and farm household income in Jiangsu, People's Republic of China. Annals of the Association of American Geographers, 79(2): 275-292.

Verburg P H, Van De Steeg J, Veldkamp A, et al. 2009. From land cover change to land function dynamics: A major challenge to improve land characterization. Journal of Environmental Management, 90(3): 1327-1335.

Vitousek P M, Mooney H A, Lubchenco J, et al. 1997. Human domination of Earth's ecosystems. Science, 277(5325): 494-499.

Walker R T. 1987. Land use transition and deforestation in developing countries. Geographical Analysis, 19(1): 18-30.

Wang M. 2010. Impact of the global economic crisis on China's migrant workers: A survey of 2,700 in 2009. Eurasian Geography and Economics, 51(2): 218-235.

Wang Q, Zhang M, Cheong K C. 2014. Stakeholder perspectives of China's land consolidation program: A case study of Dongnan Village, Shandong Province. Habitat International, 43: 172-180.

Wang W, Xu H, Liu Y. 2022. Platform ruralism: Digital platforms and the techno-spatial fix. Geoforum, 131: 12-19.

Wang Y. 2020. Institutional interaction and decision making in China's rural development. Journal of Rural Studies, 76: 111-119.

Wegren S K, O'Brien D J, Patsiorkovsky V V. 2008. The economics of rural households in Russia: Impact of village location. Eurasian Geography and Economics, 49(2): 200-214.

Wei Y D. 2000. Regional Development in China: States, Globalization and Inequality. New York: Routledge.

Whatmore S. 1993. Sustainable rural geographies? Progress in Human Geography, 17(4): 538-547.

Wilson G A. 2001. From productivism to post-productivism … and back again? Exploring the (un)changed natural and mental landscapes of European agriculture. Transactions of the Institute of British Geographers, 26(1): 77-102.

Wilson G A. 2008. From 'weak' to 'strong' multifunctionality: Conceptualising farm-level multifunctional transitional pathways. Journal of Rural Studies, 24(3): 367-383.

Wilson G A. 2010. Multifunctional 'quality' and rural community resilience. Transactions of the Institute of British Geographers, 35(3): 364-381.

Wilson G A, Rigg J. 2003. 'Post-productivist' agricultural regimes and the south: Discordant concepts? Progress in Human Geography, 27(6): 681-707.

Withers C W J. 2009. Place and the "Spatial Turn" in geography and in history. Journal of the History of Ideas, 70(4): 637-658.

Woods M. 2005. Rural geography: Processes, responses and experiences in rural restructuring. Global Built Environment Review, 6(3): 53-55.

Woods M. 2007. Engaging the global countryside: Globalization, hybridity and the reconstitution of rural place. Progress in Human Geography, 31(4): 485-507.

Woods M. 2009. Rural geography: Blurring boundaries and making connections. Progress in Human Geography, 33(6): 849-858.

Woods M. 2011. Rural. New York: Routledge.

Woods M. 2012. Rural geography III: Rural futures and the future of rural geography. Progress in Human Geography, 36(1): 125-134.

Wu M, Gallent N. 2021. Second homes, amenity-led change and consumption-driven rural restructuring: The case of Xingfu village, China. Journal of Rural Studies, 82: 391-403.

Wu Y, Xi X, Tang X, et al. 2018. Policy distortions, farm size, and the overuse of agricultural chemicals in China. Proceedings of the National Academy of Sciences, 115(27): 7010-7015.

Xia K, Liu L, Wang W. 2021. Spatial distribution of rural housing abandonment and influencing factors at the village level: A case study of the Loess Plateau of China. GeoJournal, 86: 2321-2334.

Xu F, Ho H C, Chi G, et al. 2019. Abandoned rural residential land: Using machine learning techniques to identify rural residential land vulnerable to be abandoned in mountainous areas. Habitat International, 84: 43-56.

Xu W. 2004. The changing dynamics of land-use change in rural China: A case study of Yuhang, Zhejiang

Province. Environment and Planning A: Economy and Space, 36(9): 1595-1615.

Yan Y, Yang Q, Su K, et al. 2022. Farmers' willingness to gather homesteads and the influencing factors—An empirical study of different geomorphic areas in Chongqing. International Journal of Environmental Research and Public Health, 19(9): 5252.

Yang F, Chi G, Wang G, et al. 2020. Untangle the complex stakeholder relationships in rural settlement consolidation in China: A social network approach. Land, 9(7): 210.

Yang X, Xu H. 2022. Producing an ideal village: Imagined rurality, tourism and rural gentrification in China. Journal of Rural Studies, 96: 1-10.

Yu Z, Wu C, Tan Y, et al. 2018. The dilemma of land expansion and governance in rural China: A comparative study based on three townships in Zhejiang Province. Land Use Policy, 71: 602-611.

Zavadskas E K, Antucheviciene J. 2007. Multiple criteria evaluation of rural building's regeneration alternatives. Building and Environment, 42(1): 436-451.

Zhang L, Fan W. 2020. Rural homesteads withdrawal and urban housing market: A pilot study in China. Emerging Markets Finance and Trade, 56(1): 228-242.

Zhang M, Wu W, Zhong W, et al. 2017a. The reshaping of social relations: Resettled rural residents in Zhenjiang, China. Cities, 60: 495-503.

Zhang P, Zhou J, Zhang T. 2017b. Quantifying and visualizing jobs-housing balance with big data: A case study of Shanghai. Cities, 66: 10-22.

Zhang Q F, Wu J. 2017. Political dynamics in land commodification: Commodifying rural land development rights in Chengdu, China. Geoforum, 78: 98-109.

Zhang Q Y, Ye C, Duan J J. 2022. Multi-dimensional superposition: Rural collaborative governance in Liushe Village, Suzhou City. Journal of Rural Studies, 96: 141-153.

Zhang X, Han L. 2018. Which factors affect farmers' willingness for rural community remediation? A tale of three rural villages in China. Land Use Policy, 74: 195-203.

Zhang Y. 2018. Grabbing land for equitable development? Reengineering land dispossession through securitising land development rights in Chongqing. Antipode, 50(4): 1120-1140.

Zhang Y, Li X, Song W. 2014. Determinants of cropland abandonment at the parcel, household and village levels in mountain areas of China: A multi-level analysis. Land Use Policy, 41: 186-192.

Zhao Y. 2019. When guesthouse meets home: The time-space of rural gentrification in southwest China. Geoforum, 100: 60-67.

Zhou J, Yu L, Choguill C L. 2021. Co-evolution of technology and rural society: The blossoming of taobao villages in the information era, China. Journal of Rural Studies, 83: 81-87.

Zhou T, Jiang G, Li G, et al. 2020. Neglected idle rural residential land (IRRL) in metropolitan suburbs: Spatial differentiation and influencing factors. Journal of Rural Studies, 78: 163-175.

Zhou T, Jiang G, Zhang R, et al. 2018. Addressing the rural in situ urbanization (RISU) in the Beijing–Tianjin–Hebei region: Spatio-temporal pattern and driving mechanism. Cities, 75: 59-71.

Zhu F, Zhang F, Li C, et al. 2014. Functional transition of the rural settlement: Analysis of land-use differentiation in a transect of Beijing, China. Habitat International, 41: 262-271.

Zhu J. 2018. Transition of villages during urbanization as collective communities: A case study of Kunshan, China. Cities, 72: 320-328.

Zhu X. 2017. Impact of the household registration system on farmers' rural housing land use decisions in China. Land, 6(4): 75.

Zou S, Wang L. 2020. Individual vacant house detection in very-high-resolution remote sensing images. Annals of the American Association of Geographers, 110(2): 449-461.

Zou Y, Zhao W. 2018. Searching for a new dynamic of industrialization and urbanization: Anatomy of China's characteristic town program. Urban Geography, 39(7): 1060-1069.